IDEEN

MEINUNGEN

KONTROVERSEN

IPG
Internationale Politik
und Gesellschaft

Nikolaos Gavalakis (Hg.)

IDEEN MEINUNGEN KONTROVERSEN

Die wichtigsten Debatten 2024

DIETZ

Impressum

IPG – Internationale Politik und Gesellschaft
Friedrich-Ebert-Stiftung | Globale und Europäische Politik
Hiroshimastraße 28 | 10785 Berlin
Tel. +49 (0)30 / 269 35-77 06 | Fax +49 (0)30 / 269 35-92 48
redaktion@ipg-journal.de
www.ipg-journal.de

Redaktionsleitung: Nikolaos Gavalakis

Bibliografische Information der Deutschen Nationalbibliothek
Die Deutsche Nationalbibliothek verzeichnet
diese Publikation in der Deutschen Nationalbibliografie;
detaillierte bibliografische Daten sind im Internet
über http://dnb.dnb.de abrufbar.

ISBN 978-3-8012-0697-0

Verlag J. H. W. Dietz Nachf. GmbH
Dreizehnmorgenweg 24 | 53175 Bonn
Tel. +49 (0)2 28/18 48 77-0 | info@dietz-verlag.de

Gesamtgestaltung & Satz: Ralf Schnarrenberger | Hamburg
Druck und Verarbeitung: Bookpress, Olsztyn

Printed in Poland 2025

Besuchen Sie uns im Internet: www.dietz-verlag.de

RUSSLANDS ANGRIFFSKRIEG AUF DIE UKRAINE

SOZIALDEMOKRATIE

WIRTSCHAFT- UND ENERGIEPOLITIK

AFRIKA

GLOBAL

LATEINAMERIKA

NAHER OSTEN / NORDAFRIKA

NORDAMERIKA

DEKADE DER DAUERKRISEN

Ein Vorwort

Von Nikolaos Gavalakis | Januar 2025

Die geopolitischen Turbulenzen sind auch im Jahr 2024 nicht schwächer geworden. Gleich mehrere Dynamiken stellen die internationale Ordnung weiter auf die Probe. So dauert der Krieg in der Ukraine unvermindert an, wobei die militärischen und humanitären Kosten erschreckende Ausmaße annehmen. Trotz einiger diplomatischer Initiativen ist eine tragfähige Lösung für den Konflikt weiterhin nicht in Sicht. Die Ukraine bleibt auf die Unterstützung ihrer westlichen Partner angewiesen, um ihre Sicherheit und ihre Souveränität zu erhalten. Russland wiederum macht keinerlei Anstalten, die Aggressionen gegen das Nachbarland einzustellen. Die Folgen dieses Konflikts reichen weit über Europa hinaus und beeinflussen die globale Sicherheitsarchitektur nachhaltig.

Im Nahen Osten erlebten wir ein weiteres Jahr großer Spannungen. Die Nachwirkungen des Schocks vom 7. Oktober 2023, als die Gewalt zwischen Hamas und Israel eskalierte, sind nach wie vor gewaltig. Israels Angriffe auf die Hisbollah haben die Terror-Miliz zwar deutlich geschwächt, gleichzeitig aber auch zu einer Destabilisierung des Libanons und einer humanitären Tragödie geführt. Im Nachbarland Syrien wurde Dauerherrscher und Despot Baschar al-Assad von islamistischen Oppositionskräften überraschend gestürzt. Kann das vom Bürgerkrieg gepeinigte Land nun endlich zur Ruhe kommen oder bleibt es ein Schlachtfeld konkurrierender regionaler Interessen? Die humanitäre Krise in Gaza bleibt weiterhin ein essenzieller Teil der politischen und diplomatischen Agenda. In vielen Teilen der Welt verschärfen sich die Debatten über Völkerrecht, Menschenrechte und politische Verantwortung. Verhandelt werden nicht nur rechtliche Fragen, sondern auch die Glaubwürdigkeit des Westens. Dabei bleibt der Nahe Osten ein zentrales Spielfeld für geopolitische Machtkämpfe, während zugleich der Globale Süden zunehmend seine eigene Perspektive in die internationale Diskussion einbringt.

Angeführt von den BRICS-Staaten, versuchte der Globale Süden auch 2024 seine Rolle als Gegengewicht zu den westlichen Mächten weiter auszubauen. Die Ausweitung der BRICS-Gruppe und Initiativen zur wirtschaftlichen Entkopplung vom US-Dollar sind Ausdruck eines tiefgreifenden Wandels in der Weltordnung. In Afrika, der am zweitschnellsten wachsenden Wirtschaftsregion, bleibt die Frage nach politischer Stabilität und wirtschaftlicher Teilhabe zentral. Strategische Rohstoffe und neue Handelsallianzen machen den Kontinent für viele Mächte attraktiver, auch wenn Terrorismus und Staatsstreiche wie zuletzt in Niger und Burkina Faso weiterhin Herausforderungen darstellen.

Europa sieht sich derweil mit wachsenden wirtschaftlichen und politischen Spannungen konfrontiert. Die Europawahlen 2024 haben den erwarteten Rechtsruck gebracht und die Debatte über die Zukunft der EU weiter angeheizt. Während die Reform des Gemeinsamen Europäischen Asylsystems weiterhin stockt, bleibt die Migrationspolitik – befeuert durch islamistische Anschläge – ein stark polarisierendes Thema. Gleichzeitig stellen wirtschaftliche Herausforderungen, wie die Konkurrenz zu den USA und China, die Innovationskraft und den Zusammenhalt der Union auf die Probe. Die Wahlergebnisse in Frankreich und Österreich stehen sinnbildlich für den Aufschwung rechter Parteien und wie diese die politischen Systeme westlicher Staaten zunehmend unter Druck setzen. In Großbritannien endete die Regierungszeit der konservativen *Tories* mit einer historischen Klatsche. Doch nach mehreren Monaten an der Macht muss auch *Labour* anerkennen, wie schwer es ist, den immensen wirtschaftlichen und finanzpolitischen Herausforderungen des ehemaligen Empires zu begegnen.

Auf der anderen Seite des Teiches dominierten die Präsidentschaftswahlen das politische Geschehen. Aus Sicht der Demokraten war der Kandidatenwechsel des altersschwachen Joe Biden zugunsten seiner Vizepräsidentin Kamala Harris nicht von Erfolg gekrönt. Donald Trump konnte die Wahl gegen Harris letztendlich mit Leichtigkeit gewinnen und wird in den kommenden Jahren erneut die politischen Geschicke des Landes bestimmen. Seine zweite Amtszeit dürfte erneut weitreichende Konsequenzen für die transatlantischen Beziehungen und die globale Politik haben. Die Welt schaut gespannt darauf, ob und wie die USA unter Trump ihre Führungsrolle in einer sich wandelnden Weltordnung ausüben werden.

Auch in Asien wurden 2024 die Weichen für die Zukunft gestellt – nicht nur in Indien, Indonesien und Pakistan, wo zusammen über 1,4 Milliarden Menschen zur Wahl aufgerufen waren. In Taiwan entschied sich die Bevölkerung bei der Präsidentschaftswahl mit William Lai für den Kandidaten, der die größte Distanz zu China sucht. Derweil erhebt Peking weiterhin Anspruch auf die demokratische Inselrepublik. Die wirtschaftliche und geopolitische Bedeutung Asiens wächst weiter, und die Region wird zunehmend zu einem wichtigen Zentrum globaler Innovation und Technologie.

Angetrieben durch geopolitische Rivalitäten sowie enorme Rohstoff-Vorkommen, gewinnt auch Lateinamerika an internationalem Gewicht. Nach 25 Jahren Verhandlung gelang es, das EU-Mercosur-Abkommen abzuschließen und so die Handelsbeziehungen mit Europa zu stärken. Während sich in Venezuela Präsident Maduro mittels Wahlbetrug weiter an der Macht halten kann, agiert auch in Mexiko die neu gewählte Präsidentin Claudia Sheinbaum zunehmend autoritär. Für die größte Aufregung sorgt jedoch Argentiniens Präsident Javier Milei – nicht nur mit seiner wirtschaftspolitischen Agenda, sondern auch durch seine außenpolitischen Neupositionierungen, insbesondere die Annäherung an rechte Parteien und Bewegungen. Gleichzeitig rückt die Klimakrise mit ihren weitreichenden Auswirkungen auf die Amazonasregion verstärkt in den globalen Fokus. Es ist daher nur passend, dass Brasilien 2025 als Gastgeber der Weltklimakonferenz im Zentrum der internationalen Aufmerksamkeit stehen wird.

Die Beiträge dieses Magazins bieten nicht nur eine Rückschau auf die bedeutendsten Ereignisse des Jahres 2024, sondern werfen auch einen kritischen Blick auf die anstehenden Herausforderungen im Jahr 2025. Mit fundierten Analysen und Perspektiven möchte das *IPG-Journal* einen Beitrag zur pluralistischen Meinungsbildung leisten und Denkanstöße geben. Wir hoffen, dass die Lektüre für Sie bereichernd sein wird und Sie uns gewogen bleiben.

NIKOLAOS GAVALAKIS ist Chefredakteur des *IPG-Journals.* Zuvor war er Leiter des Regionalbüros Dialog Osteuropa der Friedrich-Ebert-Stiftung in Kiew sowie des Myanmar-Büros der FES. Er hat in Mainz und Kalifornien Politikwissenschaft, Jura und Amerikanistik studiert.

ARBEIT UND DIGITALPOLITIK

DIE WELLE REITEN

In den USA haben es Gewerkschaften traditionell schwer. Doch die jüngsten Erfolge in der Automobilindustrie lassen hoffen.

Von Knut Panknin | April 2024

Auch wenn der eigentliche Anlass des Ersten Mai in den USA weniger bekannt und der Tag ja auch kein Feiertag ist, bleibt die Organisation der Beschäftigten weltweit richtig und wichtig. Dafür konnte in den USA ein weiterer Meilenstein erzielt werden. Ende April stimmten die Beschäftigten am Volkswagen-Standort in Chattanooga, Tennessee, mit großer Mehrheit dafür, von der Gewerkschaft *United Auto Workers* (UAW) vertreten zu werden. Zwar hat die Gewerkschaft bereits 2015 eine kleine Betriebseinheit bei VW organisiert, doch erst jetzt gelang dies für die Beschäftigten des gesamten Standorts. Damit können die UAW einen historischen Erfolg verbuchen, der Signalwirkung haben könnte.

Was aber macht diesen Sieg so bedeutsam? Zum einen ist er deutlich: Drei Viertel der abgegebenen Stimmen sprachen sich für eine Vertretung durch die UAW aus. Insgesamt beteiligten sich an der Wahl über 80 Prozent der 4300 Arbeiterinnen und Arbeiter in der Produktion. Zum anderen gab es bei VW in Tennessee in der Vergangenheit bereits zwei gescheiterte Organisierungskampagnen (2011 bis 2014 und 2019). Und auch der Mini-Erfolg 2015 führte nicht zu einem Tarifvertrag. Das Werk galt lange als der aussichtsreichste Standort für die UAW, ein nicht-amerikanisches Automobilunternehmen im Süden der USA zu organisieren. Dass dies trotz Unterstützung durch die IG-Metall dennoch nicht gelang, lag nicht nur am Widerstand durch das VW-Management und an der

Politik sowie am *Right to Work*-Status des US-Bundesstaats. Zusätzlich hakte es auch zwischen dem deutschen Betriebsrat von VW, der IG-Metall und den UAW. Unterschiedliche strategische Ansätze und Missverständnisse mit Blick auf die hartnäckige Gewerkschaftsfeindlichkeit im Süden sowie auf das US-Arbeitsrecht – das unter anderem die Bildung eines Betriebsrats ohne gewerkschaftliche Organisierung unmöglich macht – taten ihr Übriges.

» **Der Sieg der UAW ist vor allem aber in seiner historisch-geografischen Dimension bedeutsam.**

Der Sieg der UAW ist vor allem aber in seiner historisch-geografischen Dimension bedeutsam: Er gelang im quasi gewerkschaftsfreien Süden der USA. In Tennessee zum Beispiel sind heute nur sechs Prozent der Beschäftigten in der Privatindustrie Gewerkschaftsmitglied. Die bereits genannte *Right to Work*-Gesetzgebung trägt wesentlich zum niedrigen Organisationsgrad bei. Demnach müssen Arbeiterinnen und Arbeiter nicht Teil einer Gewerkschaft sein, um in organisierten Betrieben deren Leistungen in Anspruch nehmen zu können. Das Resultat: Die Gewerkschaften haben nur wenige Mitglieder und niedrige Einnahmen.

Das Wirtschaftsmodell des gewerkschaftsfeindlichen Südens ist zudem eng mit der Geschichte der Sklaverei verknüpft. Der frühere Chefökonom des Gewerkschaftsdachverbands AFL-CIO, William »Bill« Spriggs, hatte deshalb einen sehr kritischen Blick auf europäische Unternehmen, die sich im Süden der USA ansiedeln: Er warf ihnen vor, mit ihren Investitionen ein politisches und wirtschaftliches Modell zu unterstützen, das vor allem afroamerikanische Beschäftigte ausbeute und gewerkschaftliche Organisierung mit allen Mitteln bekämpfe.

Bis heute erhält dieses Wirtschaftsmodell politische Unterstützung – vor allem durch die Republikaner. Sechs ihrer Gouverneure behaupteten in einem kurz vor der Betriebsratswahl im VW-Werk veröffentlichten Brief, dass die Gewerkschaftskampagne von »Fehlinformationen und Panikmache« getrieben sei, und sie warnten davor, dass eine gewerkschaftliche Organisierung Arbeitsplätze gefährden würde. Der Brief zeugt nicht nur von Verachtung und der absoluten Unkenntnis darüber, was gewerkschaftliche Vertretung ausmacht und welche

Rolle sie im demokratischen Prozess spielt. Indem die Gouverneure von »Südstaatenwerten« sprechen, stellen sie sich in die direkte Tradition der Ausbeutung afroamerikanischer Beschäftigter. Statt mit »freier« Sklavenarbeit werden die Beschäftigten heute mit Niedriglöhnen abgespeist. Und noch immer soll ihnen die Möglichkeit vorenthalten werden, dieses System durch kollektive Anstrengungen zu beseitigen. Die Gouverneure bedienen auch das im Süden der USA oft genutzte Scheinargument, Gewerkschaften würden als »unnötige Mittler« zwischen dem Management und den Beschäftigten stehen. Nach dieser Logik wäre auch eine politische Interessenvertretung der Bevölkerung durch gewählte Politikerinnen und Politiker unnötig.

» Die öffentliche Unterstützung für Gewerkschaften in den USA befindet sich auf einem Höchststand.

Trotz alledem gelang den *United Auto Workers* 2024 der Sieg – was also ist heute anders als bei den vorangegangenen Organisationsbemühungen? Zum einen war der Widerstand der Republikaner gemäßigter, trotz des zitierten Briefs. Das hat sicherlich auch mit der aktuellen Popularität von Gewerkschaften zu tun. Die öffentliche Unterstützung für Gewerkschaften in den USA befindet sich auf einem Höchststand: Laut einer Umfrage vom August 2023 stehen fast sieben von zehn Amerikanerinnen und Amerikanern Gewerkschaften positiv gegenüber. Zum anderen agierten die UAW geschickter, vor allem hinter den Kulissen, und auch VW hielt sich an seine eigene Neutralitätsverpflichtung im Vorfeld der Wahl. Politische Unterstützung kam und kommt auch von US-Präsident Joe Biden und vielen Demokraten. Nach dem Erfolg bei VW sagte er, die gewerkschaftlichen Erfolge hätten effektiv zu einer Lohnerhöhung beigetragen und einmal mehr bewiesen, dass die Mittelschicht Amerika aufgebaut habe und Gewerkschaften den Arbeitern zu mehr Wohlstand verhelfen.

Den wichtigsten Unterschied aber machten sicher die UAW selbst aus, beziehungsweise ihre neue Gewerkschaftsführung, die nicht von Korruptionsskandalen geplagt ist. Die von Präsident Shawn Fain geführte Gewerkschaft konnte im Herbst 2023 mit Rekordtarifverträgen bei den drei großen US-Herstellern General Motors, Ford und Stellantis punkten. Zwar erhöhte unter anderem Volkswagen im Zuge der Abschlüsse bei den »Dreien aus Detroit« die Löhne seiner in der Produktion Beschäftigten um elf Prozent – der Stundenlohn beträgt in der höchsten Grundklasse nun 32,40 US-Dollar, das Jahresgehalt stieg auf etwas mehr als 67 000 US-Dollar. Damit liegt das Einkommen bei VW über dem mittleren jährlichen Haushaltseinkommen in der Region Chattanooga, das bei 54 500 US-Dollar liegt. Bei General Motors liegt der Lohn nach dem Tarifabschluss allerdings bei 36 US-Dollar pro Stunde beziehungsweise knapp 75 000 US-Dollar pro Jahr (ohne Sozialleistungen und Gewinnbeteiligung).

Neben den bestehenden Lohnunterschieden zum Norden der USA haben auch weitere Aspekte eine Rolle für den Wunsch der Beschäftigten gespielt, zukünftig gewerkschaftlich organisiert zu sein. Bei den bereits von den UAW organisierten Daimler-Beschäftigten, die Trucks und Busse herstellen, konnte die Gewerkschaft einen Erfolg erzielen: Am 26. April lief der Tarifvertrag für die 7 300 Beschäftigten in Werken in North Carolina, Georgia und Tennessee aus, und allein die Streikandrohung der UAW brachte das Management dazu, ein historisches Angebot vorzulegen. Es beinhaltet Lohnerhöhungen von 25 Prozent über vier Jahre sowie erstmalig Zuschläge zum Inflationsausgleich und eine Gewinnbeteiligung.

» Die UAW haben erheblichen Rückenwind in den historischen Organisierungskampagnen bei 13 bisher nicht gewerkschaftlich organisierten Autoherstellern.

Fest steht schon jetzt, dass die UAW erheblichen Rückenwind in den historischen Organisierungskampagnen bei 13 bisher nicht gewerkschaftlich organisierten Autoherstellern in den USA haben. Spannend wird nun die anstehende Gewerkschaftswahl im SUV-Werk von Mercedes-Benz in Vance, Alabama. Dort klagen die Beschäftigten über die Arbeitsbedingungen sowie über Vergeltungsmaßnahmen für gewerkschaftliche Tätigkeit durch das Management. Sollten die UAW im Mai auch bei den 5 200 Beschäftigten dieses Werks erfolgreich sein, ließe sich sicher von einer Trendwende sprechen. Nach VW und Mercedes-Benz plant die Gewerkschaft, auch weitere Automobilhersteller zu organisieren. Umworben werden die insgesamt fast 150 000 Beschäftigten bei BMW, Honda, Hyundai, Lucid, Mazda, Nissan, Rivian, Subaru, Tesla, Toyota und Volvo.

Harold Meyerson, Herausgeber des American Prospect und Urgestein der gewerkschaftsnahen US-Linken, wies zu Recht darauf hin, dass US-Gewerkschaften neue Mitglieder traditionell nicht schrittweise dazugewinnen, sondern in Mobilisierungswellen. Der Moment für eine solche Welle scheint gekommen. Oder um es mit Shawn Fains Worten zu sagen: »Stay ready to stand up and keep winning big.«

KNUT PANKNIN ist Programmkoordinator im Büro der Friedrich-Ebert-Stiftung in Washington, DC.

AUSSEN- UND SICHERHEITSPOLITIK

ALLES NUR ROUTINE?

Die USA stationieren wieder Mittelstreckenraketen in Deutschland – mit weitreichenden Konsequenzen. Es fehlt eine ernsthafte Strategiedebatte.

Von Alexander Graef, Tim Thies und Lukas Mengelkamp | Juli 2024

Es war wohl die überraschendste Nachricht des NATO-Gipfels in der vergangenen Woche: In vier kurzen Sätzen verkündeten die USA gemeinsam mit der Bundesregierung, bis 2026 amerikanische, landgestützte Mittelstreckenraketen in Deutschland zu stationieren. Die gemeinsame Erklärung liest sich so knapp, als handele es sich um einen Routineakt. Tatsächlich wird der Schritt weitreichende sicherheitspolitische Konsequenzen haben. Der Vorgang ist bezeichnend für das Fehlen einer ernsthaften strategischen Debatte in Deutschland.

Die Erklärung sieht die zukünftige Stationierung von drei konventionellen, landgestützten Systemen, sogenannten Abstandswaffen, mit Reichweiten von teilweise über 2500 km vor: landgestützte Tomahawk-Marschflugkörper (Typhon), Standard Missile 6 (SM-6) in der Ausführung als Boden-Boden-Rakete und die noch in der Testphase befindlichen Hyperschallraketen Dark Eagle. Alle drei sind Teil der sogenannten *Multi-Domain Task Force*, einer militärischen Verbandsstruktur der US-Armee, die bereits 2017 eingeführt wurde. Mittlerweile gibt es weltweit fünf solcher Task-Forces, die alle bis 2028 vollständig einsatzfähig sein sollen. Zumindest drei davon fokussieren sich auf den pazifischen Raum. Eine wird seit 2021 von Deutschland aus geführt und dient Operationen der US-Truppen in Europa und Afrika. Die Task-Forces integrieren Land-, Luft-, See-, Weltraum- und Cyberkräfte, um gegnerische Ziele flexibel zu bekämpfen. Hauptziel ist die Überwindung von sogenannten Anti-Access- und Area-Denial-Zonen, in denen der Gegner den Zugang und die Bewegung einschränken will.

Bundesverteidigungsminister Boris Pistorius erachtet die Stationierung der US-Systeme als notwendig, um eine »ernstzunehmende Fähigkeitslücke in Europa zu schließen«, die auch von der Nationalen Sicherheitsstrategie identifiziert wird. Der Bedarf an Mittelstreckensystemen ergebe sich darüber hinaus aus den aktuellen NATO-Plänen, die seit Jahren eine entsprechende Entwicklung priorisieren. Dahinter stehen Überlegungen zur Abschreckung Russlands, aber – und das wird in der Öffentlichkeit häufig unterschlagen – im Ernstfall auch zur möglichen Kriegsführung. Denn die Grundlagen erfolgreicher Abschreckung sind stets militärische Fähigkeiten, die es im Verteidigungsfall ermöglichen, Ziele des Gegners zu bedrohen und auch zu zerstören. Gleichzeitig soll das Signalisieren von solchen Konsequenzen einen Angriff überhaupt verhindern.

» Die Grundlagen erfolgreicher Abschreckung sind stets militärische Fähigkeiten, Ziele des Gegners zu bedrohen und auch zu zerstören.

Im Kriegsfall würden die künftig in Deutschland stationierten US-Abstandswaffen wohl primär gegen russische integrierte Luftverteidigungssysteme sowie Kommando- und Kontrolleinrichtungen eingesetzt werden. Für die USA sind sie elementarer Bestandteil eines umfassenden Kriegsführungskonzepts, das Operationen über die Dimensionen Land, Luft, See, Weltraum und Cyber hinweg ermöglichen soll. Dieser Ansatz ist auch für die NATO maßgeblich. So betont bereits die neue Militärstrategie der Allianz aus dem Jahr 2019 horizontale Eskalationsoptionen. Demnach soll die Verteidigung im Fall des Falles nicht nur direkt am Ort eines russischen Angriffs aufgenommen werden, zum Beispiel im Baltikum. Vielmehr setzt die NATO auf die Möglichkeit, einen Krieg auch geografisch auszuweiten, um auch an anderer Stelle Druck auszuüben. Abstandswaffen würden die dafür notwendige Flexibilität bereitstellen.

Im Idealfall, so die Hoffnung, wäre Russland gezwungen, seinen ursprünglichen Angriff einzustellen. Aber es gäbe auch eine andere Option: Moskau könnte angesichts der eigenen Unterlegenheit im Kriegsfall nuklear eskalieren. Selbst präemptive Schläge wären denkbar, sollte man im Kreml zur Ansicht gelangen, dass konventionelle, aber präzise Abstandswaffen in Europa in der Lage wären, die eigenen nuklearen Fähigkeiten zu bedrohen.

Eine kluge Verteidigungspolitik muss derartige mögliche Entwicklungen antizipieren, um sie verhindern zu können. Deshalb ist es besonders erstaunlich, dass in den öffentlichen Kommentaren zur Stationierungsentscheidung die Reaktionen Russlands kaum eine Rolle spielen. Moskau selbst hält sich bisher bedeckt. Der stellvertretende Außenminister Sergej Rjabkow sprach lediglich davon, dass man in aller Ruhe eine militärische Antwort entwickeln werde.

» **Russland hat neben einer Vielzahl an luft- und seegestützten Systemen selbst bereits landgestützte Mittelstreckenwaffen stationiert.**

Richtig ist, dass Russland neben einer Vielzahl an luft- und seegestützten Systemen selbst bereits landgestützte Mittelstreckenwaffen stationiert hat. Im Mittelpunkt steht ein Marschflugkörper des Typs 9M729 (SSC-8), dessen Entwicklung 2019 maßgeblich zum Ende des INF-Vertrages über nukleare Mittelstreckenraketen beitrug. Dieser Vertrag verbot entsprechende, landgestützte Waffensysteme mit einer Reichweite von 500 bis 5500 Kilometer in Europa.

Während Russland bis heute bestreitet, dass der genannte Marschflugkörper eine Reichweite von mehr als 500 Kilometer besitzt, schlug Präsident Putin nach Auflösung des INF-Vertrags 2019 und 2020 ein neues Moratorium für landgestützte Mittelstreckenraketen vor: Man werde keine eigenen Systeme entwickeln und stationieren, solange die USA ebenfalls darauf verzichten würden. Im Gegenzug bot Moskau gegenseitige Verifikationsmaßnahmen an. Im Dezember 2021 griffen die USA den Vorschlag auf und erklärten sich grundsätzlich zu Inspektionen bereit.

Der russische Angriffskrieg gegen die Ukraine beendete dieses Vorhaben. Die Idee eines Moratoriums ist durch die geplante Stationierung von US-Mittelstreckenraketen ebenfalls hinfällig geworden. Es ist zu erwarten, dass Russland sein Arsenal an Marschflugkörpern des Typs 9M729 erweitert oder seegestützte

Raketensysteme für den Einsatz an Land umrüstet. Schließlich wäre auch eine Wiederaufnahme der Entwicklung der RS-26 Rubesch denkbar, einer ballistischen Mittelstreckenrakete.

» Langfristig könnte die Stationierung von konventionellen US-Abstandswaffen in Europa auch das nukleare Gleichgewicht zwischen den USA und Russland beeinflussen.

Derartige Gegenmaßnahmen könnten dazu führen, dass die erhofften positiven Effekte auf Abschreckung und Kriegsführung gegenüber Russland minimiert werden oder sogar vollständig ausbleiben. In diesem Fall wäre wenig gewonnen. Schlimmer noch: Langfristig könnte die Stationierung von konventionellen US-Abstandswaffen in Europa auch das nukleare Gleichgewicht zwischen den USA und Russland beeinflussen. Denn für Moskau sind diese immer auch strategische Waffen, da sie grundsätzlich in der Lage wären, Elemente der eigenen Nuklearstreitkräfte zu zerstören, etwa Radaranlagen und Kommunikationseinrichtungen. Umgekehrt gilt das, zumindest für die USA, nicht. Vor diesem Hintergrund ist nicht auszuschließen, dass Russland auf den generellen Ausbau von konventionellen Abstandswaffen in Europa auch mit Änderungen seiner Nukleardoktrin oder der Komposition seiner strategischen Nuklearstreitkräfte reagiert.

Dass die jetzige Stationierung allein in Deutschland geplant ist, hat darüber hinaus Konsequenzen für die Verteilung von Risiken innerhalb der NATO. Im Kontext des NATO-Doppelbeschlusses von 1979 zur Stationierung von nuklear bestückten Mittelstreckenraketen hatte der damalige Bundeskanzler Helmut Schmidt noch darauf hingewirkt, eine derartige Singularisierung unbedingt zu vermeiden. Anders als heute war die Entscheidung zur Stationierung auch mit einem Angebot zur Rüstungskontrolle verbunden, vorausgesetzt Moskau wäre bereit, seine eigenen Systeme zu begrenzen.

Die Stationierung von amerikanischen Raketensystemen in Deutschland ist deshalb weder ein militärisches Wundermittel ohne Risiken, noch alternativlos. Stattdessen wirft sie neue Fragen der Kriegsverhütung, der Kriegsführung und des Eskalationsmanagements auf. Diese lassen sich nicht mit dem bloßen

Verweis auf mehr und vermeintlich immer bessere Abschreckung beantworten. Vielmehr bedarf es eines substantiellen Abwägungsprozesses.

Doch während man in den USA derartige Fragen intensiv und auch öffentlich diskutiert, werden diese hierzulande kaum problematisiert. Stattdessen verfällt man zum Teil in Extreme. Während die einen im Zuge der Zeitenwende jede militärische Investition unkritisch begrüßen, sehen andere darin eine reine Provokation auf dem direkten Weg zum Dritten Weltkrieg. Gleichzeitig wird manchmal der Eindruck erweckt, Russland könnte im Kriegsfall militärisch vollständig besiegt werden. Doch damit wird eine der grundlegendsten Einsichten des Nuklearzeitalters verdrängt. Bereits 1956 kam der US-amerikanische Stratege William W. Kaufmann zum Schluss, dass die klassische konventionelle Kriegsführung bis zur totalen Niederlage zwischen Atommächten zwangsläufig in einer nuklearen Eskalation enden würde.

Angesichts dieser fundamentalen und nicht auflösbaren Risiken braucht es eine offene Debatte über und Analyse von militärstrategischen Optionen zum Eskalationsmanagement. Diese sollten auch ein Mindestmaß an Verhaltensregeln und gezielten Kommunikationskanälen umfassen, damit nicht jeder militärische Zwischenfall und jede mögliche Fehleinschätzung in die Katastrophe führen. Keinesfalls aber darf der Eindruck entstehen, die Bevölkerung würde ohne Risikoabwägung vor vollendete Tatsachen gestellt. Denn damit wäre einer gezielten Verunsicherung von außen Tür und Tor geöffnet.

DR. ALEXANDER GRAEF ist wissenschaftlicher Mitarbeiter am Institut für Friedensforschung und Sicherheitspolitik an der Universität Hamburg (IFSH) und Mitglied des *Younger Generation Leaders Network on Euro-Atlantic Security* (YGLN).

TIM THIES ist wissenschaftlicher Mitarbeiter am Institut für Friedensforschung und Sicherheitspolitik an der Universität Hamburg (IFSH) und Doktorand am *Institute for Management Research* der Radboud Universität in Nimwegen, Niederlande.

LUKAS MENGELKAMP ist wissenschaftliche Hilfskraft am Institut für Friedensforschung und Sicherheitspolitik an der Universität Hamburg (IFSH) und Doktorand an der Universität Marburg.

WENN ZWEI SICH STREITEN …

Das deutsch-französische Führungsversagen ist ein Risiko für unsere Sicherheit. Der Schaden betrifft nicht nur die Verteidigungsfähigkeit Europas.

Von Gesine Weber | Februar 2024

In den vergangenen Jahren ist mehr als deutlich geworden, dass das deutsch-französische Tandem – historisch gesehen ein zentraler Motor der europäischen Integration – auf der Ebene der politischen Führung einfach nicht zusammenfindet. Bei wirtschafts- und energiepolitischen Fragen – man denke an Atomenergie, Freihandelsabkommen oder Industriepolitik – sind die Positionen von Paris und Berlin oft gegensätzlich. Zwar hat eine deutsch-französische Expertengruppe Vorschläge zur institutionellen Weiterentwicklung der EU vorgelegt, doch eine gemeinsame politische Ambition für die Zukunft des europäischen Projekts haben Deutschland und Frankreich bisher nicht formuliert. Und krachend gescheitert sind Berlin und Paris daran, eine Führungsrolle beim Angehen der größten sicherheitspolitischen Herausforderung für die EU seit ihrer Gründung einzunehmen. Weder gelingt es Deutschland und Frankreich, bei der Unterstützung der Ukraine gemeinsam voranzugehen, noch haben sie einen gemeinsamen Fahrplan für die Stärkung der europäischen Verteidigung. Angesichts der Lage in der Ukraine, aber auch in Anbetracht der strukturellen geopolitischen Verschiebungen – wie beispielsweise des erwartbar abnehmenden Engagements der USA in der europäischen Verteidigung – sind Ambitionen und Visionen für die europäische Sicherheits- und Verteidigungspolitik jedoch kein Selbstzweck. Sie sind eine strategische Notwendigkeit.

Die Konferenz zur Unterstützung der Ukraine, zu der Frankreichs Präsident Emmanuel Macron Ende Februar eingeladen hatte, illustrierte die Differenzen zwischen Deutschland und Frankreich noch einmal deutlich. Es handelte sich um kein offizielles Treffen im Rahmen der EU, sondern um ein Treffen zur Koordinierung der Positionen europäischer Staaten, der USA und Kanadas zur weiteren Unterstützung der Ukraine. Das Ziel dabei war unter anderem, eine klare Botschaft der Geschlossenheit zu senden. Erreicht haben Macron und Scholz mit ihren jeweiligen Medienauftritten jedoch das Gegenteil. Als Macron in der Pressekonferenz zum Abschluss der Konferenz erklärte, dass die Entsendung europäischer Truppen auf ukrainischen Boden nicht ausgeschlossen werde, ließ die deutsche Reaktion kaum auf sich warten. Scholz wiederholte, dass die bisherige Position – keine Entsendung von deutschen oder NATO-Truppen in den Konflikt – unverändert bleibe, und Wirtschaftsminister Habeck forderte Frankreich zur Lieferung von mehr Waffen auf. Diese öffentlichen Widersprüche sind keine strategische Ambiguität, sondern ein massiver Schaden für die Glaubwürdigkeit der Unterstützung Europas für die Ukraine. Die notwendige Nachricht der Geschlossenheit, die Europa mit der Konferenz demonstrieren wollte, haben Scholz und Macron damit schlichtweg untergraben.

» **Die signifikanten Differenzen zwischen Deutschland und Frankreich in Fragen der Sicherheits- und Verteidigungspolitik sind nicht neu.**

Die signifikanten Differenzen zwischen Deutschland und Frankreich in Fragen der Sicherheits- und Verteidigungspolitik sind nicht neu. Während Frankreich traditionell auf ein starkes Europa und vor allem eine starke EU setzt, hat Deutschland schon immer eine stärkere transatlantische Orientierung, mit einem klareren Fokus auf der NATO als auf der Gemeinsamen Sicherheits- und Verteidigungspolitik (GSVP) der EU. Besonders deutlich wurde dieser Gegensatz beim öffentlichen Schlagabtausch von Emmanuel Macron und der damaligen deutschen Verteidigungsministerin Annegret Kramp-Karrenbauer vor den

US-Wahlen 2020. Während der französische Präsident klar für eine europäische strategische Autonomie plädierte und die Europäer aufforderte, auch unabhängig von den USA mehr zu tun, veröffentlichte Kramp-Karrenbauer wenige Tage darauf einen Artikel mit dem Titel *Europe Still Needs America* (»Europa braucht Amerika weiterhin«) – woraufhin Macron in einem Interview ausführlich sein Argument darlegte. Und auch abgesehen von ihren Präferenzen für eine europäische Verteidigung unterscheiden sich Deutschland und Frankreich in ihrer strategischen Kultur. In Deutschland herrschen Parlamentsvorbehalt und eine gesellschaftlich verankerte Skepsis gegenüber allem Militärischen vor. Demgegenüber steht eine Interventionsarmee auf der französischen Seite samt dem Willen, diese auch zur Sicherung eigener Sicherheitsinteressen einzusetzen.

Diese Differenzen müssen jedoch nicht zwangsläufig eine Paralyse auf der europäischen Ebene bedeuten. Geopolitische Notwendigkeit und Pragmatismus haben auch in der Vergangenheit zu Kompromissen zwischen Deutschland und Frankreich geführt, beispielsweise bei den verschiedenen Initiativen zur Stärkung der europäischen Verteidigung nach dem Brexit und der Wahl von Donald Trump zum US-Präsidenten. Der zentrale Unterschied zur heutigen Situation scheint jedoch der politische Wille zu sein: Während Deutschland und Frankreich auf das Brexit-Referendum umgehend mit dem Willen antworteten, das europäische Projekt voranzutreiben, fehlt diese Ambition heute – in einer Situation, die für die EU zwar ebenfalls ein geopolitischer Stresstest ist, aber ungleich bedrohlicher.

Strukturell gesehen haben deutsch-französische Vorhaben den großen Vorteil, dass, metaphorisch gesprochen, der Maschinenraum für deutsch-französische Zusammenarbeit weiterhin existiert und jederzeit anlaufen könnte. Wer die deutsch-französischen Beziehungen pauschal als »gebrochen« bezeichnet, wird der Realität auf der Arbeitsebene nicht gerecht, wo nach wie vor die deutsch-französische Koordinierung nahezu ein Reflex ist. Allerdings kann das Potenzial des besten Maschinenraums nicht genutzt werden, wenn das gemeinsame Ziel fehlt. Mit ihren individuellen und teils entgegengesetzten Ansätzen verhindern Deutschland und Frankreich aktuell daher nicht nur die Nutzung von viel Potenzial für die EU, sondern sie verursachen auch einen europäischen Kollateralschaden.

Aus dem Vakuum der deutsch-französischen Führung resultiert entsprechend, dass Führung in der europäischen Verteidigung neu gedacht werden muss. Bei der europäischen Unterstützung für die Ukraine haben andere Akteure in der EU bereits bewiesen, dass dies möglich ist: Die gemeinsame Beschaffung von Munition durch die EU geht auf eine Initiative Estlands zurück. Auch wenn die Lieferungen aktuell hinter den Ambitionen liegen, ist die Maßnahme wichtig zur konkreten Unterstützung der Ukraine und zur langfristigen Stärkung Europas als sicherheitspolitischer Akteur. Außerdem dürfte Polen auch in Zukunft eine wichtigere Rolle zukommen: Warschau ist nicht nur einer der resolutesten Unterstützer der Ukraine, sondern hat mit der neuen pro-europäischen Regierung großes Potenzial, auch in Brüssel eine Gestaltungsrolle einzunehmen. Möglicherweise könnte auch das Format des Weimarer Dreiecks, das die Außenministerinnen und Außenminister Deutschlands, Frankreichs und Polens zuletzt mit viel Enthusiasmus wiederbelebt haben, eine Option zum Überbrücken der deutsch-französischen Differenzen sein, und zugleich für eine geografisch ausgeglichenere Führung.

» Führung in der europäischen Verteidigung muss neu gedacht werden.

Beim Managen des europäischen Kollateralschadens durch die deutsch-französische Führungsschwäche hat vor allem die EU-Kommission eine zentrale Rolle gespielt. Durch die Nutzung von EU-Instrumenten – wie der Europäischen Friedensfazilität zur Finanzierung der militärischen Unterstützung für die Ukraine oder der Förderung der gemeinsamen Beschaffung in der europäischen Verteidigungsindustrie (EDIRPA) – hat die EU-Kommission gezeigt, dass zentrale Initiativen nicht immer aus Paris oder Berlin kommen müssen, sondern dass auch Brüssel eine stärkere Rolle spielen kann. Auch die Möglichkeit, das EU-Budget für gemeinsame Verteidigung zu nutzen (wie auch bei der Beschaffung von Impfstoffen oder Gas), wie zuletzt von EU-Kommissionspräsidentin Ursula von der Leyen erwähnt, wäre ein zentraler Schritt für mehr europäische Verteidigung »Made in Brussels«.

Langfristig allerdings bleibt ein deutsch-französischer Kompromiss alternativlos für die Zukunft der EU als sicherheitspolitische Akteurin, nicht zuletzt weil Entscheidungen über die GSVP oder potenzielle Änderungen der EU-Verträge Einstimmigkeit erfordern. Wenn es Deutschland und Frankreich nicht gelingt, sich auf gemeinsame Positionen bei zentralen Fragen zu einigen – etwa bei der Finanzierung der militärischen Unterstützung der Ukraine, nach einer Strategie für die europäische Rüstungsindustrie oder nach einer geopolitischen Selbstversorgung der EU –, dann riskieren sie, dass es nicht beim Kollateralschaden für europäische Verteidigung bleibt.

GESINE WEBER ist derzeit Visiting Scholar am *Arnold A. Saltzman Institute for War and Peace Studies* an der *Columbia University*. Als Research Fellow ist sie außerdem beim *German Marshall Fund* in Paris tätig, wo sie zur europäischen Sicherheits- und Verteidigungspolitik forscht.

DER BERLINER BLOB

Einseitigkeit und Gruppendenken kennzeichnen oft die außenpolitische Sicherheitsblase. In Deutschland ist dies besonders stark ausgeprägt.

Von Hans Kundnani | April 2024

Die Verwendung des Ausdrucks »Blob« geht zurück auf Ben Rhodes, den außenpolitischen Berater von Präsident Barack Obama – oder dessen »Famulus«, wie Jeffrey Goldberg ihn im Magazin *Atlantic* nannte. Zum ersten Mal tauchte der Begriff »Blob« im Mai 2016 in einem Porträt über Rhodes im *New York Times Magazine* auf. Darin hieß es, er habe den Begriff benutzt, um das außenpolitische Establishment der USA zu charakterisieren. In seinem Buch *The World As It Is*, in dem er auf seine Zeit im Weißen Haus zurückblickt, erklärte Rhodes, er habe mit »Blob« – eine gallertartige, schleimige Masse – jenes »Gruppendenken« gemeint, »das scheinbar stets unweigerlich zu weiteren militärischen Interventionen im Nahen Osten führe, dazu, ›irgendetwas zu bombardieren‹.«

Rhodes selbst positionierte sich zwar in Opposition zu diesem Blob, war aber tatsächlich mehr Teil davon, als er wahrhaben wollte. Nicht nur warb er 2013 für Luftschläge in Syrien (woraufhin Obamas Stabschef Denis McDonough ihm und Jake Sullivan, dem nationalen Sicherheitsberater des damaligen Vizepräsidenten Joe Biden, die Spitznamen »Cheney und Rumsfeld« gab). Er stimmte auch in den allgemeinen Konsens in Washington ein, dass die »liberale Hegemonie« verteidigt werden müsse. Trotzdem blieb der von ihm eingeführte Begriff haften. Inzwischen bezieht er sich allgemein auf ein außenpolitisches Establishment, das bestimmte Sichtweisen und Ideen teilt.

Wenn wir »Blob« in diesem Sinn als Begriff für gruppenkonformes Denken – das *Groupthink* – in der Außenpolitik verwenden, können wir ihn auch auf andere Länder übertragen, in denen Außenpolitik in einer ähnlich geschlossenen Welt von Beamten, politischen Beratern, Analysten und Journalisten mit ähnlichen Sichtweisen und Ideen gemacht wird – auch wenn sich diese oft ziemlich von denen des Blob in Washington unterscheiden. Manche Blobs sind »blobbiger« als andere – und der Berliner Blob, so scheint mir, ist vielleicht der blobbigste von allen.

In Washington wird das *Groupthink*-Problem immerhin bis zu einem gewissen Grad durch Parteidenken eingedämmt. Wie Jeremy Shapiro schreibt, führt »Washingtons zutiefst von Tribalismus und Parteipolitik geprägte politische Kultur« dazu, dass die dortigen Denkfabrikler wirklich miteinander streiten und sich gegenseitig durchaus aggressiv herausfordern, wenngleich die politische Polarisierung bedeutet, dass Shapiros Ideal eines »von Wettstreit oder gar Gegnerschaft geprägten, aber dennoch faktenbasierten und abwägenden Prozesses zur Entwicklung politischer Ideen« nicht ganz erreicht wird. In Deutschland ist die politische Kultur im Gegensatz dazu stärker konsensorientiert und der *Groupthink*-Gefahr deshalb noch akuter ausgesetzt als in den USA.

» Bevor der Krieg in der Ukraine begann, verteidigten viele deutsche Denkfabrikler Angela Merkels Außenpolitik.

Hinzu kommt, dass das *Groupthink*-Problem in Washington eng mit dem Drehtürsystem zusammenhängt – also mit der Rotation zwischen Thinktanks und Regierung, bei der Personal von der einen Seite auf die andere wechselt, und umgekehrt. Das nimmt den parteipolitischen Konflikten manche Schärfe, denn Regierungsbeamte bedürfen der Bestätigung durch den Kongress und können es sich deshalb nicht leisten, Dinge zu sagen oder zu schreiben, die die andere Partei verärgern würden, geschweige denn ihre eigene. In Deutschland gibt es dieses Drehtürsystem nicht und Denkfabrikler wechseln nur selten in die Regierung. Zugleich werden allerdings einige führende außenpolitische Denkfabriken in Deutschland staatlich finanziert (wie zum Beispiel die im Wesentlichen vom

Bundeskanzleramt finanzierte Stiftung Wissenschaft und Politik), mit ähnlichen Folgen.

Dass außenpolitische Eliten tendenziell ähnlich denken, hat eine Kehrseite: Sie koppeln sich gedanklich in gewisser Weise von dem ab, was die Allgemeinheit über außenpolitische Fragen denkt. Denkfabrikler teilen eine Reihe von Grundannahmen (die auch weitgehend mit dem Blob in anderen Ländern – zumindest im Westen – übereinstimmen). Von den gänzlich anderen Interessen und Präferenzen der Normalbevölkerung im eigenen Land sind sie aber oftmals abgeschnitten. In den USA machte die Wahl Donald Trumps diese Kluft deutlich sichtbar und dadurch die Idee einer »Außenpolitik für die Mittelschicht« populär – also einer Außenpolitik im Interesse der Normalbürger und nicht nur der Eliten.

»» Den Vorwurf, sie seien von der Öffentlichkeit abgekoppelt,weisen die außenpolitischen Eliten in Deutschland zumeist von sich.

Dennoch ist das Problem des abgekoppelten Blob in Deutschland möglicherweise noch extremer ausgeprägt als in den Vereinigten Staaten. Wenn es stimmt, dass es unter den außenpolitischen Denkfabriklern in Berlin einen noch stärkeren Konsens gibt als in Washington, ist womöglich auch die Kluft zwischen ihnen und der Allgemeinheit größer. Deutschlands außenpolitische Eliten, vor allem die, die sich mit Sicherheitspolitik beschäftigen, wollen unbedingt, dass Deutschland sich »strategischer« verhält, in der europäischen Sicherheitspolitik eine »Führungsrolle übernimmt«, mehr Geld für Verteidigung ausgibt und bereit ist, seine militärischen Fähigkeiten zu nutzen, und ähnliche Dinge. Die deutsche Öffentlichkeit steht all dem jedoch ziemlich skeptisch gegenüber.

Den Vorwurf, sie seien auf diese Weise von der Öffentlichkeit abgekoppelt, weisen die außenpolitischen Eliten in Deutschland zumeist von sich. Sie stellen sich die deutsche Öffentlichkeit gerne militaristischer vor, als sie wirklich ist, und halten sie zugleich für formbar. Denn eines fällt auf: Spricht man sie kritisch auf die Kluft zwischen ihnen und der Allgemeinheit an, erhält man von

Vertreterinnen und Vertretern deutscher Außenpolitik-Thinktanks oft die Antwort, sie sähen die Rolle von Experten wie sich selbst darin, die Öffentlichkeit aufzuklären. Politiker wie Bundeskanzler Olaf Scholz, die zwangsläufig engeren Kontakt mit der Öffentlichkeit haben, werden von Denkfabriklern häufig dafür kritisiert, dass sie der öffentlichen Meinung folgen, statt zu »führen«.

Ein anschauliches Beispiel, sowohl für das gruppenkonforme Denken des Berliner Blob als auch für seine Abkopplung von der Bevölkerung, ist seine Reaktion auf Russlands Großangriff auf die Ukraine im Februar 2022. Bevor der Krieg in der Ukraine begann, verteidigten viele deutsche Denkfabrikler Angela Merkels Außenpolitik – das heißt, sie teilten die gängige Meinung, solange sie gängige Meinung war. Doch nach Russlands Einmarsch in die Ukraine im Februar 2022 wurden sie auf einen Schlag allesamt zu Hardlinern – und inzwischen sehen sie ihre Aufgabe scheinbar darin, diejenigen zu attackieren, die außenpolitisch nicht auf dieser Linie sind, vor allem sozialdemokratische Politiker.

Am deutlichsten zeigte sich dies bei der Diskussion über die Lieferung von Leopard-2-Kampfpanzern an die Ukraine, die für den Berliner Blob 2022 und 2023 über weite Strecken zur Obsession wurde. Scholz zögerte – nicht zuletzt weil er verstand, dass die Vorstellung, deutsche Panzer könnten in einem Krieg gegen Russland zum Einsatz kommen, nachvollziehbare Ängste bei der Bevölkerung auslösen könnte. Deshalb musste er es so aussehen lassen, als trete er auf die Bremse und müsse von Deutschlands Verbündeten mühsam zur Lieferung der Panzer überredet werden – zu der es am Ende dann auch kam. Der Berliner Blob jedoch attackierte ihn unermüdlich, weil er es an deutscher »Führung« habe fehlen lassen. Gemeint war damit, dass er nicht so gehandelt hatte, wie der Blob es wollte.

Das Absurde an der Kampagne des Berliner Blob zur »Befreiung der Leoparden« war nicht nur, dass er sich leichthin auf eine so eng begrenzte Frage wie den Einsatz eines bestimmten Waffensystems fokussierte, als hänge davon der Ausgang des ganzen Krieges ab (und dass er damit zu der Ernüchterung beitrug, die sich einstellte, als die Panzer schließlich zum Einsatz kamen und klar wurde, dass sie nicht die von vielen erhoffte Wende brachten), sondern auch, dass diese Kampagne zur Stimmungsmache geriet und Analysen Mangelware wurden. Eine führende Vertreterin eines deutschen Außenpolitik-Thinktanks regte sogar an, sie und ihre Kolleginnen sollten bei der Münchner Sicherheitskonferenz allesamt Kleidung mit Leopardenmuster tragen.

Während außenpolitische Denkfabrikler in Deutschland fast täglich ihre Empörung über Russlands Besetzung der Ukraine äußern, haben sie fast nichts dazu zu sagen, dass Israel seit dem 7. Oktober des vergangenen Jahres die Bevölkerung aus Gaza vertreibt und vernichtet. Es ist schwer zu sagen, ob dieses dröhnende Schweigen über Israels Vorgehen auf Überzeugung beruht (dass Deutschlands bedingungslose Unterstützung für Israel richtig ist) oder auf Feigheit (weil sie Angst haben, sich offen zu diesem Thema zu äußern). Im Ergebnis führt dies allerdings dazu, dass Deutschlands außenpolitische Denkfabrikler kaum öffentlich über eine der wichtigsten Fragen der internationalen Politik diskutieren – in der die Allgemeinheit noch dazu erneut ganz anderer Meinung ist als die Eliten.

» **Die außenpolitische Fachwelt hat in Deutschland, ebenso wie in den USA, schwerwiegende Fehleinschätzungen getroffen.**

Was auch immer die Gründe dafür sind – die Fachleute in Deutschlands außenpolitischen Denkfabriken sehen ihre Aufgabe anscheinend nicht darin, offen zu diskutieren oder gar gegenseitig ihre Positionen zu hinterfragen, einander zu widersprechen und aus der Reserve zu locken. Stattdessen scheinen sie ihre Rolle eher darin zu sehen, gemeinschaftlich die aktuell gängige Meinung zu verteidigen, sich gegenseitig zu bestärken und Beistand zu leisten und diejenigen, die nicht ihrer Meinung sind, zu kritisieren oder gar lächerlich zu machen. Das wäre nachvollziehbar, wenn die außenpolitische Fachwelt eine überzeugende Erfolgsbilanz für die letzten Jahrzehnte vorweisen könnte. Sie hat aber in Deutschland, ebenso wie in den USA, schwerwiegende Fehleinschätzungen getroffen, die katastrophale Folgen hatten.

Realistische Theoretiker der internationalen Beziehungen wie Stephen Walt machen darauf aufmerksam, dass außenpolitische Eliten für ihre Irrtümer selten zur Rechenschaft gezogen werden. Besonders fällt auf, dass Neokonservative – auf die sich Rhodes bezog, als er zum ersten Mal vom Blob sprach – inzwischen als Trump-Gegner rehabilitiert worden sind. Doch in den USA führte der Schock von 2016 auch dazu, dass sich zunehmend zurückhaltende Stimmen in die politische Debatte einbringen, die sich dem Konsens in Sachen liberale Hegemonie entgegenstellen – speziell das 2019 gegründete Quincy Institute. Deutschland hat bisher keinen vergleichbaren Schock erlebt – und deshalb wird der Berliner Blob womöglich noch weniger in die Verantwortung genommen als sein Pendant in Washington.

Aus dem Englischen von **ANDREAS BREDENFELD**

Dieser Artikel erschien zuerst in *The Ideas Letter.*

HANS KUNDNANI ist Visiting Fellow am *Remarque Institute* an der *New York University* sowie Open Society Foundations Ideas Workshop Fellow. Sein jüngstes Buch *Eurowhiteness: Culture, Empire and Race in the European Project* erschien 2023.

NUKLEARE GEFAHR

Angesichts einer erhöhten Bedrohungslage muss Europa seine Verteidigungspolitik neu ausrichten. Eine europäische Atombombe ist jedoch ein Irrweg.

Von Ralf Stegner | Februar 2024

Einigkeit herrscht bei der Feststellung, dass wir heute einer anderen sicherheitspolitischen Bedrohungslage gegenüberstehen, als dies Anfang der 2000er Jahre absehbar war. Russland unter dem Putin-Regime – nicht jedoch die russische Bevölkerung – ist momentan die größte Bedrohung für Frieden und Wohlstand in Europa und die regelbasierte internationale Ordnung. Dieser Herausforderung müssen wir begegnen, und angesichts des russischen Angriffskrieges auf die Ukraine seit 2022 ist es richtig, dass wir heute auch grundsätzliche Fragen der deutschen Sicherheits- und Verteidigungspolitik und damit auch der militärischen Ausrüstung der Bundeswehr innerhalb einer europäischen Sicherheitsarchitektur und eingebettet in das transatlantische Bündnis neu stellen, überdenken und teilweise anders beantworten, als dies noch vor drei Jahren der Fall gewesen wäre.

Einige erwecken dabei aber den Eindruck, als ob die Doktrinen des Kalten Krieges – garniert mit etwas Cyber-Fähigkeiten und Drohnen – plötzlich wieder aktuell seien, und bringen sogar eine mögliche deutsche Atombombe oder, etwas vorsichtiger formuliert, die nukleare Bewaffnung Europas ins Spiel. Aber die Welt ist heute eine ganz andere und ein erneutes atomares Wettrüsten ist das Gegenteil von dem, was wir für eine friedlichere Welt brauchen. Die historischen, ethischen und völkerrechtlichen Gründe, warum Deutschland keine Atommacht ist, gelten weiterhin. Eine Aufrüstungsdebatte im Stile von Franz-Josef Strauß der 50er-Jahre nützt nur der Rüstungsindustrie und ihren konservativen Verbündeten, die endlich ohne historischen Ballast und am regulären Haushalt vorbei die Auftragsbücher von Rheinmetall und Co. füllen möchten.

Anlass der neuerlichen Debatte war eine Äußerung des verurteilten Finanzbetrügers und ehemaligen US-Präsidenten Donald Trump, der in seiner typischen Unart die Bündnistreue einer US-Regierung unter seiner Führung erneut in Frage stellte. Aber jetzt von atomarer Aufrüstung in Europa zu sprechen, bevor Trump überhaupt offizieller Präsidentschaftskandidat ist und noch keine einzige Stimme abgegeben wurde, ist grob fahrlässig, missachtet die Resilienz der amerikanischen Demokratie und wird der Ernsthaftigkeit des Themas der sogenannten nuklearen Abschreckung und dem absoluten Zerstörungspotential von Atomwaffen nicht gerecht. Es ist passend, dass zuletzt die Filmbiografie von J. Robert Oppenheimer das moralische Dilemma dieser schrecklichen Waffen einem so großen Publikum nahebrachte. Eindrücklich bleibt das hinduistische Zitat, an das Oppenheimer nach der Entwicklung dieser Waffe denken muss: »Jetzt bin ich der Tod geworden, der Zerstörer der Welten«.

» Einige erwecken den Eindruck, als ob die Doktrinen des Kalten Krieges plötzlich wieder aktuell seien.

Auch wenn der bisher einzige Kriegseinsatz von Atomwaffen in Hiroshima und Nagasaki fast 80 Jahre zurückliegt, muss die globale Dimension des nuklearen Zerstörungspotentials bei jedem Debattenbeitrag mitgedacht werden. Trotz der Reduzierung des nuklearen Arsenals seit den Hochzeiten des Kalten Krieges reichen die vorhandenen Atomsprengköpfe immer noch aus, um die Menschheit gleich mehrfach auszulöschen. Allein das zeigt, dass ein paar europäische Atomwaffen mehr, die manche so leichtsinnig fordern, viele noch völlig unabsehbare Konsequenzen haben würden. Ein Beitrag zur europäischen Sicherheit wären sie sicherlich nicht.

Die aktuelle außen- und sicherheitspolitische Debatte, die viele zu einer Aufrüstungsdebatte machen wollen, zeigt leider, dass eine realistische und wertebasierte Position, die gute Ausrüstung unserer Parlamentsarmee und die starke Unterstützung unserer Verbündeten in der Ukraine mit einem Fokus auf diplomatische Initiativen für einen baldigen Frieden in Europa verbinden möchte, regelmäßig lächerlich gemacht und als realitätsfern bis »putinophil« diffamiert wird. Vor allem konservative und manche vermeintlich liberalen Kräfte wollen die polarisierende außenpolitische Debatte nutzen, um endlich den neoliberalen Traum einer gleichzeitigen Kürzung von Sozialleistungen (»die schwarze Null«), Steuersenkungen für Besserverdienende (»Wettbewerbsfähigkeit«) und einer massiven Erhöhung des Wehretats (»Kriegstauglichkeit«) außerhalb des regulären Haushaltes wahr werden zu lassen.

Dabei ist es richtig, dass wir im transatlantischen Bündnis, als Teil der europäischen Sicherheitsarchitektur und gegenüber den Soldatinnen und Soldaten der Bundeswehr, eine Verantwortung dafür tragen, eigenständiger für unsere Sicherheit zu sorgen und die Bundeswehr angemessen für ihre Aufgaben gut und umfassend auszurüsten. Das erste Sondervermögen war angesichts der dramatischen Lage in der Ukraine und des akuten Handlungsbedarfs in der Bundeswehr richtig. Jeder weitere Euro für den Verteidigungsetat muss aber im regulären Haushaltsverfahren vom Haushaltsgesetzgeber, dem Deutschen Bundestag, beschlossen werden. Es ist den Bürgerinnen und Bürgern nicht vermittelbar und langfristig demokratiegefährdend, wenn für Marschflugkörper, Beratungsverträge zur Digitalisierung der Streitkräfte oder auch die »europäische Bombe« plötzlich jegliche Haushaltsdisziplin vergessen werden soll, während Bahnstrecken und Schulen verfallen, auch das letzte Schwimmbad in der Stadt schließen muss und Arbeitnehmerinnen und Arbeitnehmer aufgrund der »schwierigen wirtschaftlichen Lage« zur Zurückhaltung bei den Tarifverhandlungen gedrängt werden. Ganz zu schweigen von den gewaltigen Anstrengungen, vor denen wir aufgrund des Klimawandels stehen. Das zeigt deutlich, was am Anfang jeder ernsthaften Debatte über die zukünftige Verteidigungsfähigkeit Deutschlands in einer revitalisierten europäischen Sicherheitsarchitektur stehen muss: Das Ende der deutschen Schuldenbremse – dieses finanzpolitischen Irrsinns und in Fachkreisen zurecht verrufenen deutschen Sonderweges.

Während die USA hunderte Milliarden für eine Modernisierung ihrer Infrastruktur ausgeben, verliert sich die deutsche Politik im parteipolitischen Klein-Klein und klammert sich an gescheiterten finanzpolitischen Instrumenten fest, die nicht nur notwendige Investitionen in unsere Zukunft verhindern, sondern eben auch eine angemessene Finanzierung der deutschen und europäischen Sicherheit. Die von zu vielen forcierte Mischung aus noch stärkerer Aufrüstung, Sozialkürzungen und Steuergeschenken für Reiche und Großkonzerne bei gleichzeitiger orthodoxer Auslegung der deutschen Schuldenbremse wäre ein Giftcocktail für die demokratischen Parteien und ein Energydrink für die Rechtsradikalen. Wenn wir die Akzeptanz für die Fähigkeit zur Landes- und Bündnisverteidigung gewährleisten wollen, dürfen wir in unserer Demokratie niemals innere und äußere Sicherheit gegen soziale Sicherheit ausspielen.

RALF STEGNER ist Bundestagsabgeordneter und Mitglied des Auswärtigen Ausschusses, des Parlamentarischen Kontrollgremiums und abrüstungspolitischer Sprecher der SPD-Bundestagsfraktion. Er ist zudem Vorsitzender des Afghanistan-Untersuchungsausschusses. Stegner war stellvertretender Vorsitzender der SPD, Vorsitzender der SPD Schleswig-Holstein und Fraktionsvorsitzender der Landtagsfraktion sowie Finanz- und Innenminister von Schleswig-Holstein.

DIE UNBEABSICHTIGTEN FOLGEN DER ZEITENWENDE

Im Nebel des Krieges gibt es keine einfachen Lösungen, sondern nur Risiken und Zielkonflikte.

Von Tobias Fella und Cornelius Friesendorf | März 2024

In der deutschen Debatte geht es bei der Frage, wie auf ein revisionistisches Russland zu reagieren ist, vor allem darum, wie Abschreckung, Verteidigung und die Unterstützung der Ukraine besser organisiert werden können. Das ist wichtig, um die Ukraine zu schützen und Russland von weiterer Aggression abzuhalten. Allerdings berücksichtigt die Debatte eine mögliche militärische Eskalation wie auch weitere unbeabsichtigte Folgen der Zeitenwende zu wenig. Deutschland braucht eine breitere politische und öffentliche Diskussion über Risikomanagement.

Das Gesetz der unbeabsichtigten Folgen besagt, dass jede Handlung mehrere Effekte hat. Allerdings werden unbeabsichtigte Folgen wahrscheinlicher, wenn bestimmte Bedingungen vorliegen. Unterstützer der Ukraine sollten die beabsichtigten (positiven) Effekte von Strategien gegen Russland gegen unbeabsichtigte (negative) Effekte abwägen. Schließlich gibt es mindestens fünf Gründe, warum die Zeitenwende unbeabsichtigte Folgen hat oder haben wird.

Erstens: Wenn die Unsicherheit groß ist, steigt die Wahrscheinlichkeit unbeabsichtigter Folgen. Richtet Russlands Großmachtstreben sich auch auf die baltischen Staaten oder die Moldau? Wann ist der Punkt erreicht, an dem Putin die Stabilität des Regimes gefährdet sieht? Der Versuch, Absichten aus der vergangenen russischen Politik oder vermuteten Interessen des Kremls abzuleiten, ist problematisch. Einige Forschungsergebnisse lassen Zweifel an Putins Rationalität aufkommen oder legen nahe, dass Russland Statusgewinne höher gewichtet als Stabilität.

Zweitens: Putin ist entschlossen und in der Lage, einen langen Krieg zu führen, während die Ukraine weiter um ihr Überleben kämpfen wird. Ihre Unterstützer werden vermutlich Wege suchen und finden, um Kiew auch im Falle einer zweiten Trump-Präsidentschaft mit Militärhilfe beizustehen. Sie sollten das auch tun. Doch je länger der Krieg andauert, desto wahrscheinlicher werden ungewollte Auswirkungen, weil es vermehrt zu Zwischenfällen kommen kann, die außer Kontrolle geraten.

» Putin ist entschlossen und in der Lage, einen langen Krieg zu führen, während die Ukraine weiter um ihr Überleben kämpfen wird.

Drittens: Die geografische Nähe bringt Risiken mit sich. Entlang der Ostgrenzen der NATO – beispielsweise im Ostseeraum – operieren NATO-Truppen und russische Streitkräfte raumnah. Schon vor dem 24. Februar 2022 bestand die Gefahr, dass die Situation eskalieren könnte. Der Einmarsch Russlands und die Reaktionen der NATO haben neue Eskalationsszenarien geschaffen.

Viertens: Der Ukraine-Krieg findet in einem komplexen internationalen System statt, und Systemeffekte entfalten sich nicht linear und sind deshalb nicht berechenbar. Die westlichen Staaten stehen nicht nur Russland gegenüber, sondern globalen Machtverschiebungen, Populisten im Inland und dem Klimawandel. Die Unterstützung der Ukraine beeinflusst Möglichkeiten, diesen und weiteren Herausforderungen zu begegnen.

» Viele in der pro-ukrainischen Allianz sind risikotolerant.

Fünftens: Viele in der pro-ukrainischen Allianz sind risikotolerant. Vor allem die militärisch exponierten östlichen NATO-Mitglieder gehen davon aus, dass Russland nur Stärke versteht, und schließen daraus, sie hätten bei einem vorsichtigen Risikomanagement mehr zu verlieren als zu gewinnen. Litauen wollte den Transit russischer Güter nach Kaliningrad blockieren und befürwortete Macrons Gedankenspiele, NATO-Bodentruppen in die Ukraine zu schicken. In Deutschland werden Stimmen, die auf Risiken hinweisen, nicht selten als Opfer Putinscher Angstmacherei bezeichnet. Der in der deutschen Debatte gängige Begriff der »Selbstabschreckung« verdeutlicht diese Tendenz. Politiker scheuen eine breitere Debatte womöglich auch deswegen, weil sie befürchten, dies könnte dazu führen, dass die Zustimmung für die Unterstützung der Ukraine bröckelt, da die Wählerschaft die Kosten eines langen Krieges vielleicht nicht akzeptiert.

Die genannten Faktoren können eine Vielzahl unbeabsichtigter Folgen haben. Deutschland und seine Verbündeten sollten zumindest den folgenden sechs nicht-intendierten Konsequenzen mehr Bedeutung beimessen. Zum einen sollte genauer erörtert werden, welche Umstände zu einer *militärischen Eskalation* führen könnten. Dass der Einsatz von Atomwaffen kein Hirngespinst ist, unterstreichen aktuelle Berichte, wonach die US-Geheimdienste im Herbst 2022 die Wahrscheinlichkeit eines Einsatzes von Atomwaffen im Falle eines ukrainischen Durchbruchs auf die Krim auf 50 Prozent schätzten.

Auch sollten die *Opportunitätskosten* einkalkuliert werden. Die wirtschaftlichen Kosten des Krieges sind bereits jetzt enorm. Wenn sich der Krieg in die Länge zieht, ist dies erst der Anfang. Wird in Abschreckung, Verteidigung und die Unterstützung der Ukraine investiert, reduziert dies Investitionen in Zukunftstechnologie oder öffentliche Infrastruktur. Die potenziellen Profiteure sind der Wettbewerber China und – im deutschen Kontext – die AfD.

Außerdem lähmt die Konfrontation mit Russland *multilaterale Institutionen* und damit einen wichtigen Multiplikator der deutschen Außenpolitik. Die OSZE zum Beispiel hatte darunter zu leiden, dass Russland wichtige Entscheidungen mit seinem Veto blockiert. Aus Kreml-Logik reagierte Russland dabei auf den Versuch des Westens, Russland innerhalb der Organisation zu isolieren. Zudem wird es immer komplizierter, in wichtigen Fragen zusammenzuarbeiten. Das zeigt sich unter anderem daran, wie schwierig es geworden ist, die sicherheitspolitischen Auswirkungen des Klimawandels im Rahmen der OSZE zu thematisieren. Vereinbarungen zwischen der EU und Russland, mit denen der grenzüberschreitenden Umweltverschmutzung begegnet werden sollte, liegen auf Eis.

Die Debatte in Deutschland sollte auch die mögliche Überforderung der

EU stärker in den Blick nehmen. Die Ukraine wird weiter enorme Summen an EU-Geldern für Stabilisierung und Wiederaufbau benötigen. Das wird die Geschlossenheit einer EU, in der die Interessen zunehmend auseinanderdriften, auf eine harte Probe stellen. Die größte Unbekannte ist jedoch die Frage, ob die Ukraine den EU-Besitzstand umsetzen wird. Hat sich das politische System der Ukraine so stark verändert, dass sie die personalisierte, auf Seilschaften basierende Regierungsführung früherer Zeiten hinter sich lassen kann? Forscher, die schon in der Vergangenheit auf eine solche klientelistische Politik hingewiesen haben, hoben in jüngster Zeit den Selenskyj-Effekt hervor – die transformative Kraft einer neuen Generation unter einer neuen Führungsfigur. Der erfolgreiche Auf- und Ausbau demokratischer Institutionen ist jedoch kein Selbstläufer, wie Berichte über fortbestehende autoritäre Praktiken zeigen. Aufgrund ihrer Größe und der Erbschaften des Krieges wird die Ukraine Probleme früherer EU-Erweiterungsrunden in den Schatten stellen.

Auch die *unbeabsichtigte Stärkung der Autokratie* ist Teil der Zeitenwende. Die Bemühungen Deutschlands und anderer westlicher Staaten, Russland zu isolieren, führen zu einem engeren Schulterschluss mit Autokratien. Deutschland kauft beispielsweise mehr Öl und Gas von den Golfstaaten, und die EU bezieht mehr Gas aus Aserbaidschan. Dadurch wird es für die EU schwerer, Handelsabkommen an die Einhaltung der Menschenrechte zu knüpfen. Diese Realpolitik nährt den Vorwurf, der Westen messe mit zweierlei Maß.

» Deutschland braucht eine politische und öffentliche Debatte über unbeabsichtigte Folgen der Zeitenwende.

Schließlich kann die Kappung der Beziehungen zu Russland dazu führen, dass sich die vom Kreml geschaffene *Belagerungsmentalität* in Russland verfestigt. Die Bewohner der russischen Exklave Kaliningrad etwa reisten früher häufig nach Polen und in andere Länder. Jetzt verbringen sie mehr Zeit in anderen Teilen Russlands, während Polen seinen Grenzzaun mit Kaliningrad verstärkt. Je mehr Russland von der Außenwelt abgeschnitten ist, desto geringer werden langfristig die Aussichten, dass sich Alternativen zum jetzigen revisionistischen Narrativ entwickeln.

Solange der Kreml weiter imperial handelt, werden Abschreckung und Verteidigung gegen Russland richtigerweise die sicherheitspolitische Praxis und die entsprechenden Diskurse der westlichen Verbündeten bestimmen. Doch die *Zeitenwende* muss auch versuchen, katastrophale unbeabsichtigte Folgen abzuwenden und diejenigen unbeabsichtigten Folgen, die sich nicht vermeiden lassen, abzumildern. Risikomanagement hat nichts mit Feigheit zu tun. Wie Risikomanagement konkret aussehen sollte hängt davon ab, um welches Problem es geht. Was die militärische Eskalation betrifft, stehen Befürworter eines schrittweisen Vorgehens wie Bundeskanzler Olaf Scholz massiv in der Kritik. Zwar lassen sich die aktuellen Probleme der Ukraine auf dem Gefechtsfeld auch dadurch erklären, dass nicht genug und nicht die richtigen Waffensysteme geliefert wurden. Das Argument, das schrittweise Vorgehen trage zur Eskalationsverhinderung bei, ist aber auch nicht von der Hand zu weisen.

Im Nebel des Krieges, im Kontext großer Unsicherheit, gibt es keine einfachen Lösungen, sondern nur Risiken und Zielkonflikte. Deutschland braucht eine politische und öffentliche Debatte über unbeabsichtigte Folgen der *Zeitenwende* – eine Debatte, die sich auf Ungewissheiten und Komplexität einlässt und in der die Beteiligten ihre Annahmen offenlegen und hinterfragen. Da der von X und Talkshows geprägte Zeitgeist (pseudo-)markige Sprüche begünstigt, wird das freilich ein schwieriges Unterfangen.

DR. TOBIAS FELLA ist wissenschaftlicher Mitarbeiter am Institut für Friedensforschung und Sicherheitspolitik (IFSH), wo er das trilaterale Forschungs- und Transferprojekt *Challenges to Deep Cuts* leitet. Zuvor war er außen- und sicherheitspolitischer Referent der Friedrich-Ebert-Stiftung, Projektkoordinator an der *Hertie School* und Fellow bei der Stiftung Wissenschaft und Politik (SWP).

DR. CORNELIUS FRIESENDORF ist Leiter des Zentrums für OSZE-Forschung und Wissenschaftlicher Referent am Institut für Friedensforschung und Sicherheitspolitik (IFSH) an der Universität Hamburg.

STOCKENDE ZEITENWENDE

In der Sicherheitspolitik klafft eine Lücke zwischen Anspruch und Realität. Deutschland sollte sich ein Beispiel an den europäischen Partnern nehmen.

Von Minna Ålander und Frank Sauer | April 2024

In ihrem jüngst hier erschienenen Text *Die unbeabsichtigten Folgen der Zeitenwende* mahnen Tobias Fella und Cornelius Friesendorf vor dem Hintergrund der deutschen Debatte um den russischen Angriffskrieg gegen die Ukraine an, die nichtintendierten negativen Effekte des gegenwärtigen politischen Kurses nicht aus den Augen zu verlieren.

Im Rahmen der deutschen Diskussion darum, wie »Abschreckung, Verteidigung und die Unterstützung der Ukraine besser organisiert werden« können, so die Autoren, könnten schwer einschätzbare, aber gefährliche Eskalations- und Fehlwahrnehmungsrisiken übersehen werden. Andere Politikfelder laufen Gefahr, vernachlässigt zu werden; Institutionen sind von Destabilisierung bedroht; mahnende Stimmen könnten zu Unrecht als »Opfer Putin'scher Angstmacherei« gebrandmarkt und darüber hinaus die Autokratie gestärkt werden.

Es ist nicht nur allgemein ratsam, stets über mögliche nichtintendierte Folgen des eigenen Handelns zu reflektieren. Auch diese konkreten Bedenken treiben die meisten Kolleginnen und Kollegen im Fach schon seit geraumer Zeit um. Fella und Friesendorf kritisieren außerdem zu Recht die Schärfe in der deutschen Debatte. Diejenigen, die für dauerhafte und verstärkte Unterstützung für die Ukraine plädieren, werden bisweilen als verantwortungslose Kriegstreiber verunglimpft. Zu guter Letzt eint uns auch die Sorge um Eskalationsrisiken, vor allem mit Blick auf Nuklearwaffen.

Menschen, die für entschlossenere Hilfe für die Ukraine und für eine insgesamt beherzter vorangetriebene Zeitenwende plädieren, kommen jedoch zu anderen Schlussfolgerungen als zögerlichere Zeitgenossen, weil sie auch die Risiken einer mangelnden Unterstützung der Ukraine und eines russischen Siegs berücksichtigen. Die absehbaren Folgen einer ukrainischen Niederlage für die europäische Sicherheit sind Teil ihrer Risikoabwägung. Werden die oben angeführten Bedenken in den breiteren Kontext der europäischen Zeitenwende eingebettet, dann rücken drei Punkte in den Fokus.

» Russland wird auf absehbare Zeit eine Bedrohung für die europäische Sicherheit bleiben.

Erstens, bevor wir uns die Köpfe über die unbeabsichtigten Folgen der Zeitenwende zerbrechen, sollten in Deutschland zunächst die Konsequenzen der Vor-Zeitenwende-Politik aufgearbeitet werden. Das ist bisher nicht geschehen. Aber schon ein kursorischer Blick offenbart: Die Balten, Polen oder Finnen wussten es besser, sie hatten mit Blick auf Russland recht. In Deutschland hingegen lag man jahrzehntelang und parteiübergreifend falsch. Wenn wir uns dieser Einsicht verschließen und keine entsprechenden Konsequenzen ableiten, dann wiederholt Deutschland die Fehler der Vergangenheit.

In diesem Zusammenhang lässt sich festhalten: Es gibt keine Rückkehr zum Status quo ante mit Russland. Großen Teilen Europas steht das klar vor Augen – Deutschland auch? Fella und Friesendorf schreiben zu Recht: »Vor allem die militärisch exponierten östlichen NATO-Mitglieder gehen davon aus, dass Russland nur Stärke versteht, und schließen daraus, sie hätten bei einem vorsichtigen Risikomanagement mehr zu verlieren als zu gewinnen.« Die Rede des schwedischen Außenministers in Berlin – um ein konkretes Beispiel zu nennen – hat genau dies jüngst erneut unterstrichen. Auch der norwegische Außenminister betonte bei seinem Besuch in Kiew anlässlich des bilateralen Sicherheitsabkommens zwischen Norwegen und der Ukraine, dass aus norwegischer Sicht das Versprechen, die Ukraine »so lange wie nötig« zu unterstützen, klar

»bis zum Sieg der Ukraine« bedeutet. In Finnland sieht man bereits die direkten Folgen der nachlassenden Unterstützung in Form hybrider Aktionen: Sobald der Krieg im vergangenen Herbst für Russland besser zu laufen begonnen hatte – sobald also Kapazitäten auf der russischen Seite frei geworden waren –, begann der russische Grenzschutz damit, undokumentierte Migranten in einer gezielten Operation an die finnische Grenze zu bringen.

Auch Staaten wie Schweden, Norwegen oder Finnland dürfte im Übrigen geläufig sein, dass man Risikomanagement nicht mit Freunden in einfachen Zeiten macht, sondern mit Feinden in schwierigen – um zu überleben. Aber sie haben eben auch internalisiert, dass die Kontextbedingungen mit Russland sich dafür nunmehr komplett geändert haben. Es gilt, diesen Punkt sehr ernst zu nehmen. Russland wird auf absehbare Zeit eine Bedrohung für die europäische Sicherheit bleiben, weil das Regime Putins seinen anti-westlichen Kurs zu *der* zentralen Rechtfertigung seiner Existenz und seines Herrschaftsanspruchs gemacht hat. Davon wird der Kreml nicht ohne Weiteres abrücken. Dies zu verkennen, wäre gefährlich realitätsfern.

In anderen Teilen Europas hat man vor dem Hintergrund dieser Erkenntnis die Risiken abgewogen und ist zu dem Schluss gekommen, dass eine *ausbleibende* Zeitenwende mit Blick auf Russland deutlich höhere Risiken birgt als die unbeabsichtigten Folgen einer *stattfindenden* Zeitenwende. Nur so ist der Beitritt Schwedens und Finnlands zur NATO überhaupt zu erklären – für beide Länder ein historischer Schritt und ein echter Epochenwechsel, der innerhalb von weniger als drei Monaten nach Russlands Einmarsch in die Ukraine vollzogen wurde. Auch Deutschlands Nachbar Frankreich, dessen Präsident Emmanuel Macron erkennbar einen Perspektivwechsel durchlaufen hat, schätzt das inzwischen so ein. Polen hat dies von Anfang so gesehen. Deutschland sollte sich davor hüten, es diesmal wieder vermeintlich besser als alle anderen wissen zu wollen.

Zweitens, so weit fortgeschritten ist die Zeitenwende in Deutschland gar nicht. Die Politik von Bundeskanzler Olaf Scholz kennzeichnet von Beginn an ein abwägendes, besonnenes und schrittweises Vorgehen. Dieses sollte die Bewertungsgrundlage für das Reflektieren über etwaige nichtintendierte Folgen bilden. Es sind andere europäische Länder, die ihren Militärhaushalt verdoppeln (Norwegen), einen Anti-Fahrzeugminen-Gürtel vorbereiten (Estland, Lettland, Litauen) oder ein beispielloses Aufstocken der Landstreitkräfte planen

(Polen) – inklusive der Beschaffung von rund 1 000 neuen K2-Kampfpanzern und 600 K9-Artilleriesystemen. Deutschland hat demgegenüber bisher 18 Leopard-Panzer und zwölf Panzerhaubitzen nachbestellt – gerade mal die Zahl der Systeme, die an die Ukraine abgegeben wurden.

» **Die deutsche Führungsrolle wird notgedrungen ein gestiegenes Maß an Risikotoleranz erfordern.**

Angekündigt hat Kanzler Scholz in seiner Rede bei der Bundeswehrtagung am 16. September 2022 zwar ein »verändertes Denken« in Deutschland, verbunden mit der Bekanntgabe, Deutschland werde bald über die »am besten ausgestattete Streitkraft in Europa« verfügen, um in EU und NATO seiner Verantwortung gerecht zu werden. Aber die deutsche Führungsrolle gibt es nicht umsonst. Sie wird notgedrungen ein gestiegenes Maß an Risikotoleranz erfordern. Ob angesichts der bisher vor allem betont besonnenen deutschen Aktivitäten unsere Nachbarn einen deutschen Führungsanspruch akzeptieren, der nicht nur langsam, sondern mit mahnend erhobenem Zeigefinger daherkommt, darf bezweifelt werden. Inzwischen hat die finnische Außenministerin, die fließend Deutsch spricht, längst eine Medienoffensive in Deutschland lanciert, um zu regerem Tempo bei der Zeitenwende zu inspirieren und die deutschen Eskalationsängste mittels ihres finnischen Realitätschecks zu dämpfen.

Drittens bleibt die wohl wichtigste Frage, nämlich: *So what?* Alle unbeabsichtigten Folgen der Zeitenwende sollten wir, wie eingangs gesagt, unbedingt aufwerfen und sorgsam durchdenken. Aber die Frage des Timings ist auch nicht irrelevant. Dass es aktuell nicht möglich ist, »im Rahmen der OSZE« mit Russland über »die sicherheitspolitischen Auswirkungen des Klimawandels« zu reden, ist zweifellos bedauerlich. Die sicherheitspolitischen Implikationen des Klimawandels sind gewaltig und für die europäischen Länder zu Recht ein wichtiges Thema. Gerade mit einer fossilen Macht wie Russland müsste ein konstruktiver Dialog stattfinden. Putin weiß das zu nutzen. Schon vor der Vollinvasion 2022 waren für Putins Regime Klimafragen im besten Fall von marginalem Interesse. Kurz gesagt: *it takes two to tango*, und Russland hat derzeit schlicht kein Interesse an ehrlicher Win-Win-Kooperation in der Klimapolitik. Erstens, weil Russland im Rahmen der Geopolitik der Energiewende aggressiv fossile Interessen vertritt. Und zweitens, weil der Krieg in der Ukraine für Putins Russland schlicht wichtiger ist.

Auf die unbeabsichtigten Folgen der Zeitenwende können wir in Deutschland dann mehr Hirnschmalz aufwenden, wenn diese wirklich stattzufinden beginnt und, noch wichtiger, uns bessere Ideen zur Lösung des Primärproblems – des Kriegs – gekommen sind. Dass es – wie von Fella und Friesendorf beschrieben – »[i]m Nebel des Krieges keine einfachen Lösungen, sondern nur Risiken und Zielkonflikte« gibt, ist nichts, was wir in Abrede stellen. Uns wäre auch neu, dass dies irgendjemand im Zusammenhang mit Russlands Angriffskrieg und der Zeitenwende behauptet hätte.

In seiner Osterbotschaft wiederholte Bundeskanzler Scholz erneut den zähneknirschend eingeschlagenen Lösungsweg, nämlich dass Deutschland »die Ukraine in ihrem Kampf für einen gerechten Frieden [unterstützt] – so lange, wie das nötig ist […,] auch für uns, für unsere Sicherheit«. Aber was bedeutet das konkret? Über zwei Jahre nach der berühmten Regierungserklärung im Bundestag ist »Zeitenwende« immer noch eine Leerformel, mit einem erheblichen Delta zwischen Ankündigungsrhetorik auf der einen und Taten auf der anderen Seite. Sicher ist bisher eigentlich nur eines: Es wird in Deutschland, und zwar stets *nur mit Blick auf Deutschland*, mehr über Zeitenwende geredet, als wirklich Zeitenwende gemacht wird.

MINNA ÅLANDER ist Research Fellow am *Finnish Institute of International Affairs* (FIIA). Ihre Forschungsschwerpunkte liegen im Bereich der NATO, der Sicherheit in Nordeuropa und der nordischen Verteidigungszusammenarbeit sowie der deutschen und der finnischen Sicherheits- und Verteidigungspolitik. Zuvor arbeitete sie für die Stiftung Wissenschaft und Politik (SWP) in Berlin.

FRANK SAUER ist Head of Research am Metis-Institut für Strategie und Vorausschau und Senior Research Fellow an der Bundeswehr-Universität München. Er forscht und publiziert zu Fragen der internationalen Politik, insbesondere zu internationaler Sicherheit.

SONDERLING IM BÜNDNIS

NATO-Mitglied und dennoch Teil der BRICS? Durch eine geschickte Außenpolitik gelingt es der Türkei, international an Einfluss zu gewinnen.

Von Jens Bastian | Oktober 2024

Anfang 2024 ist die Anzahl der Mitglieder in der Staatenallianz BRICS von fünf (Brasilien, Russland, Indien, China und Südafrika) auf insgesamt neun teilnehmende Länder angewachsen. Die Aufnahme von Iran, Ägypten, Äthiopien und den Vereinigten Arabischen Emiraten war die zweite Erweiterung der Staatenallianz, die 2006 gegründet worden und 2010 mit Südafrika auf fünf Mitglieder angewachsen war. Seit der diesjährigen Ausdehnung etabliert sich das Kürzel »BRICS+«. Damit aber nicht genug. Aus neun Ländern könnte demnächst sogar eine zweistellige Mitgliederzahl werden. Dieses Jahr haben bereits die beiden südostasiatischen Staaten Malaysia und Thailand sowie Aserbaidschan einen Mitgliedsantrag gestellt. Anfang September kündigte nun auch die Türkei offiziell an, Teil der Allianz werden zu wollen.

Das Ansinnen Ankaras kommt nicht überraschend. Wiederholt hatte Präsident Erdoğan darüber spekuliert, dass die Türkei Mitglied werden solle. Sein Außenminister Hakan Fidan hatte bereits im Juni während des Treffens des »BRICS+«-Ministerrats im russischen Nischni Nowgorod die politische Absicht der Türkei angekündigt. Russland signalisierte sofort Zustimmung. Die Türkei wäre das erste BRICS-Mitglied, welches gleichzeitig Mitglied der NATO-Allianz ist und – zumindest formal – immer noch ein EU-Beitrittskandidat. Diese strategische Ambiguität ist politisch jedoch gewollt und kennzeichnet die zunehmende Pluralität institutioneller Anbindungen der türkischen Außen- und Sicherheitspolitik.

Es wäre allerdings zu kurz gedacht, in den BRICS-Antrag Ankaras eine Infragestellung seiner NATO-Bündnistreue hineinzuinterpretieren. Vielmehr spiegelt sich in dem Vorgehen Erdoğans demonstrative Absicht, einseitig alternative Handlungsoptionen zu verfolgen, ohne sich durch westliche oder europäische Verpflichtungen gebunden zu fühlen. Dafür bietet sich die BRICS+-Allianz geradezu an. Kritiker wie Befürworter sehen in dem erweiterten Staatenbund ein symbolisches Gegengewicht zur G20 und zur EU. Allerdings mangelt es BRICS+ bisher an formalen Strukturen, die auch nicht durch ein jährliches Gipfeltreffen kompensiert werden können. Zudem sind keine einheitlichen Regeln und Standards für koordiniertes Handeln der BRICS-Mitglieder, etwa in der Außenwirtschaftspolitik, erkennbar.

Durch eine BRICS-Mitgliedschaft eröffnen sich der Türkei auf anderen Politikfeldern neue Handlungsoptionen, insbesondere hinsichtlich finanzieller Ressourcen. So haben BRICS-Mitglieder Zugang zur *New Development Bank*. Die multilaterale Entwicklungsbank, welche 2014 gegründet wurde, fungiert in ihrem Selbstverständnis als Alternative zu den westlich geprägten Institutionen Weltbank und Internationaler Währungsfonds. Dieser finanzielle Aspekt kann noch einen Schritt weiter operationalisiert werden. Die neun BRICS-Mitglieder und ihre zukünftigen Anwärter eint eine währungspolitische Zielsetzung. Sie sind zunehmend bestrebt, ihren Handel miteinander sowie Investitionen in anderen Währungen als dem US-Dollar zu gestalten. Die Hinwendung zum chinesischen Renminbi findet bereits in den Energietransfers und Kreditlinien einzelner BRICS-Länder statt.

Seit 2016 besteht bereits eine Währungsaustauschvereinbarung zwischen den Zentralbanken der Türkei und Chinas. Diese sogenannten »Swap-Geschäfte« haben formal zum Ziel, die Bedeutung der lokalen Währungen gegenüber dem US-Dollar zu stärken. In der Praxis handelt es sich allerdings um eine Finanzhilfe in Milliardenhöhe von Peking an Ankara. Der langfristige Kredit wird im Rahmen eines Lira-Renminbi-Swap-Abkommens abgewickelt. Damit werden die Devisenreserven der Türkei mit Chinas Hilfe aufgestockt.

Die angestrebte BRICS+-Anbindung unterstreicht die wachsenden wirtschaftspolitischen Verflechtungen zwischen Ankara und Peking. Letzteres ist auch in den bilateralen Investitionsbeziehungen zu beobachten. Der chinesische Elektroautohersteller BYD kündigte im Juli 2024 eine Milliardeninvestition in der Türkei an. Im Westen des Landes, in der Industriestadt Manisa, soll ein Werk entstehen, das jährlich 150 000 Elektro- und Hybridfahrzeuge produziert. In der Nähe von Izmir plant BYD zudem ein Forschungs- und Entwicklungszentrum. Die Standortwahl zugunsten der Türkei ist ein industriepolitischer Erfolg für den türkischen Präsidenten Recep Tayyip Erdoğan.

» Die angestrebte BRICS+-Anbindung unterstreicht die wachsenden wirtschaftspolitischen Verflechtungen zwischen Ankara und Peking.

Die BYD-Investition unterstreicht die Integration der Türkei in Chinas geopolitische Industriestrategie der »Neuen Seidenstraße«. Die Geografie der Türkei und die erfolgten Infrastrukturmaßnahmen des vergangenen Jahrzehnts – zum Beispiel im Schienengüterverkehr des Landes – ermöglichen es Präsident Erdoğan, die Türkei als wichtigen Transportkorridor zwischen China und teilnehmenden Ländern der Seidenstraße zu positionieren. Dieser Integrationsprozess hat strategischen Charakter. Er ist zwischen Ankara und Peking politisch koordiniert und verstärkt die Rolle der Türkei als »Mittlere Macht« zwischen Ost und West. Als *in-between state* kann die Türkei seine strategische Flexibilität erweitern, mit potenziell neuen institutionellen Optionen wie BRICS+ und Milliardeninvestitionen chinesischer Elektroautoproduzenten wie BYD.

Während in zahlreichen Ländern Europas Optionen für *De-Risking*-Strategien gegenüber China auf den Weg gebracht werden, entscheidet sich die Türkei schrittweise für die entgegengesetzte Richtung. Neben einer möglichen BRICS+-Mitgliedschaft Ankaras gibt es weitere Annäherungsversuche an nicht-westliche Kooperationsformate, wie die Shanghaier Organisation für Zusammenarbeit. Dieses Vorgehen entspricht dem geopolitischen Selbstverständnis von Präsident Erdoğan. Der darin angelegte Gestaltungswille äußert sich in unterschiedlichen Politikfeldern, zum Beispiel in der politischen Ambition Ankaras, die Handelsbeziehungen und die verteidigungspolitische Kooperation mit einer wachsenden Zahl afrikanischer Staaten auszuweiten sowie in der Bereitschaft, in Libyen, im Nordirak und in Syrien militärisch einzugreifen.

Der Türkei gelingt es sogar, sowohl Russland als auch die Ukraine diplomatisch und verteidigungspolitisch zu unterstützen. Ankaras Vermittlungsbemühungen zwischen Moskau und Kiew – unter anderem beim Getreideabkommen 2022/23 oder beim Zustandekommen regelmäßiger Gefangenenaustausche – signalisieren, was »mittlere Macht« in Ankara bedeutet. Ein steigender bilateraler Handel, insbesondere bei Energieausfuhren aus Russland, und die anhaltenden Hinweise auf den Export von Dual-Use-Gütern durch die Türkei für die russische Rüstungsproduktion (zum Beispiel Halbleiter, Transistoren und Gasfedern) versetzt Moskau in die Lage, westliche Sanktionen zu umgehen. Im Gegensatz dazu steht die parallele Unterstützung türkischer Rüstungsfirmen für die Drohnenproduktion und deren Anwendung in der Ukraine zur Verteidigung gegenüber den russischen Invasoren.

» Es ist nicht zu erwarten, dass der türkische BRICS-Antrag eine schnelle Zustimmung erfährt.

Trotz scharfer politischer Polarisierung, trotz sozialer Verwerfungen durch die horrende Preisinflation und anhaltende Währungsinstabilität ist es der türkischen Regierungspolitik in den vergangenen Jahren gelungen, ihr internationales Prestige zu steigern, insbesondere gegenüber afrikanischen Ländern, den Turkstaaten sowie Russland und China. Diese strategische Aufwertung der Mittelmacht Türkei auf internationalem Parkett wird unter Präsident Erdoğan übersetzt in ein außenpolitisches Interessenprofil, in dem die Türkei Einfluss auf geopolitische Entwicklungen nehmen und deren Resultate mitgestalten will. Ein beabsichtigter Beitritt des Landes zur erweiterten BRICS-Gruppe unterstützt die Strategie Ankaras.

Es ist nicht zu erwarten, dass der türkische BRICS-Antrag eine schnelle Zustimmung erfährt. Die neun BRICS+-Mitgliedstaaten treffen sich vom 22. bis zum 24. Oktober zu ihrem diesjährigen Gipfel in Kasan, an dem auch Präsident Erdoğan teilnehmen wird. Die Integration der 2024 neu aufgenommenen Mitglieder erfordert jedoch Zeit und politisches Kapital. Vor diesem Hintergrund ist hier Ankaras Geduld gefragt.

Die türkische Außenpolitik hat in den vergangenen Jahren diplomatische

Vorarbeiten geleistet, um eine eventuelle BRICS-Mitgliedschaft zu ermöglichen. Die Verbesserung der bilateralen Beziehungen zu den neuen BRICS-Mitgliedern Vereinigte Arabische Emirate und Ägypten hat Präsident Erdoğan durch seine Reisediplomatie und Rüstungsvereinbarungen zielstrebig vorangetrieben. Mit der anvisierten Mitgliedschaft Aserbaidschans würde die Türkei zudem einen wichtigen regionalpolitischen Bündnispartner im erweiterten BRICS-Zusammenschluss antreffen. Die Einbeziehung beider Turkstaaten wäre ein wichtiges energiepolitisches Signal bei gleichzeitiger Ausweitung der multimodalen Transportkorridore.

Mit der formalen Bereitschaft der Türkei, BRICS+ beizutreten, bestätigt Präsident Erdoğan abermals seinen Anspruch auf eine Sonderrolle im transatlantischen Bündnis. Wie mit einem Partnerland umzugehen wäre, welches gleichzeitig Mitglied in der NATO und BRICS+ ist, stellt die beteiligten Akteure vor gänzlich neue strategische Herausforderungen.

DR. JENS BASTIAN ist Fellow am Centrum für angewandte Türkeistudien (CATS) der Stiftung Wissenschaft und Politik (SWP) in Berlin. Zuvor war er als unabhängiger Berater und Finanzanalyst in Athen tätig.

DEMOKRATIE UND GESELLSCHAFT

ÖSTERREICHS ELEFANT

Welche Lehren können aus den Wahlen in der Alpenrepublik gezogen werden? Ein Thema steht besonders im Fokus.

Von Eszter Kováts | Oktober 2024

Zwei Wochen nach der Parlamentswahl in Österreich ist immer noch nicht klar, welche Parteien die nächste Regierung bilden werden. Die rechtsextreme Freiheitliche Partei (FPÖ) hat die Wahlen mit fast 29 Prozent der Stimmen klar gewonnen, doch die mit 26 Prozent zweitstärkste konservative Volkspartei (ÖVP) schließt eine gemeinsame Koalition aus, solange Herbert Kickl die FPÖ anführt. Bei den Freiheitlichen scheint es jedoch bislang keine Option, einen Spitzenkandidaten fallenzulassen, der das beste Ergebnis in der Parteigeschichte eingefahren hat. Daher wird die ÖVP wohl eher eine Koalition mit den Sozialdemokraten (SPÖ) eingehen, die mit 21 Prozent den dritten Platz erreichten, und möglicherweise auch die NEOS einschließen, die mit neun Prozent der Stimmen auf dem vierten Platz landeten.

Die ÖVP hat in der Wirtschafts- und Migrationspolitik zwar größere Übereinstimmungen mit den Freiheitlichen, steht jedoch bei Rechtsstaatlichkeit und Außenpolitik der SPÖ und den NEOS näher. Zudem könnte sie in dieser Konstellation den Kanzler stellen, statt als Juniorpartner der FPÖ zu regieren. Dieses breitere Bündnis, die »Koalition der Verlierer« (Kickl), ist allerdings auch kein Stabilitätsversprechen: Die deutsche Ampelregierung gilt allen bürgerlichen Parteien als warnendes Beispiel, wie schwierig grundlegende Entscheidungen – etwa in der Wirtschaftspolitik – in einer so breiten Koalition werden können.

Robert Misik schrieb vor ein paar Tagen in *Social Europe*, ÖVP und SPÖ (sowie NEOS) stünden nunmehr in der Verantwortung, durch die Bildung einer Koalition die Rechtsextremen zurückzudrängen. Man kann seine Bedenken durchaus verstehen, aber der Aufbau einer Brandmauer um die Wahlsieger könnte in demokratischer oder taktischer Hinsicht auch die falsche Strategie sein. Zumal die ÖVP im Wahlkampf ein Bündnis mit der FPÖ (ohne Kickl) nicht ausgeschlossen hatte und damit 26 Prozent der Stimmen erzielte. Das lässt darauf schließen, dass 55 Prozent der österreichischen Wählerinnen und Wähler keine apokalyptischen Befürchtungen angesichts einer FPÖ-Regierungsbeteiligung hegen und sich betrogen fühlen könnten, wenn man ihnen sagt: »Es ist ja schön, dass Sie von Ihrem demokratischen Wahlrecht Gebrauch gemacht haben, aber Sie haben falsch abgestimmt.« Der Ausschluss von der Regierungsbildung und die Sparpolitik, die in den nächsten Jahren nötig sein wird, um das Haushaltsdefizit aufzufangen, könnten die Rechtsaußenpartei noch weiter stärken, mit dem Ergebnis, dass sie in den anstehenden Landtagswahlen und der nächsten Nationalratswahl in fünf Jahren noch mehr Stimmen gewinnen würde.

Karl Nehammer, der amtierende Bundeskanzler und Chef der ÖVP, gab zu verstehen, sein Widerstand gegen eine Koalition mit Kickl habe nicht mit dem FPÖ-Programm zu tun. Am Wahlabend erklärte Nehammer, die ÖVP nehme die Sorgen der fast 30 Prozent, die für die FPÖ gestimmt hatten, »ernst, sehr ernst«. Es gehe ihm um die Methoden, mit denen der Populist Kickl die Probleme des Landes lösen will.

Allerdings ist die Partei nicht so viel anders als ihr Vorsitzender, und in zwei von drei Bundesländern, in denen die FPÖ als Juniorpartner gemeinsam mit der ÖVP regiert, sitzen enge Weggefährten Kickls in den Landesregierungen. Daher erscheint eine »FPÖ ohne Kickl« weder politisch noch ideologisch als realistische Option. Im Wahlkampf wollte die ÖVP womöglich – offenbar erfolglos – mit diesem Motto die Kickl-Gegner unter den ÖVP-Wählern halten und nicht allzu radikale Wählerinnen und Wähler von der FPÖ gewinnen. Doch für eine Annäherung an SPÖ und NEOS im Namen von Verantwortung und Stabilität, um nicht als »Sicherheitsrisiko« (Nehammer über Kickl) zu erscheinen, könnte der Ansatz »FPÖ ja, Kickl nein« einen Weg nach vorne weisen.

Das Wahlergebnis zeigt, dass es keiner der anderen Parteien gelungen ist, die Motive der FPÖ-Wähler zu verstehen, oder eine Alternative zu formulieren und glaubwürdig zu vertreten. Das ist nicht nur ein österreichisches Problem;

wir haben in den letzten Jahren Ähnliches in verschiedenen europäischen Ländern erlebt, was zeigt, wie hilflos die demokratischen Eliten dem Aufschwung der Rechtsextremen gegenüberstehen.

» **Das Wahlergebnis zeigt, dass es keiner der anderen Parteien gelungen ist, die Motive der FPÖ-Wähler zu verstehen.**

Das Ergebnis der SPÖ muss bitter für die materialistisch orientierte Linke sein. Unter der Führung von Andreas Babler konnte die Partei im Vergleich zu 2019 keine Zugewinne erzielen (sie verlor 0,1 Prozentpunkte) und kaum FPÖ-Wähler und Nichtwähler anlocken. Nach der aktuellen Wahlanalyse stammen von über einer Million SPÖ-Stimmen nur 29 000 von Menschen, die 2019 die FPÖ gewählt hatten, und 54 000 von Nichtwählern. Zugleich verlor die Partei 65 000 Stimmen an die FPÖ. 18 000 Menschen, die 2019 die SPÖ gewählt hatten, gingen in diesem Jahr nicht zur Wahl. 50 Prozent der Arbeiterinnen und Arbeiter stimmten für die FPÖ.

Babler war ein glaubwürdiger Kandidat für eine materialistische Vision. Er stammt aus dem Gewerkschaftsmilieu und hatte Arbeitskämpfe ausgefochten. In einem Interview gab er sogar zu, Marxist zu sein – jedoch kein orthodoxer Marxist, der alle Themen jenseits von Arbeit als »dumme Identitätspolitik« abtut. Es gelang ihm, feministische, ökologische und Zuwanderungsthemen als Klassenfragen zu formulieren, sich auf die Probleme der weniger Privilegierten zu konzentrieren und sich an die Seite der Arbeitenden und Entrechteten zu stellen, ob in der Produktion oder in der Gesundheitsversorgung. Er präsentierte konkrete Vorschläge zu Umverteilung, Integration und einem sozial gerechten ökologischen Wandel. Die Parteimitglieder, die Babler unterstützten, hofften darauf, Wut und Ängste der FPÖ-Wähler von »Migranten« und der »Covid-Diktatur« auf die »oberen zwei Prozent« umlenken zu können. Auf diese Oberklasse zielte auch Bablers Wahlversprechen einer Vermögens- und Erbschaftssteuer, doch damit irritierte er lediglich die Wirtschaftseliten, vermochte aber nicht die politische Fantasie der FPÖ-Wähler und der Nichtwähler anzuregen.

Allerdings erhielt er auch kaum Unterstützung – weder von den Medien, denen es vor allem um die Frage der Darstellung von Politikerinnen und Politikern ging, noch von seiner eigenen Parteiführung, die sein Programm in einer geleakten internen Mail mitten im Wahlkampf als »unseriös« abqualifizierte. Trotz seiner genauen Kenntnis der alltäglichen Kämpfe der Arbeitenden stellte man ihn als Traditionalisten dar, der noch nicht im 21. Jahrhundert angekommen sei. Diese Ereignisse aus den letzten Wahlkampfwochen können jedoch auch nicht erklären, warum sein Programm seit seiner Wahl zum Parteivorsitzenden im Juni 2023 außerhalb der Parteibasis keinerlei Zugkraft entwickeln konnte. Kurzfristig muss er nun in den Koalitionsverhandlungen mit ÖVP und NEOS, die wirtschaftlich eher rechts ausgerichtet sind, seine linke Vision bewahren. Mittelfristig stellt sich die Frage, ob die Parteieliten der anderen Fraktionen versuchen werden, Babler zu verdrängen. Langfristig werden sich ideologische und strategische Fragen von Neuem stellen.

» 2022 verdreifachte sich die Zahl der Asylanträge in Österreich und erreichte einen neuen Höchststand.

Dies alles wird man in den kommenden Jahren analysieren und bedenken müssen, und ein Element dieser Überlegungen wird das Thema Migration sein. Zur großen Enttäuschung der SPÖ, die sich im Wahlkampf auf Eigentumsfragen, Arbeitsbedingungen, Inflation und Umverteilung konzentrieren wollte, ging es den Wählerinnen und Wählern vor allem um die Zuwanderung. In Umfragen vor Wahlkampfbeginn erklärten 43 Prozent der Befragten, Migration und Asyl seien die wichtigsten Probleme, mit denen sich die Politik befassen solle. Sie seien die Ursache für soziale und kulturelle Spannungen, die nicht allein in Klassenbegriffen formuliert werden könnten.

Das Thema kam in Österreich nicht vorrangig durch die Medien auf die Agenda, sondern durch seine spürbare Präsenz im Alltag der Menschen: 2022 verdreifachte sich die Zahl der Asylanträge in Österreich und erreichte einen neuen Höchststand seit 2015; 2023 gab es immer mehr Familienzusammenführungen für Syrerinnen und Syrer; der Anteil der Kinder, die bei der Einschulung kein Deutsch sprechen, stellte die staatlichen Schulen vor beachtliche Probleme;

in den migrantisch geprägten Vierteln Wiens kam es verstärkt zu Messerstechereien und Bandenkriegen; erst vor ein paar Wochen musste ein Konzert von Taylor Swift nach einer Terrordrohung abgesagt werden, der Anschlag wurde vereitelt.

Auch die Ereignisse in Deutschland beeinflussten die Stimmung in Österreich: Ende August erstach ein abgelehnter Asylbewerber bei einem Stadtfest in Solingen drei Menschen, und Anfang September schoss ein Österreicher bosnischer Herkunft auf das israelische Generalkonsulat in München – in beiden Fällen waren die Täter radikalisierte junge Männer mit Verbindungen zum Islamischen Staat.

Die genannten Beispiele zeigen, dass das komplexe Thema Migration viele miteinander verknüpfte Probleme umfasst: Spannungen durch illegale Grenzübertritte, kulturelle Barrieren bei der Aufnahme von Geflüchteten sowie Folgen für die Sozialsysteme, die naturgemäß Zwietracht zwischen den Menschen am unteren Ende der sozialen Leiter erzeugen. Damit verbunden ist die Frage, auf welche Sozialleistungen Geflüchtete Anspruch haben sollten, damit Österreich nicht – wie Kickl sagt – zum »Asylmagnet« wird. Das Risiko, bei einer Terrorattacke getötet zu werden, ist statistisch gesehen zwar sehr gering, doch es ist verständlich, dass solche Angriffe Angst auslösen.

» **Alle Herausforderer der FPÖ haben sich im Wahlkampf ernsthaft mit illegaler Einwanderung und mit Sicherheitsfragen beschäftigt.**

Asyl, Arbeitsmigration, Integration, Kriminalität, Islamismus, Terrorismus und die Verteilung des gesellschaftlichen Reichtums sind sehr unterschiedliche und komplexe Themen. Man muss sorgfältig mit ihnen umgehen und die legitimen Sicherheitsbedenken der Bevölkerung ernst nehmen, ohne die Probleme zu sehr zu vereinfachen und Sündenböcke zu benennen. Alle Herausforderer der FPÖ haben sich im Wahlkampf ernsthaft mit illegaler Einwanderung und Sicherheitsfragen beschäftigt und diese Themen nicht per se als »rechts« oder »rassistisch« eingeordnet. Doch die Wahlergebnisse legen nahe, dass sie offenbar nicht den Eindruck erwecken konnten, sie hätten Antworten auf diese Probleme. Eine

Partei, die einen bloßen »Asylstopp« fordert, hat es da natürlich einfacher. Zweifelsohne handelt es sich um ein komplexes Problem, das in den nächsten Jahren gelöst werden muss.

Angesichts der konkreten Realität vieler Menschen, in der sie kulturelle und gesellschaftliche Spannungen erleben, die nach wirksamen und nachhaltigen Lösungen schreien, scheint weder die Einordnung gesellschaftlicher Konflikte und wahlentscheidender Themen als Klassenfragen noch ein rein an Menschenrechten orientierter Diskurs von Ein- und Ausschluss zu funktionieren.

» **Wenn die Eliten abgekoppelt scheinen von den Problemen der Wählerschaft, werden anti-elitäre und anti-pluralistische Parteien zu einer brauchbaren Alternative.**

Ruşen Timur Aksak, Kolumnist des linksliberalen österreichischen Wochenmagazins *Falter*, fasste es nach den Wahlen kurz und bündig zusammen: »So muss ich mir die Frage stellen, ob die politischen Mitbewerber der FPÖ – vor allem links der Mitte – überhaupt erkennen wollen, dass die Themen Migration, Asyl, aber auch Islamismus nun einmal wichtige Themen für die Bevölkerung sind und bleiben werden. Fast möchte ich in meiner Verzweiflung brüllen: ›It's the migration, stupid!‹ Doch dann sehe ich Bilder von spontanen Anti-FPÖ-Demos in Wien und fürchte, dass die etablierten Kräfte aus Politik, Gesellschaft und Kunst auch dieses Mal gewillt sein werden, nichts aus ihren eigenen Versäumnissen zu lernen.«

Rufe nach einer Brandmauer gegen Extremismus und Proteste gegen eine Partei oder ein Wahlergebnis erscheinen demnach wie Verblendung, wie Strategien, die nur der Selbstvergewisserung oder den Interessen der Eliten dienen, aber nicht geeignet sind, Wählerinnen und Wähler zu überzeugen, wie man an den Erfolgen der deutschen AfD sehen kann. Im Gegenteil, solche Aktionen gießen eher noch Öl ins Feuer. Wenn die Eliten abgekoppelt scheinen von den Problemen, die viele Teile der Wählerschaft erleben, dann werden anti-elitäre und anti-pluralistische Parteien zu einer brauchbaren Alternative. Wenn Sozialdemokratinnen und Sozialdemokraten diesen Trend umkehren wollen, werden sie sich glaubwürdiger und nicht allein in Klassenbegriffen mit der konkreten, materiellen Realität befassen müssen.

Aus dem Englischen von **SABINE JAINSKI**

Dieser Artikel ist eine gemeinsame Veröffentlichung von *Social Europe* und dem *IPG-Journal.*

ESZTER KOVÁTS ist Marie Skodłowska-Curie Post Doc-Forscherin am Institut für Politikwissenschaft der Universität Wien sowie wissenschaftliche Mitarbeiterin an der Central European University. Von 2012 bis 2019 war sie für das ostmitteleuropäische Genderprogramm der Friedrich-Ebert-Stiftung in Budapest verantwortlich.

IMPFUNG GEGEN DIE EXTREME RECHTE

Wo Demokratien kaputtgespart werden, haben es Populisten leicht. Die Antwort darauf ist einfach: Milliardäre besteuern!

Von Magdalena Sepúlveda | Juli 2024

Extremismus und Polarisierung gewinnen immer mehr an Stärke, insbesondere in Europa, Lateinamerika und in den Vereinigten Staaten. Der Stimmenzuwachs für die extreme Rechte in Ländern wie Frankreich und Deutschland bei der Europawahl versetzt die Politik in Aufruhr. Um dieser existentiellen Bedrohung des sozialen Friedens entgegenzuwirken, müssen die Regierungen in qualitativ hochwertige öffentliche Dienstleistungen wie Bildung, Gesundheit und Infrastruktur investieren, die für das Leben der Menschen entscheidende Veränderungen bewirken. Das derzeit größte Problem für die Demokratie ist daher, wie mehr Einnahmen erzielt werden können. Die Antwort ist schlicht und einfach: Das Geld dort holen, wo es ist, nämlich in den Taschen der großen multinationalen Konzerne und der Superreichen. Die sind Experten darin, ihr Geld zu verstecken, um ihren gerechten Anteil an Steuern nicht zahlen zu müssen.

Die gute Nachricht ist, dass die Idee einer globalen Mindeststeuer für die Ultrareichen immer mehr Anklang findet. Wie aus neueren Umfragen hervorgeht, sind viele Menschen für diese Steuer und halten sie für die richtige Lösung. Eine von der Initiative Earth4All durchgeführte Umfrage unter 22 000 Bürgerinnen und Bürgern aus den weltgrößten Volkswirtschaften zeigt, dass eine überwältigende Mehrheit – 68 Prozent – der Befragten aus G20-Staaten sich für eine höhere Besteuerung der Vermögenden ausspricht, um mit den Einnahmen die wirtschaftliche Lage und den Lebensstil der Menschen erheblich zu verbessern. Eine weitere Umfrage stammt von den Patriotic Millionaires, einer US-amerikanischen Nichtregierungsorganisation. Diese ergab, dass über 60 Prozent der Befragten die zunehmende Ungleichheit als eine Bedrohung für die Demokratie erachten. Die Mehrheit – 62 Prozent – der 800 befragten Erwachsenen mit einem Vermögen von über einer Million US-Dollar (ohne ihre Häuser) unterstützt einen internationalen Standard für die Besteuerung der Superreichen. Mit anderen Worten: Es besteht die weit verbreitete Auffassung, dass das derzeitige internationale System veraltet und ungerecht ist und ein hohes Maß an Steuerhinterziehung und -vermeidung durch die Mächtigen begünstigt.

»» **Die Panama Papers, Luxemburg-Leaks und Pandora Papers öffneten den Menschen in aller Welt die Augen.**

Dieses Thema rückte erneut in den Fokus, als Brasilien im Rahmen seiner G20-Präsidentschaft vorschlug, einen weltweiten Standard von mindestens zwei Prozent Steuern zu beschließen, die von den Superreichen der Welt erhoben werden – etwa 3000 Einzelpersonen. Dazu hat Professor Gabriel Zucman, ein Kollege von mir in der Unabhängigen Kommission zur Reform der internationalen Unternehmensbesteuerung (ICRICT), im Auftrag der brasilianischen G20-Präsidentschaft einen Bericht verfasst: »A blueprint for a coordinated minimum tax on ultra-high-net-worth individuals«. Dieser wurde im Vorfeld des G20-Gipfels der Finanzminister im Juli herausgegeben und liefert Einblicke in die Umsetzung einer solchen Steuer, die unter anderem von Spanien, Frankreich und Südafrika befürwortet wird. Auch auf dem letzten G7-Gipfel in Italien wurde der Vorschlag Brasiliens aufgegriffen und das Versprechen abgegeben, die internationale Zusammenarbeit in dieser Sache voranzutreiben.

Schon vor einem Jahrzehnt wurden von Whistleblowern einige Finanzskandale aufgedeckt: Die Panama Papers, Luxemburg-Leaks und Pandora Papers öffneten den Menschen in aller Welt die Augen und führten dazu, dass die G20 zusammen mit der OECD einen Reformprozess in die Wege leitete, der in einer »Zwei-Säulen-Lösung« mündete. Dieser Vorschlag beinhaltet, dass sehr große multinationale Konzerne in allen Ländern, in denen sie Umsätze erzielen, Steuern zahlen sollten (Säule 1) und die globale Einführung einer Unternehmensbesteuerung in Höhe von mindestens 15 Prozent (Säule 2). Dieser Ansatz brachte zwar das Thema voran, ohne aber einen Vorteil für die Entwicklungsländer zu bieten. Enttäuscht von den Ergebnissen und Manipulationen der hochentwickelten Volkswirtschaften, entschieden diese Länder, das Thema vor die Vereinten Nationen zu bringen. Im November 2023 hat die UN-Generalversammlung auf Antrag der Länder der Afrikanischen Union mit großer Mehrheit die Resolution verabschiedet, Verhandlungen über eine UN-Rahmenkonvention zur Zusammenarbeit im Steuerwesen in die Wege zu leiten. Bis August soll ein zwischenstaatliches Ad-hoc-Komitee die Rahmenbedingungen dieser neuen Konvention erarbeiten. Lateinamerika geht derweil voran. Mit der Gründung einer regionalen Plattform für steuerliche Zusammenarbeit in Lateinamerika und in der Karibik stehen die Zeichen gut für eine steuerpolitische Koordination. In diesem Jahr hat Chile den Vorsitz der Plattform inne.

» **Jahrzehnte der Privatisierung und Kommerzialisierung haben die öffentlichen Dienstleistungen geschwächt und Ungleichheiten verschärft.**

Wenn dieser sich ausbreitende Trend zur Zusammenarbeit im Steuerwesen in die richtige Richtung weitergeht, könnten die Entwicklungsländer über die notwendigen Ressourcen verfügen, um in die öffentlichen Dienstleistungen zu investieren und globalen Herausforderungen wie dem Klimanotstand anzugehen – der vergangene Mai war der wärmste Monat seit Beginn der Wetteraufzeichnungen und der zwölfte Monat in Folge mit Rekordtemperaturen auf dem Planeten. Diesen Phänomenen muss dringend mit Investitionen in öffentliche Maßnahmen entgegengewirkt werden. Leider haben Jahrzehnte der Privatisierung und Kommerzialisierung die öffentlichen Dienstleistungen geschwächt und Ungleichheiten verschärft. Hier muss es zu einer Kehrtwende kommen, indem die inländische Ressourcenmobilisierung durch eine Zusammenarbeit im Steuerwesen erhöht wird – wie es Brasilien in der G20 und die Afrikanische Union in den Vereinten Nationen engagiert vorschlugen.

Möglicherweise ist dies auch die einzige Hoffnung für Schwellenländer, die von einer untragbaren Schuldenlast und unkontrollierter Inflation betroffen sind, sich die notwendigen Einnahmen zu sichern, um den gesellschaftlichen Bedürfnissen gerecht zu werden. Durch eine gerechte Besteuerung von multinationalen Konzernen und Superreichen können dringend benötigte Einnahmen erzielt werden. Das wird nicht nur den sozialen Zusammenhalt fördern, sondern auch Instrumente schaffen, um die Bedrohung der Demokratien zu bewältigen. Qualitativ hochwertige Dienstleistungen sind das Fundament jeder funktionierenden Gesellschaft und unser wichtigstes Instrument, um globale Herausforderungen anzugehen und bedeutsame Veränderungen voranzutreiben. Investitionen in gute Dienstleistungen können ein effektives Gegenmittel gegen die realen Bedrohungen durch Extremismus und Populismus sein und damit unsere Zukunft schützen.

Aus dem Englischen von **INA GOERTZ**

MAGDALENA SEPÚLVEDA ist Mitglied der Unabhängigen Kommission für die Reform der internationalen Unternehmensbesteuerung (ICRICT) und Geschäftsführerin der Globalen Initiative für wirtschaftliche, soziale und kulturelle Rechte. Zuvor war sie Sonderberichterstatterin der Vereinten Nationen zu extremer Armut und Menschenrechten.

DEMOKRATIE IN GEFAHR?

Deutschlands Debatte um die Gefahr von rechts dreht sich um sich selbst. Dabei würde der Blick zu den europäischen Nachbarn helfen.

Von Nils Meyer-Ohlendorf | Mai 2024

Ist die Demokratie in Deutschland bedroht? Viele Menschen sind derzeit dieser Meinung. In Ostdeutschland könnte die Alternative für Deutschland (AfD) die nächsten Landtagswahlen gewinnen – eine Partei, die vom Bundesverfassungsschutz als rechtsextremistischer Verdachtsfall geführt werden darf. Ganze Landesverbände der Partei sowie deren Jugendorganisation gelten als »erwiesen extremistische Bestrebungen«. Es ist nicht ausgeschlossen, dass Björn Höcke, Deutschlands bekanntester Rechtsextremist, Ministerpräsident Thüringens wird. Nach dem Überfall auf den SPD-Politiker Matthias Ecke fühlte sich die FAZ sogar an Weimar erinnert. Minister sehen sich veranlasst, vor Umsturzfantasien zu warnen. Im Europawahlkampf gehe es darum, die Demokratie zu verteidigen und Nazis abzuwehren.

Doch treffen diese Einschätzungen zu? Ein Blick über den Tellerrand hilft, die reellen Gefahren für die Demokratie zu ermitteln. Bei den europäischen Nachbarn waren oder sind rechtsextreme Parteien an der Regierung – teilweise seit vielen Jahren. In Italien stellen die »Brüder Italiens« die Regierungschefin. In der Schweiz kommen zwei von sieben Bundesräten von der Schweizerischen Volkspartei. Die Partei Die Finnen stellt als zweitgrößter Koalitionspartner neun Ministerinnen und Minister in der neuen finnischen Regierung. In Schweden tolerieren die Schwedendemokraten eine Minderheitsregierung. Mit gut 20 Prozent der Sitze sind sie die größte Partei in dieser Formation. In den Niederlanden duldete die *Partij voor de Vrijheid* von Geert Wilders die erste Rutte-Regierung und wird nun wohl der größte Koalitionspartner der neuen Rechts-Regierung. Auch die österreichische FPÖ war zuletzt 2019 Regierungspartei.

Obwohl diese Parteien teilweise deutliche Unterschiede aufweisen, gibt es auch viele Gemeinsamkeiten – etwa ausländerfeindliche und nationalistische Rhetorik und Politik. Eine weitere Gemeinsamkeit ist, dass Regierungsbeteiligungen dieser Parteien nicht zu einem grundlegenden Demokratieabbau geführt haben. Der Kern der Demokratie – etwa freie Wahlen, eine unabhängige Justiz, freie Medien, Gewaltenteilung oder eine freie Zivilgesellschaft – ist weitgehend intakt geblieben. Einen Umsturz oder *state capture* wie in Ungarn hat es nicht gegeben. Rechtsextreme Parteien sind zwar durch Wahlen in Regierungsverantwortung gekommen, sie sind aber auch wieder abgewählt worden.

Auf dem Weg zur Macht und in Regierungen sind diese Parteien zudem oft moderater geworden. Große Wählergruppen lehnen extremistische Positionen tendenziell ab. Außerdem wirken der Zwang zum Kompromiss in Koalitionen, die Grenzen von Verfassungen oder die EU-Mitgliedschaft Extremismus entgegen. Befürchtungen, die Regierung Meloni werde zu Demokratieabbau in Italien führen, haben sich nicht bewahrheitet. Das gleiche gilt für die Niederlande, die Schweiz, Finnland, Dänemark und Schweden. Ebenso für Österreich, wo es in Kärnten und im Burgenland Koalitionen zwischen FPÖ und SPÖ gab.

» Deutschland ist über die Jahrzehnte toleranter, emanzipierter, bunter und damit demokratischer geworden.

Die Erfahrungen der Nachbarn bedeuten jedoch nicht automatisch, dass eine starke AfD kein Demokratieproblem ist. Diese Gleichung stimmt schon deshalb nicht, weil Erfahrungen eines Landes nicht ohne Weiteres auf die eines anderen übertragen werden können. Zudem ist die AfD extremistischer als ihre europäischen Pendants. In ihrem eigenen Umfeld gefangen, ausgegrenzt und ohne echte Machtperspektive, hat sich die AfD seit ihrer Gründung radikalisiert. Andere rechtsextreme Parteien in Europa haben sich eher in die andere Richtung entwickelt. Sie halten die AfD für zu extremistisch und haben sie aus der Fraktion Identität und Demokratie (ID) im Europaparlament ausgeschlossen, da sie durch den Extremismus der AfD ihre Wahlchancen gefährdet sehen. Sollte dieser Rausschmiss vor allem aus Überzeugung erfolgt sein, wär er eine sehr gute Nachricht für die Demokratie in Europa. Eine fraktionslose und damit fast bedeutungslose AfD wäre eine weitere.

Obwohl ein Vergleich zwischen Ländern immer schwierig ist, legen die Erfahrungen der Nachbarn einen Schluss nahe: Wie gefährlich rechtsextreme Parteien für Demokratien sind, hängt vor allem von der Stärke der Demokratie selbst ab. Dieser Aspekt fehlt größtenteils in der deutschen Debatte. So sind eine starke Zivilgesellschaft, die föderale Struktur Deutschlands und die Mitgliedschaft in der EU Stärken der deutschen Demokratie. Große Mehrheiten unterstützen diese, auch wenn es viele Vorbehalte gibt, wie Demokratie im Alltag funktioniert. Deutschland ist über die Jahrzehnte toleranter, emanzipierter, bunter und damit demokratischer geworden. Trotz stärkeren Zuspruchs für die extremen Ränder ist die politische Mitte weiterhin das Kraftzentrum der deutschen Politik.

Diese Stärken dürfen jedoch nicht über die Schwächen hinwegtäuschen – etwa eine strukturelle Schwächung des professionellen Journalismus, eine stärker polarisierte Debatte, ein Mangel an Gelassenheit sowie ein weit verbreitetes Gefühl der Verunsicherung. Die unbeliebte und oft zerstrittene Bundesregierung hilft in dieser Lage nicht. Unter dem Strich bedeutet dies: Deutschland im Jahr 2024 ist eher mit Österreich, der Schweiz, Italien, den Niederlanden, Dänemark, Schweden oder Finnland zu vergleichen. Es gibt offensichtlich viel mehr Parallelen zu diesen Ländern als zu Deutschland 1933. Fast nichts spricht dafür, dass die AfD Deutschlands Demokratie umkrempeln wird.

Nichtsdestotrotz leistet sich Deutschland eine introvertierte und alarmistische Debatte. Die Erfahrungen der Nachbarn spielen in der deutschen Diskussion praktisch keine Rolle. Fast niemand will hören, wie es dort mit Rechtsextremen gehalten wird und was von den Nachbarn gelernt werden könnte. Der Rausschmiss der AfD aus der ID-Fraktion hätte eine Diskussion über die Entwicklung rechtsextremer Parteien in Europa zur Folge haben können, aber die Nachrichten an den Tagen nach dem Rausschmiss wurden vom »Nazi-Eklat« auf Sylt dominiert. Selbst der Bundeskanzler sah sich veranlasst, das Gegröle zu kommentieren.

Die deutsche Debatte dreht sich zudem viel um die eigene Geschichte und damit um sich selbst. Es werden Vergleiche mit Weimar gezogen, egal wie haltlos sie sind. Treffen zwischen Identitären, AfD- und CDU-Politikern zu Remigration sind abscheulich, aber offensichtlich keine »Wannseekonferenz 2.0«. Solche absurden Vergleiche kosten wertvolle Glaubwürdigkeit. Sie polarisieren und schwächen die Demokratie.

» **Fast nichts spricht dafür, dass die AfD Deutschlands Demokratie umkrempeln wird.**

»Wehret den Anfängen« ist eine zentrale Einsicht aus der deutschen Geschichte, aber sie bedeutet nicht, strategielos der eigenen Empörung freien Lauf zu lassen und auf Mobilisierung im eigenen Lager zu setzen. Sie bedeutet vor allem, Moderate von Extremisten zu trennen, zu überzeugen und *neue* Mehrheiten zu gewinnen. Das ist immer schwierig. Zur Zeit fällt dies aber besonders der politischen Linken schwer.

Anstatt der Kraft der offenen Debatte und der eigenen Überzeugungskraft zu vertrauen, gibt es von links viele Rufe nach Verboten, Polizei, Staatsanwaltschaft und Verfassungsschutz. Es gibt austauschbare Reden mit den üblichen *Soundbites* wie »Demokraten müssen sich unterhaken« oder »man muss klare Kante gegen rechts zeigen«. Die Überzeugung, Rechtsextremen keine Plattform geben zu dürfen, ist vor allem im linken Meinungsspektrum weit verbreitet, obwohl die AfD damit ihre Lieblingsbühne bekommt, nämlich keine Bühne zu haben, ausgegrenzt zu werden und Opfer zu sein. Im Ergebnis wirkt Links in weiten Teilen abgekapselt, inhaltsleer und sprachlos. Für die AfD ist dies ein Geschenk.

Im selbsterzeugten Kunstnebel von Weimar fällt es zudem schwer, verständlich zu machen, wofür die AfD *konkret* steht: für antipluralistische Überzeugungen, die ihre politischen Gegner als »Alt- oder gar Systemparteien« diffamiert, für die Diskreditierung Deutschlands als »Unrechtsstaat«, für ausländerfeindliche Politik, für verantwortungslose Klimapolitik, für Sympathien mit Putin oder für eine Politik, die Europa vom Spieler zum Spielball der Weltpolitik macht. In der aufgeheizten Debatte werden zudem Kritik an Sachpolitiken und Verteidigung von Demokratie oft vermengt. Damit wird die inhaltliche Auseinandersetzung mit der AfD schwierig, obwohl diese es ist, die sich große Mehrheiten wünscht.

Kurzum: Demokratie lässt sich besser mit Selbstbewusstsein und einer offenen Debatte verteidigen. Deutschland hat viele Gründe, in die Stärke der eigenen Demokratie zu vertrauen. In der Wagenburg »gegen rechts« wird diese aber häufig nicht wahrgenommen.

DR. NILS MEYER-OHLENDORF ist Leiter des *International and European Governance Program* des *Ecologic Institute* in Berlin. Er ist Mitgründer und Gesellschafter von *Democracy Reporting International.* Schwerpunkte seiner Arbeit sind Klimaschutz, EU und Demokratie in Europa.

AM ZIEL VORBEI

Der Bundestag arbeitet an einer Resolution zur Bekämpfung von Antisemitismus. Doch israelische Menschenrechtsorganisationen warnen vor dem Entwurf.

Von Jessica Montell | September 2024

Seit dem Massaker, das die Hamas am 7. Oktober im vergangenen Jahr an der israelischen Bevölkerung verübt hat, erleben wir eine massive Zunahme antisemitischer Rhetorik und antisemitischer Vorfälle. Das ist eine beunruhigende und gefährliche Entwicklung – weltweit und auch in Deutschland. Die deutsche Regierung hat eine moralische Verpflichtung, dieser Entwicklung entgegenzuwirken. Deshalb ist es notwendig und begrüßenswert, wenn die Bundesregierung und der Bundestag klar und entschieden auf diese Entwicklung reagieren und eindeutig Stellung beziehen.

Im Bundestag arbeiten die Partner der Ampelkoalition gemeinsam mit der CDU/CSU-Fraktion seit Monaten an einer Resolution zur Bekämpfung des Antisemitismus in Deutschland. Frühere Fassungen dieser Resolution haben nicht nur bei Rechtswissenschaftlern und Kunstschaffenden, sondern auch bei Menschenrechtsorganisationen wie der unsrigen heftige Kritik hervorgerufen. Ein veröffentlichter Entwurf dieser Entschließung löst bei mir und bei anderen israelischen Menschenrechtsorganisationen Besorgnis aus, weil er eine repressive Stoßrichtung hat und für Spaltung sorgt. Das liegt vor allem daran, dass er Antisemitismus mit Kritik an Israel verwechselt. Als jüdische Israelin, die sich aktiv in der israelischen Zivilgesellschaft engagiert und sich berechtigt und in der

Pflicht sieht, die eigene Regierung zu kritisieren, weise ich diese Gleichsetzung mit Nachdruck zurück.

Diese Verquickung von Antisemitismus und Israelkritik ist so weit gefasst, dass sie sogar auf Juden und Israelis in Deutschland zutrifft, die zum Beispiel die Behandlung der Palästinenser durch die israelische Regierung kritisieren. Jüdische Vertreter des öffentlichen Lebens in Deutschland sahen sich veranlasst, in einem offenen Brief den Resolutionsentwurf zu kritisieren, der paradoxerweise der Vielfalt des jüdischen Lebens in Deutschland womöglich schadet, statt sie zu schützen.

Der Kern des Problems ist, dass die Resolution auf der umstrittenen Antisemitismus-Arbeitsdefinition der Internationalen Allianz zum Holocaustgedenken (*International Holocaust Remembrance Alliance*, IHRA) aufbaut. Sie macht diese Definition zum entscheidenden Maßstab für die Regulierung und Zuweisung öffentlicher Mittel – mit weitreichenden nachteiligen Folgen für Wissenschaft, Kunst und Zivilgesellschaft in Deutschland, aber auch für die Arbeit und Zusammenarbeit zwischen deutschen Organisationen und ihren ausländischen Partnern vor Ort. Bundestag und Bundesregierung haben sich 2017 die IHRA-Definition zu eigen gemacht. In der Folge wurde diese Definition Gegenstand heftiger Kontroversen und wird in der Wissenschaft intensiv diskutiert. Führende internationale Antisemitismusforscher (darunter viele Israelis) haben Alternativdefinitionen erarbeitet – unter anderem die Jerusalemer Erklärung zum Antisemitismus. Daher stellt sich die Frage: Wieso ergreift der Bundestag in einem wissenschaftlichen Streit Partei für eine Seite? Warum ist der Entwurf nicht offen für Entwicklungen in der akademischen Diskussion und geht auf andere Definitionen gar nicht ein?

» **Die Sorge über die Auswirkungen, die sich durch die Verwendung der Antisemitismus-Definition der IHRA ergeben können, ist keineswegs bloße Theorie.**

Die Sorge über die Auswirkungen, die sich durch die Verwendung der Antisemitismus-Definition der IHRA ergeben können, ist keineswegs bloße Theorie. In den vergangenen Jahren haben wir erlebt, dass diese Definition taktisch genutzt wird, um Zwang auszuüben. Die israelische Regierung setzt sie als Waffe ein, um öffentlich artikulierten Widerspruch gegen ihre rechtswidrige und schädliche Politik zum Schweigen zu bringen. Die Liste derer, die wegen ihrer Äußerungen zur Palästinenserpolitik der israelischen Regierung oder ihres Verhaltens gegenüber dieser Politik als Antisemiten abgestempelt wurden, ist sehr lang und umfasst sogar den Internationalen Strafgerichtshof (IStGH), dessen Chefankläger Karim Khan und die Vereinten Nationen. Kürzlich schmähte Israels Außenminister Israel Katz den EU-Außenbeauftragten und spanischen Sozialisten Josep Borrell als »Antisemiten und Israelhasser« und warf ihm vor, er führe »eine Hasskampagne gegen Israel, die Erinnerungen an die schlimmsten Antisemiten der Geschichte weckt«. Diverse Gruppen, die sich international schützend vor die israelische Regierung stellen und Kritik an ihrer Menschenrechtsbilanz zum Schweigen bringen wollen, nutzen die IHRA-Definition fortwährend und in zynischer Weise. Mithilfe dieser Definition haben sie Mitglieder des Irischen Parlaments als Antisemiten gebrandmarkt, weil sie einen Boykott von Erzeugnissen aus den Siedlungsgebieten ins Spiel gebracht hatten; sie haben die Regierungen der Niederlande und Schwedens antisemitisch genannt, weil sie palästinensische Menschenrechtsorganisationen finanziell unterstützen; und sie haben dem Europäischen Gerichtshof Antisemitismus vorgeworfen, nachdem er geurteilt hatte, dass Produkte aus israelischen Siedlungsgebieten als solche gekennzeichnet werden müssen.

In Israel nutzen rechte Parlamentarier die Definition der IHRA, um etablierte Menschenrechtsgruppen und zivilgesellschaftliche Organisationen zu delegitimieren und sie nach Möglichkeit von ihren internationalen Finanzierungsquellen abzuschneiden. Im März 2023 bezeichnete der Likud-Abgeordnete Ariel Kellner zum Beispiel *Breaking the Silence* als »antisemitische Organisation«, die »Soldatinnen und Soldaten der israelischen Streitkräfte verunglimpft und als Nazis darstellt«. Und weiter: »Mal lässt sie die Ritualmordlegende wiederaufleben, mal misst sie moralisch mit zweierlei Maß. Beides fällt unter die internationale Definition von Antisemitismus.« *Breaking the Silence* ist eine gemeinnützige israelische Organisation, die Übergriffe im Zusammenhang mit der israelischen Besetzung der Palästinensergebiete aufdeckt und das Ziel hat, die Besatzung zu beenden. Alle Beschäftigten und Mitglieder der Organisation sind ehemalige israelische Soldaten (und Juden). Wie lächerlich es ist, eine solche Organisation als antisemitisch zu bezeichnen, liegt auf der Hand. Allen sollte klar sein, dass hier ein israelisches Regierungsmitglied auf zynische Weise versucht, die Organisation mit möglichst niederträchtigen Anschuldigungen zu diskreditieren. Allein die Tatsache, dass der Knesset-Abgeordnete Ariel Kellner sich zur Untermauerung dieser Anschuldigungen auf die »internationale Definition von Antisemitismus« berufen kann, zeigt deutlich, wie problematisch diese Definition ist.

Die Kernaufgabe von Menschenrechtsorganisationen in aller Welt wird mitunter auf das *Naming and Shaming* verkürzt – also darauf, Menschenrechtsverletzungen zu dokumentieren und öffentlich anzuprangern, um Aufmerksamkeit zu erregen und die Verantwortlichen zu zwingen, diese Rechtsverstöße abzustellen. Diese Arbeit ist überall auf der Welt notwendig und wichtig. Im israelisch-palästinensischen Kontext ist sie essenzieller als je zuvor vor dem Hintergrund, dass seit elf Monaten in Gaza ein brutaler Krieg geführt wird, dass in Israel eine ultranationalistische Regierung an der Macht ist und Extremisten die Annexion des Westjordanlands und die Zwangsenteignung der dort lebenden Palästinenser vorantreiben.

» **Damit sie ihre Arbeit machen können, müssen sich Menschenrechtsorganisationen frei äußern können.**

Damit sie ihre Arbeit machen können, müssen sich Menschenrechts-Organisationen frei äußern können, zumal sie mitunter sehr schwerwiegende Vorwürfe erheben. Das heißt nicht, dass wir unsererseits gegen Kritik abgeschirmt werden müssen. Das lässt natürlich genügend Raum, um unsere Erkenntnisse infrage zu stellen und mit unseren Bewertungen nicht einverstanden zu sein. Fakten können unzutreffend sein. Interpretationen können ihre Schwachstellen haben. Manche mögen uns für fehlgeleitet oder naiv halten. Das alles ist legitim. Aber die Meinungsabweichungen in diesen Fragen als antisemitisch abzustempeln, ist unverantwortlich und darf nicht sein. Mit solchen politisch motivierten Anschuldigungen sollen diejenigen, die Missstände zur Sprache bringen, zum Schweigen gebracht werden, damit man sich mit der eigentlichen Kritik nicht auseinandersetzen muss. Durch diese Anschuldigungen gerät der Begriff »antisemitisch« zur Farce – und das schadet den aufrichtigen Bemühungen, den ganz realen Antisemitismus zu bekämpfen.

Aus diesen Gründen warnen 15 israelische Menschenrechtsgruppen und zivilgesellschaftliche Organisationen – meine Organisation *HaMoked* ist eine von ihnen – in einer gemeinsamen Erklärung vor der Resolution, über die der Bundestag derzeit berät. Bei dieser Warnung geht es unter anderem auch um unsere Möglichkeiten, unsere Kernaufgabe mit deutscher Unterstützung wahrzunehmen: Wir befürchten, dass die Resolution des Bundestags, sollte sie auf der Grundlage des Entwurfs verabschiedet werden, instrumentalisiert wird, um die finanzielle Unterstützung aus Deutschland für unsere Menschenrechtsarbeit unter Beschuss zu nehmen und einzuschränken und im weiteren Sinne unserer Zusammenarbeit mit der deutschen Zivilgesellschaft die Grundlage zu entziehen. Dies würde Schmutzkampagnen befeuern und die vielen komplexen Herausforderungen, die wir in der aktuellen Eskalationssituation ohnehin schon zu bewältigen haben, noch weiter verschärfen.

Wie wir in unserer Erklärung betonen, begrüßen wir, dass die Bundesregierung sich ausdrücklich zur Bekämpfung des Antisemitismus bekennt, und ermutigen den Bundestag, eine auf Inklusivität und Universalität abzielende Resolution zu verabschieden. Wir ermuntern ihn, eine Resolution zu verabschieden, die unserer Menschenrechtsarbeit nicht potenziell schadet, sondern sie schützt und unterstützt. Alle Versuche, auf Basis der IHRA-Definition finanzielle Zuwendungen an Bedingungen zu knüpfen, sollten aus dieser Resolution gestrichen werden – und der Kampf gegen Antisemitismus sollte inklusiv und in einen universellen Kampf gegen Rassismus in jeglicher Form eingebettet werden.

Aus dem Englischen von **ANDREAS BREDENFELD**

JESSICA MONTELL ist seit 2017 Geschäftsführerin der israelischen Menschenrechtsorganisation *HaMoked*. Zuvor leitete sie *B'Tselem*, das israelische Informationszentrum für Menschenrechte in den besetzten Gebieten.

KLIMAPOLITIK

»VIELE LÄNDER IM GLOBALEN SÜDEN SIND BITTER ENTTÄUSCHT«

Verhärtete Fronten: Yvonne Blos aus Baku über die Klimakonferenz in einem Petrostaat und den Streit über die Klimafinanzierung.

Ein Gespräch mit Yvonne Blos | November 2024

Die UN-Klimakonferenz in Baku wurde gleich zu Beginn von der Ankündigung erschüttert, der designierte US-Präsident Trump plane den erneuten Ausstieg aus dem Pariser Klimaabkommen. Was bedeutet das für die globalen Anstrengungen gegen den Klimawandel?

Das hat auf inhaltlicher Ebene tatsächlich weniger Auswirkungen, als man annehmenwürde. Denn zum einen sind die USA unter Trump bereits einmal aus dem Pariser Abkommen ausgestiegen, ohne dass andere Länder gefolgt wären. Und zum anderen haben sich die USA bei der wichtigsten Frage dieser Konferenz – der Klimafinanzierung – auch bereits unter Joe Biden nicht für mehr Ambitionen eingesetzt oder ihren fairen Anteil geleistet. Trotzdem konnten wir gleich zu Beginn der Konferenz beobachten, dass der argentinische Präsident Javier Milei seine Delegation von der COP29 abgezogen hat. Es bleibt also zu befürchten, dass es dieses Mal doch zu einem Domino-Effekt kommen könnte und weitere, vor allem rechtspopulistisch regierte Länder Trump folgen könnten. Das wäre in der Tat fatal, da die UN-Klimarahmenkonvention als wichtiger multilateraler Mechanismus bisher erstaunlich krisenfest ist.

Mehrere wichtige Staatsoberhäupter wie Bundeskanzler Olaf Scholz, Frankreichs Präsident Emmanuel Macron und Brasiliens Präsident Lula da Silva blieben der Klimakonferenz fern. Wie sehr hat das die COP29 geschwächt?
Das hat die Konferenz in der Tat geschwächt. Viele Staats- und Regierungschefs sahen diese UN-Klimakonferenz nicht als besonders wichtig an und haben ihren Blick bereits nach Brasilien gerichtet, wo nächstes Jahr die COP30 stattfinden wird. Das ist fatal, denn sie zeigen damit, dass Klimaschutz und vor allem die Klimafinanzierung keine große Priorität für sie haben. Für viele Länder im Globalen Süden ist eine ausreichende Finanzierung jedoch überlebenswichtig, um überhaupt Klimaschutz betreiben zu können. Zudem schwächte das Fortbleiben vieler Staatschefs auch das politische Momentum in Baku, da durch sie oft politische Ankündigungen gemacht werden, die zu einem Durchbruch verhelfen. Dies war zum Beispiel auf der COP26 in Glasgow der Fall. Und es schwächt auch die COP selbst als eines der wenigen noch funktionierenden multilateralen Foren. Solche Foren müssen jedoch gerade in diesen Zeiten zunehmender globaler Polarisierung gestärkt werden.

Die Konferenz fand in Aserbaidschan statt, einem Land, das stark von fossilen Brennstoffen abhängig ist. Wie beeinflusst dies die Diskussionen über den Ausstieg aus fossilen Energien, der auf der letzten Klimakonferenz beschlossen wurde?
Die Frage, wie die Emissionen weiter gesenkt werden können, um zurück auf einen 1,5-Grad-Pfad zu kommen, kam bei dieser Klimakonferenz definitiv zu kurz. Es war von Anfang an klar, dass die aserbaidschanische Präsidentschaft in diesem Punkt keine Ambitionen hegt. Eigentlich war vorgesehen, dass sich die sogenannten COP-Troika-Länder – bestehend aus der aktuellen, der vorherigen und der zukünftigen COP-Präsidentschaft, also Aserbaidschan, den Vereinigten Arabischen Emiraten und Brasilien – zusammenschließen, um insbesondere auch in diesem Punkt voranzukommen. Jedoch hat Aserbaidschan im Gegensatz zu Brasilien kein ambitionierteres nationales Klimaschutzziel vorgelegt. In seiner Eröffnungsrede hat Aserbaidschans Präsident Ilham Aliyev zudem für Aufsehen gesorgt, indem er die fossilen Energien als »Geschenk Gottes« bezeichnete. Ohne Führung durch die Präsidentschaft wird es schwierig, andere Länder zur Nachbesserung ihrer Klimaziele zu bewegen. Bis Februar

2025 sind alle Länder gefordert, ihre nationalen Minderungsziele nachzuschärfen. Mit Ausnahme von ganz wenigen Ländern wie Großbritannien, das in Baku angekündigt hat, seine Emissionen bis 2035 um 81 Prozent senken zu wollen, gibt es kaum Länder, deren Bemühungen hier ausreichend sind.

» **In seiner Eröffnungsrede hat Aserbaidschans Präsident Ilham Aliyev zudem für Aufsehen gesorgt, indem er die fossilen Energien als »Geschenk Gottes« bezeichnete.**

Die Festlegung eines klaren Pfades zur Abkehr von fossilen Energien ist leider auch nicht Bestandteil der offiziellen Verhandlungsstränge auf den Klimakonferenzen. Im letzten Jahr wurde auf der Klimakonferenz in Dubai als Erfolg gefeiert, dass die Abkehr vor fossilen Energien im allgemeinen Abschlussdokument explizit gefordert wurde – zusammen mit der Verdreifachung der erneuerbaren Energien sowie einer Verdopplung der Energieeffizienz bis 2030. Ein solches Dokument war jedoch von der aserbaidschanischen COP-Präsidentschaft gar nicht vorgesehen.

Die aserbaidschanische Präsidentschaft war jedoch auch aufgrund der schwierigen Menschenrechtslage problematisch, die keinen offenen Protest vor Ort ermöglichte. Hinzu kamen mangelhafte Vorbereitung und die fehlende diplomatische Erfahrung mit solchen Verhandlungen. Es fehlte somit sowohl am Willen als auch an den Fähigkeiten für eine stärkere Verankerung der Abkehr von fossilen Energien. Dadurch hat diese Klimakonferenz in diesem wichtigen Bereich Rückschritte gemacht und konnte nicht auf den Beschlüssen der letzten COP in Dubai aufbauen.

Ein Hauptfokus der Konferenz in Baku lag auf Finanzierungsfragen. Werden die beschlossenen Klimafinanzierungsziele den Ansprüchen gerecht?
Zuerst einmal ist es wichtig festzuhalten, dass die Industrieländer eine historische Verantwortung gegenüber den Entwicklungsländern haben, die auch klar im Pariser Klimaabkommen festgehalten ist. Denn die Entwicklungsländer haben am wenigsten zur Klimakrise beigetragen, leiden jedoch am meisten unter ihr. Schon in der Vergangenheit sind die Industrieländer dieser Verpflich-

tung nur unzureichend nachgekommen, denn erst verspätet wurden die bereits für 2020 versprochenen 100 Milliarden jährlich für Klimafinanzierung bereitgestellt.

Außerdem ist völlig klar, dass diese Summe unzureichend ist. Einerseits wird der Anpassungsdruck in Folge der voranschreitenden Klimakrise immer größer und somit kostspieliger. Andererseits nehmen die Schäden und Verluste durch Klimakatastrophen immens zu. Und auch wenn der Umstieg auf erneuerbare Energien und die Steigerung von Energieeffizienz sich mittlerweile vielerorts wirtschaftlich lohnen, so erfordern diese Technologien hohe Anfangsinvestitionen. Schätzungen gehen davon aus, dass Entwicklungsländer für diese drei Bereiche mindestens eine Billion US-Dollar jährlich benötigen, während Klimaaktivistinnen und -aktivisten aufgrund der historischen Schuld der Industrieländer sogar fünf Billionen US-Dollar jährlich fordern.

» **Es ist völlig klar, dass diese Summe unzureichend ist.**

Wenn also die Industrieländer eine rasche Minderung der Emissionen und eine Abkehr von fossilen Energien auch in den Entwicklungsländern fordern, so muss klar sein, dass dies direkt mit der Frage zusammenhängt, wie stark diese dabei unterstützt werden, um dieses Ziel zu erreichen. Und es leuchtet auch ein, dass der Globale Süden zu Recht wenig kooperativ ist, wenn hier keine verlässlichen und ausreichenden Zusagen gemacht werden.

Offiziell forderte die wichtige Verhandlungsgruppe der Entwicklungsländer (G77 und China) 1,3 Billionen US-Dollar jährlich bis 2035. Die Industrieländer haben jedoch, vermutlich aus Verhandlungstaktik, erst am letzten Verhandlungstag mit 250 Milliarden US-Dollar jährlich eine eigene Zahl für das globale Klimafinanzierungsziel auf den Tisch gelegt. Wichtig ist für viele Länder im Globalen Süden jedoch auch die Qualität der Klimafinanzierung. Sie sollte aus öffentlichen Mitteln und nicht aus privaten Geldern und Krediten bestehen. Denn dies treibt viele Länder in eine noch größere Schuldenkrise.

Daneben hat eine weitere Debatte um die Klimafinanzierung die Gemüter in Baku erhitzt. Denn laut der Definition der UN-Klimarahmenkonvention von 1992 gelten viele Länder mit mittlerweile hohen Pro-Kopf-Emissionen und Pro-

Kopf-Einkommen immer noch als Entwicklungsländer, etwa reiche Petrostaaten oder China. Daher forderte vor allem die EU eine Verbreiterung der Geberbasis, die auch solche Länder verpflichtet, zur Klimafinanzierung beizutragen.

> **» Laut der Definition der UN-Klimarahmenkonvention von 1992 gelten viele Länder mit mittlerweile hohen Pro-Kopf-Emissionen und Pro-Kopf-Einkommen immer noch als Entwicklungsländer, etwa reiche Petrostaaten oder China.**

Die Fronten waren deshalb verhärtet und die COP29 drohte kurz vor Ende zu scheitern. Erst als die Verhandlungen am Samstag in die Verlängerung gingen, haben die Industrieländer ihr Angebot auf 300 Milliarden jährlich erhöht. Dies entspricht zwar einer Verdreifachung der bisherigen Summe, es deckt aber nur ein Viertel der geschätzten Kosten – und die Summe soll auch aus privaten Geldern bestehen können. Zwar wird das 1,3-Billionen-Ziel auch als Zielgröße erwähnt, jedoch ohne konkrete Verpflichtung. Zudem findet sich diesbezüglich auch der Verweis, dass diese höhere Summe sowohl durch Industrieländer als auch weitere Länder mobilisiert werden soll.

Für die Entwicklungsländer hieß es daher in letzter Minute: *Take it or leave it*. Die Industrieländer betonten dabei, dass die Chance auf einen Deal im nächsten Jahr noch schlechter sein werde. Zivilgesellschaftliche Akteure aus dem *Climate Action Network* forderten indes in einem offenen Brief die Länder aus dem Globalen Süden auf, die Verhandlungen ohne Abschluss zu verlassen.

Nach mehr als 30 Stunden Verlängerung kam es in den frühen Morgenstunden am Sonntag doch noch zu einem Abschluss der Verhandlungen. Viele Länder im Globalen Süden sind jedoch über das Ergebnis bitter enttäuscht. So hat der Gipfel zwar den Multilateralismus in letzter Minute gerettet. Das geschah jedoch auf Kosten der Entwicklungsländer, die nun bei der Bekämpfung der Klimakrise weiterhin ohne ausreichende Unterstützung zurechtkommen müssen. So geht weiteres Vertrauen zwischen Globalem Norden und Süden verloren, welches gerade in diesen geopolitischen schwierigen Zeiten dringend benötigt wird.

Welche Aspekte des Klimaschutzes kamen bei dieser COP zu kurz?
Zu Recht wurde der Klimagipfel in Baku von der Frage dominiert, wie viel Geld zukünftig für die Klimafinanzierung zur Verfügung steht. Dies ist eine wichtige Grundvoraussetzung für globale Klimagerechtigkeit. Mindestens genauso wichtig ist jedoch die Frage, wie die Bekämpfung der Klimakrise durch entsprechende qualitative Elemente sozial gerecht erfolgen kann. Auch hierzu gab es offizielle Verhandlungen, die jedoch von den Diskussionen um das globale Klimafinanzierungsziel überschattet wurden.

» **Beim Thema Gender gab es zu Beginn Rückschritte bei den Verhandlungen.**

Bei den Verhandlungen zum Thema Gender gab es zu Beginn Rückschritte bei den Verhandlungen. Denn einige, vor allem arabische Staaten, lehnten die Formulierung ab, dass auch LGBTIQ-Rechte Erwähnung finden sollten. Hier kam es letztlich jedoch zu einem erfolgreichen Abschluss der Verhandlungen, der dezidiert menschenrechtsbasiert ist – ein wirklich allzu kleiner Hoffnungsschimmer auf dieser Klimakonferenz.

Mit dem *Just Transition Work Program* hat im letzten Jahr in Dubai zum ersten Mal die sozial gerechte Gestaltung der Transformation offiziell Eingang in die klimapolitischen Verhandlungen gefunden. Da *Just Transition* immer im lokalen Kontext betrachtet werden muss, war es zugegebenermaßen schwierig, hier zu einer Einigung zu kommen. Genauso gab es unterschiedliche Vorstellungen, wie unterschiedliche Akteursgruppen in den Prozess eingebunden werden sollen. Nichtsdestotrotz gab es gute Vorschläge, die Anknüpfungspunkte für die weitere Implementierung boten. Jedoch wurde das *Just Transition Work Program* von einigen Ländern als Faustpfand eingesetzt, um eigene Forderungen bei anderen Themen durchzusetzen. Insbesondere Saudi-Arabien hat hierbei eine extrem negative Rolle gespielt. Diese Verhandlungen wurden daher auf das nächste Jahr vertagt.

Die Zivilgesellschaft und die Gewerkschaften, die sich auf der Klimakonferenz unermüdlich für *Just Transition* und Klimagerechtigkeit eingesetzt haben, werden weiterhin dafür sorgen, dass diese Themen nicht untergehen. Das macht trotz der extrem enttäuschenden Ergebnisse aus Baku Hoffnung. Es bleibt zu hoffen, dass auch die COP30-Präsidentschaft in Brasilien das so sieht und diese Forderungen in den Mittelpunkt der nächsten Verhandlungen rückt.

Das Interview führte **ALEXANDER ISELE**.

YVONNE BLOS ist Referentin für internationale Klimapolitik bei der Friedrich-Ebert-Stiftung. Zuvor hat sie das regionale Klimaprojekt der Stiftung in Asien mit Sitz in Vietnam geleitet und war für den Bereich Monitoring und Evaluierung in der internationalen Arbeit der FES zuständig.

VERTREIBUNG AUS DEM PARADIES

Nicht nur der Klimawandel ist eine existenzielle Gefahr für kleine Inselstaaten. Auch der Konflikt der Supermächte bedroht sie.

Von Oliver Hasenkamp | Juni 2024

Fast ein Fünftel aller Mitgliedstaaten der Vereinten Nationen gehört zur Gruppe der *Small Island Developing States* (SIDS). Vom 27. bis 30. Mai 2024 hat im karibischen Inselstaat Antigua und Barbuda die 4. Internationale Konferenz der Kleinen Inselentwicklungsstaaten (SIDS4) der UN stattgefunden. Die Konferenz hat ein Schlaglicht auf die Gruppe der insgesamt 39 unabhängigen Staaten geworfen, die immer noch zu wenig Aufmerksamkeit von der internationalen Gemeinschaft und auch in Deutschland bekommen. Das Beschlussdokument der SIDS4-Konferenz, die sogenannte *Antigua & Barbuda Agenda for SIDS* (ABAS) zeigt auf, dass die kommenden zehn Jahre entscheidend sein werden für die Entwicklung von SIDS. Es unterstreicht den dringenden Handlungsbedarf, um Inselstaaten eine nachhaltige Entwicklung zu ermöglichen – trotz der massiven Auswirkungen des Klimawandels und der Beeinträchtigungen, die sich aus ihrer Insellage und geringen Größe ergeben.

Auch hierzulande nehmen mittlerweile viele Menschen wahr, dass Inselstaaten zu den Ländern gehören, die am stärksten von den Folgen des Klimawandels betroffen sind. Immer noch dominiert dabei das wenig hilfreiche Bild vollständig versinkender Inseln. Zum einen trifft dieses nur auf niedrig gelegene Inseln zu, die jedoch durch Versalzung der Böden sowie durch Nahrungs- und

Wassermangel bereits lange vor einem tatsächlichen Versinken im Meer unbewohnbar werden. An diesem Punkt sind viele überbevölkerte Atollinseln bereits heute. Zum anderen vernachlässigt es andere Folgen des Klimawandels wie zunehmende Stürme, Dürren und Wassermangel, Veränderungen der lebenswichtigen Fischgründe, Erosion und Landdegradation, die viele SIDS gleichermaßen treffen. Barbuda, die kleinere der beiden Inseln des SIDS4-Gastgeberlands, wurde etwa bereits im Jahr 2017 durch Hurrikan Irma so stark zerstört, dass die gesamte Bevölkerung vorübergehend umgesiedelt werden musste.

» Inselstaaten dürfen nicht nur als schöne Kulisse für Regierungsbesuche dienen.

Mit dem Konzept der Klimaaußenpolitik hat Deutschland einen wichtigen Schritt getan, um die Zusammenarbeit mit SIDS beim Klimawandel weiter zu intensivieren. Positive Beispiele sind die deutsche Unterstützung der *Commission of Small Island States on Climate Change and International Law* oder die von SIDS und der dortigen Zivilgesellschaft vorangetriebene Initiative für ein Rechtsgutachten zum Klimawandel durch den Internationalen Gerichtshof. Wie Germanwatch zu Recht kritisiert, bleibt der Ansatz der Klimaaußenpolitik und vor allem die Finanzierung dieser Politik aber noch zu vage. Aus Sicht vieler SIDS steht die Klimaaußenpolitik zudem im Widerspruch zu den unzureichenden Klimaschutzmaßnahmen Deutschlands im eigenen Land. Für die Glaubwürdigkeit der deutschen Klimaaußenpolitik ist es entscheidend, dass sie sich an den tatsächlichen Bedürfnissen der vom Klimawandel betroffenen Menschen orientiert. Inselstaaten dürfen dabei nicht nur als schöne Kulisse für Regierungsbesuche dienen. Insbesondere benötigen sie dringend mehr finanzielle Mittel für die Anpassung an die bereits unvermeidlichen Folgen des Klimawandels.

Die mangelnde Finanzierung zeigt aber ein größeres Problem auf: Denn obwohl SIDS außenpolitisch seit Jahren an Bedeutung für Deutschland gewinnen, wirkt sich dies bisher kaum auf die entwicklungspolitischen Bemühungen Deutschlands aus. Um SIDS eine nachhaltige Entwicklung zu ermöglichen und den Anspruch der UN-Ziele für nachhaltige Entwicklung – niemanden zurückzulassen – ernst zu nehmen, ist es jedoch unerlässlich, über den Klimawandel hinauszublicken und die enge Verzahnung des Klimawandels mit anderen Entwicklungshindernissen kleiner Inselentwicklungsstaaten zu erkennen. Die Zusammenarbeit auf den Klimawandel zu begrenzen, wird den weitaus vielfältigeren Herausforderungen bei der nachhaltigen Entwicklung von Inselstaaten nicht gerecht. Sie ist gewissermaßen lediglich eine Fokussierung darauf, die ohne den Klimawandel schon schwierigen Ausgangsbedingungen nicht weiter zu verschlechtern.

Zu den besonderen Herausforderungen von SIDS gehören begrenzte natürliche und finanzielle Ressourcen, wirtschaftliche Nachteile aufgrund der Abgelegenheit von wichtigen Märkten, große Entfernungen und Transportwege auch innerhalb von Ländern sowie die Abhängigkeit von Importen. Einige Inselstaaten bestehen aus teils Hunderten kleinen, kaum bevölkerten (oder aufgrund der geringen Größe manchmal trotzdem überbevölkerten) Inseln, was die Versorgung der Menschen mit Bildung oder Gesundheitsversorgung erheblich erschwert und kostspielig macht. SIDS4 fordert daher die Weltgemeinschaft dazu auf, Inselstaaten besser in das globale Wirtschaftssystem zu integrieren, sie bei der Diversifizierung ihrer Wirtschaft zu unterstützen und stärker in Gesundheit und Bildung zu investieren.

» Es wäre allerdings ein Fehler, die Vielseitigkeit von Inselstaaten zu übersehen.

Dabei wäre es allerdings ein Fehler, die Vielseitigkeit von Inselstaaten zu übersehen. Sie unterscheiden sich deutlich in ihrer Lage, Größe und den geografischen Gegebenheiten, weshalb *one size fits all*-Lösungen nicht funktionieren. Ein Land wie Papua-Neuguinea mit einer größeren Landmasse als Deutschland und einer Bevölkerung von weit über zehn Millionen Menschen, in dem sich just während der SIDS4-Konferenz ein verheerender Erdrutsch mit Tausenden Toten ereignete, steht vor ganz anderen Entwicklungsherausforderungen als niedrig gelegene Atollstaaten wie die Malediven oder Tuvalu.

Die SIDS4-Abschlusserklärung ABAS legt zwar einen starken Fokus darauf, privatwirtschaftliche Investitionen in SIDS attraktiver zu machen. Gerade für kleine Inseln wird dies aber auch in Zukunft ein hehres Ziel bleiben. Ohne staatliche Gelder wird es auch in Zukunft nicht gehen. Wenn Klimagerechtigkeit und die UN-Ziele für nachhaltige Entwicklung ernst genommen werden sollen, dann bleibt auch Deutschland in der Pflicht, mehr Mittel bereitzustellen, auch in Zeiten einer schwierigen Haushaltslage. Dies gilt umso mehr, wenn man sieht, wie hoch viele SIDS angesichts des Klimawandels und der Auswirkungen der Corona-Pandemie verschuldet sind. Auch wenn ABAS nicht direkt einen Schuldenerlass fordert, der teilweise unvermeidlich sein dürfte, nimmt der Umgang mit Schulden einen wichtigen Stellenwert im Abschlussdokument ein.

» Die Entwicklungschancen von Inselstaaten werden nicht nur durch Verschuldung und Klimawandel, sondern auch durch eine zunehmende geopolitische Polarisierung bedroht.

Die Entwicklungschancen von Inselstaaten werden nicht nur durch Verschuldung und Klimawandel, sondern auch durch eine zunehmende geopolitische Polarisierung bedroht. Im Pazifik spitzt sich seit Jahren ein Machtkampf zwischen den USA und China zu. Dieser birgt die Gefahr, dass die Menschen und ihre Bedürfnisse im schlimmsten Fall zu Spielbällen in einem extern kontrollierten Machtkampf werden. Auch deshalb betont ABAS zu Recht, dass SIDS »ownership« über ihre Entwicklungschancen behalten müssen. Dafür braucht es sowohl Reformen der UN, um diese effektiver bei der Berücksichtigung der besonderen Gegebenheiten von SIDS zu machen, als auch bessere Beteiligungsmöglichkeiten für SIDS innerhalb der UN. Denn auch wenn Inselstaaten in der internationalen Politik heute deutlich sichtbarer sind als noch vor zehn Jahren, so sind sie doch in vielen multilateralen Prozessen mit ihren Themen weiter deutlich unterrepräsentiert.

Als kleine Staaten sind SIDS in besonderer Weise auf die internationale Zusammenarbeit angewiesen. In welchem Maße sich SIDS mittlerweile internationaler Institutionen und insbesondere des internationalen Rechts bedienen, zeigt einmal mehr das Rechtsgutachten des Internationalen Seegerichtshofs, das auf Initiative der *Commission of Small Island States on Climate Change and International Law* kurz vor der SIDS4-Konferenz veröffentlicht wurde.

Schon im Jahr 1994 schrieb der tongaische Autor Epeli Hau'ofa in seinem Aufsatz *Our Sea of Islands*, der bis heute in der pazifischen Inselregion ein wichtiges Dokument für die regionale Identität ist, dass es einen großen Unterschied macht, die Staaten der Region als verstreute Inseln in einem weiten Meer oder als »sea of islands« zu betrachten. Die letztere Sichtweise betrachtet den Ozean weniger als etwas Trennendes, sondern vielmehr als verbindendes Element. Auch wenn die Landmasse vieler Inselstaaten tatsächlich relativ klein ist, so ist die Bezeichnung SIDS in sich durchaus problematisch. In den letzten Jahren ist deshalb die Bezeichnung *Large Ocean States* aufgekommen. Dieser Begriff betont die Potenziale von Inselstaaten und ihren zumeist großen Meereszonen. Kiribati beispielsweise besitzt zwar nur eine Landmasse, die kleiner ist als die Fläche der Stadt Berlin; es ist aber achtmal so groß wie Deutschland, wenn man die ausschließliche Meereswirtschaftszone des Landes berücksichtigt.

Ohne die vielfältigen Herausforderungen von Inselstaaten zu leugnen, sind solche positiven Narrative wichtig, um das Potenzial von Inselstaaten zu unterstreichen. Tatsächlich können Inseln Vorreiter in der internationalen Entwicklung sein, wie etwa Tokelau zeigt, das schon vor über zehn Jahren als erste Nation der Welt eine Versorgung mit 100 Prozent erneuerbarer Energie erreichte.

OLIVER HASENKAMP ist seit 2012 Vorstand des Pazifik-Netzwerks e. V. und war von 2015 bis 2019 dort Vorsitzender. Derzeit ist er Referent für Öffentlichkeitsarbeit zu Entwicklung, Klima und Nachhaltigkeit bei der Deutschen Gesellschaft für die Vereinten Nationen.

KRIEG IN NAHOST

WERTEKOLLISION

Die Positionierung der Bundesregierung im Gaza-Krieg beschädigt das Ansehen Deutschlands in der Welt nachhaltig. Noch ist Zeit, gegenzusteuern.

Von Marcus Schneider und Jannis Grimm | Juni 2024

Ein Ende des Krieges in Gaza ist derzeit nicht abzusehen, und doch hat er schon heute langfristige strategische Auswirkungen auf die deutsche Außenpolitik. Gaza 2023/24 ist gleichbedeutend mit einer Zäsur im Verhältnis der Bundesrepublik zum Globalen Süden. Die eindeutige außenpolitische Positionierung der deutschen Regierung an der Seite Israels und die innenpolitische Einschränkung von Palästina-Solidarität haben Deutschland weit über den Nahen Osten hinaus exponiert. Bilder vom Einsatz deutscher Waffen in Gaza und von der gewaltsamen Auflösung von pro-palästinensischen Demonstrationen gehen um die Welt und stellen das Image der Bundesrepublik als Bastion von Menschen- und Bürgerrechten in einer Art und Weise in Frage, die in der jüngeren Geschichte beispiellos ist. Das in den letzten Jahrzehnten aufgebaute Ansehen Deutschlands droht beschädigt zu werden.

Insbesondere Vertreterinnen und Vertreter deutscher Organisationen im Ausland erfahren dies sehr direkt, auch jenseits des Nahen Ostens und von Nordafrika: Gewerkschaften stellen in Solidarität mit Palästina ihre Kooperation mit deutschen Stiftungen ein; Menschenrechtsorganisationen kappen ihre vormals vertrauensvollen Beziehungen; Kunstschaffende rufen zum Boykott auf; deutsche Wissenschaftlerinnen und Wissenschaftler erfahren Zurückweisung; lokale Beschäftigte wenden sich ab. Zugänge, selbst zu langjährigen Partnern, verschließen sich. Viel Vertrauen ist verloren gegangen, insbesondere in arabischen Ländern, wo nur noch neun Prozent der Menschen ein positives Bild von Deutschland haben, der schlechteste Wert seit Jahrzehnten. Dies kontrastiert extrem mit früheren Befragungen, als deutsche Außenpolitik überwiegend positiv gesehen wurde.

Der deutsche politische und mediale Diskurs zu Gaza, der sowohl im Ausland als auch unter Fachexperten im Inland bisweilen wie ein Paralleluniversum wirkt, wird international breit rezipiert. Das Ausmaß an Restriktionen gegen pro-palästinensische Demonstrationen, die gewaltsame Auflösung von Studierendenprotesten an deutschen Universitäten, das Ausweisen prominenter Stimmen – darunter moderne arabische Volkshelden wie der britisch-palästinensische Arzt Ghassan Abu Sittah – und die Kriminalisierung von Slogans und kulturellen Symbolen Palästinas wie der Kufiya verfestigen das Bild einer deutschen Politik, die unfähig ist zur Differenzierung zwischen legitimen Protesten gegen Kriegsverbrechen und der Bedrohung für jüdische Menschen in Deutschland durch Antisemitismus.

Nicht nur im Globalen Süden, auch in der europäischen Nachbarschaft beobachtet man mit Staunen, wie deutsche Debatten primär um das analytische Vokabular kreisen, mit dem der Krieg in Gaza legitimerweise beschrieben werden sollte. Die brutale Wirklichkeit im Gaza-Streifen erhält in der deutschen Öffentlichkeit dagegen nur in eingeschränktem Maße Aufmerksamkeit, nicht zuletzt deshalb, weil kritische Stimmen kaum noch Gehör finden oder zunehmend Diffamierung erfahren. Der Sehnsuchtsort einer progressiven arabischen Diaspora, als die der ägyptische Soziologe Amro Ali die Stadt Berlin einst beschrieben hat, ist Deutschland nicht mehr.

» **Vor allem der Vorwurf, bei Israel gelten andere Bewertungsstandards, zehrt an der deutschen Glaubwürdigkeit.**

Dieser Bruch ist auch deshalb so markant, weil der Ruf der Bundesrepublik im erweiterten Nahen Osten vergleichsweise gut war. Das lag nicht nur an der Abwesenheit einer Kolonialvergangenheit in der Region. Auch Schröders Nein zu westlichen Militärinterventionen in der arabischen Welt und Merkels Flüchtlingspolitik hatten zur Wahrnehmung eines Landes beigetragen, das ein ehrliches Interesse an Menschenrechten in der Region hat. Die Priorisierung außenpolitischer *Soft Power*, die Arbeit der politischen Stiftungen und Kultureinrichtungen sowie die substanzielle deutsche Entwicklungszusammenarbeit untermauerten dieses Bild; ein Bild, das auch durch die sehr innige Beziehung zu Israel lange Zeit nicht eingetrübt worden war. Gerade zivilgesellschaftlich organisierte Akteure zeigten oft Verständnis dafür, dass Deutschland aufgrund seiner Geschichte eine besondere Verantwortung gegenüber dem jüdischen Staat fühlte.

» Der Konflikt um Palästina war in der Vorstellungswelt der nahöstlichen Bevölkerungen nie verschwunden.

Doch der Spagat hat Grenzen. Der Konflikt um Palästina war in der Vorstellungswelt der nahöstlichen Bevölkerungen nie verschwunden. Für die Palästinenserinnen und Palästinenser blieb er ohnehin eine täglich gelebte Erfahrung. Doch zwischen den Massenprotesten des Arabischen Frühlings, dem Krieg gegen den sogenannten Islamischen Staat, dem Atomkonflikt mit Iran sowie den Normalisierungstendenzen autoritärer Regime mit Israel fand die Palästinafrage kaum noch Beachtung. Der 7. Oktober und die israelische Militärintervention haben sie dann sowohl emotional als auch politisch als zentrale Frage des Nahen Ostens wiederbelebt.

Palästina ist aber auch über den arabischen Raum hinaus zur Projektionsfläche für Menschen in großen Teilen des Globalen Südens geworden. Koloniale Lesarten des israelisch-palästinensischen Konflikts mögen hierzulande meist verächtlich als kulturkämpferische Grenzziehungen und Zeichen eines akademischen »Wokismus« behandelt werden. Große Teile des Globalen Südens betrachten das Geschehen in Gaza aber de facto durch eine postkoloniale Linse: Weit über die arabische Welt hinaus bietet die Besatzungserfahrung der palästinensischen Bevölkerung Anknüpfungspunkte für die eigene Geschichte. Die israelische Kriegsführung in Gaza, begleitet von dehumanisierender Rhetorik, weckt Erinnerungen an eigene Unterdrückungserfahrungen und blutige Befreiungskriege.

Vor allem der Vorwurf, bei Israel gelten andere Bewertungsstandards, zehrt an der deutschen Glaubwürdigkeit. Gerade deutsche Politiker hatten Putins Angriffskrieg gegen die Ukraine früh mit Begriffen wie »Vernichtungskrieg« und »Völkermord« beschrieben. Allein die Frage, ob ähnliche Vorwürfe sich auch für das israelische Vorgehen in Gaza erhärten ließen, setzt Analysten im Falle Palästinas hingegen dem Vorwurf aus, antisemitische Ressentiments und einen palästinensischen Opfer-Mythos zu reproduzieren. Mehrfach enthielt sich die Bundesregierung in der UN-Generalversammlung bei der Abstimmung über einen Waffenstillstand. Und auch im UN-Menschenrechtsrat stellte die Bundesregierung sich zuletzt gegen eine Resolution zum Stopp aller Waffenverkäufe an Israel.

» Weit über den Nahen Osten hinaus politisiert der Krieg eine ganze Generation.

Das ist kaum eine Überraschung vor dem Hintergrund der engen bilateralen Beziehungen im Rüstungsbereich, die ein solches Exportverbot wirtschaftlich und sicherheitspolitisch unattraktiv machen. Es existieren intensive Rüstungskooperationen zwischen deutschen und israelischen Unternehmen. Israel ist seit Jahren sowohl geschätzter Zulieferer moderner Waffensysteme als auch eines der wichtigsten Empfängerländer für deutsches Militärgerät. Seit dem 7. Oktober haben sich die Waffenexporte fast verzehnfacht. Deutschland trägt so aktiv zur Sicherheit Israels bei – womöglich aber auch zu in Gaza verübten Kriegsverbrechen.

Die Bundesregierung bekräftigt zwar, dass keine Informationen über Völkerrechtsverstöße durch deutsche Waffen vorlägen. Doch der dokumentierte Einsatz deutscher Rüstungsgüter durch die israelische Armee stellt dies mittlerweile zumindest in Frage. In jedem Fall prägen die in den sozialen Medien von israelischen Soldaten geteilten Aufnahmen deutscher Panzerabwehrwaffen und Fregatten in Gaza den Eindruck von Deutschlands Beteiligung an diesem Krieg weitaus stärker als der symbolische Abwurf von Essensrationen. Sie überschatten auch die Beteuerungen der Bundesregierung, man bemühe sich, die Kriegsfolgen für die Zivilbevölkerung durch humanitäre Hilfe zu lindern.

Die deutsche »Staatsräson« ist vor diesem Hintergrund längst in das Vokabular des Globalen Südens und einer wachsenden globalen Antikriegsbewegung aufgenommen worden. Dort beschreibt sie eine Wertekollision, die sich einerseits aus der historisch bedingten deutschen Verortung an der Seite Israels und andererseits aus dem expliziten Anspruch einer werteorientierten und feministischen Außenpolitik gerade dieser Bundesregierung ergibt. Einer Außenpolitik, die nicht vereinbar ist mit den Indikatoren menschlichen Leids in Gaza, die selbst langjährige Beobachter bewaffneter Konflikte fassungslos machen: vom menschengemachten Aushungern der Bevölkerung, über die systematische Vorenthaltung medizinischer Versorgung, die immer neuen Massenvertreibungen von Binnenflüchtlingen bis hin zur KI-gestützten Bombardierung von Wohngebieten.

Deutschlands Unwille oder Unfähigkeit, diese Art der Kriegsführung zu verurteilen und zu sanktionieren, zementieren den Eindruck, die deutsche Staatsräson erodiere die regelbasierte Weltordnung. Eine Ordnung, die Deutschland – nicht zuletzt als Lektion aus der eigenen Verbrechensgeschichte – wie kaum eine zweite Nation international vorangetrieben hat. Einige der wortstärksten Kritiker der Bundesregierung mögen selbst keine mustergültigen Verteidiger der Menschenrechte sein. Dies entkräftet aber nicht deren Vorwurf, Deutschland verschließe seine Augen vor israelischen Kriegsverbrechen in Gaza – von der internationalen Strahlkraft dieser Vorwürfe ganz zu schweigen.

Weit über den Nahen Osten hinaus politisiert dieser Krieg eine ganze Generation. Nicht nur treibt er – dank der Tiktokisierung militanter Organisationen wie Hamas, Hisbollah und Huthis – einem sich modern gebenden politischen Islam neue Anhänger zu. Es sind vor allem die progressiven, die kritischen Zivilgesellschaften, die Menschen- und Bürgerrechtsverteidiger, die sich jetzt abwenden von einer als unglaubwürdig wahrgenommenen Bundesrepublik. Aber genau diese Kräfte sind es ja, die eine wertebasierte Außenpolitik adressieren wollte. Insbesondere in der Region bildet die Palästinafrage für viele progressive Kräfte seit jeher einen biografischen Einstieg in den Aktivismus – auch weil ihre Regime zivilgesellschaftliche Mobilisierung zugunsten von Palästina lange als ein politisches Ventil tolerierten. Diese Akteure kehren Deutschland nun den Rücken. Die Ressentiments sind dabei teils sogar noch heftiger als gegenüber den USA. Während man Letzteren spätestens seit dem Irak-Krieg ohnehin nicht mehr traut, fühlt man sich von Berlin regelrecht verraten.

Deutschland wird nicht umhinkommen, auf diese Erosion seiner Glaubwürdigkeit einzugehen. Im Zentrum steht dabei die Diskrepanz zwischen der uneingeschränkten Solidarität mit Israel und dem Bekenntnis zu einer völkerrechtszentrierten Weltordnung. Beides sind zentrale Prinzipien deutscher Außenpolitik, die eigentlich nicht konträr zueinanderstehen sollten – und müssten.

Selbst wenn man sich hier zu Unrecht ins Visier genommen fühlt, muss man sich besser erklären und Anpassungen vornehmen. Denn spätestens seit der Forderung eines Haftbefehls gegen Israels Premierminister Netanjahu und Verteidigungsminister Gallant durch den Chefankläger des Internationalen Strafgerichtshofs ist deutsche Staatsräson versus Völkerrecht kein abstrakter Vorwurf mehr, sondern ein konkretes Szenario geworden.

»Deutschland wird nicht umhinkommen, auf diese Erosion seiner Glaubwürdigkeit einzugehen.

Ferner sollte die deutsche Israelpolitik einem Realitätstest unterzogen werden. In Israel tragen bekennend Rechtsextreme Regierungsverantwortung, die kein Interesse an einer friedlichen Konfliktbeilegung haben. Radikale Lösungen für den Nahostkonflikt, wie die Wiederbesetzung und -besiedelung des Gaza-Streifens finden mittlerweile Anklang bis weit in die politische Mitte hinein. Das wird in Deutschland wenig rezipiert. Man hört nicht genau zu. Man schaut auch nicht so genau hin. Statt das real existierende Israel wahrzunehmen, klammert man sich an eine Israelprojektion, die für deutsche Identitätsfindung eine Funktion erfüllt, aber für klarsichtige Außenpolitik einen schlechten Referenzpunkt bietet.

Gaza 2024 steht schon jetzt symbolisch für unermessliches ziviles Leid. Anders als ähnlich zerstörte Stadtgebiete, wie Aleppo oder Grosny, ist es dabei ein Symbol für westliche Doppelmoral. Mit Verweis auf das (Nicht-)Handeln der Bundesrepublik gegen Kriegsverbrechen in Gaza können sich Regime weltweit menschenrechtlich einen schlanken Fuß machen. Deutschland muss diesen Krieg auch als eine Belastungsprobe für die regelbasierte Weltordnung verstehen und entsprechend handeln. Eine Rückkehr zum Status quo ante wird es nicht geben.

Weltweit gibt es erstmals seit Langem wieder Interesse an der Umsetzung einer Zweistaatenlösung. Trotz der Verwerfungen, die dieser Krieg global mit sich bringt, steht die übergroße Mehrheit der Staaten der Erde hinter dieser Lösung. Damit dieses Szenario eine Chance hat, braucht es mehr als Hoffen – zumal die amtierende israelische Regierung sich mit der Verhinderung eben jenes Szenarios brüstet. Es gilt anzuerkennen, dass es weniger Lippenbekenntnisse und mehr wirklichen politischen Druck auf Israel braucht.

MARCUS SCHNEIDER leitet das Regionalprojekt für Frieden und Sicherheit im Mittleren Osten der Friedrich-Ebert-Stiftung mit Sitz in Beirut, Libanon. Zuvor war er für die FES unter anderem als Leiter der Büros in Botswana und Madagaskar tätig.

DR. JANNIS JULIEN GRIMM leitet die Forschungsgruppe *Radikale Räume / Radical Spaces* am Berliner Zentrum für interdisziplinäre Friedens- und Konfliktforschung der Freien Universität Berlin.

»DIE HAMAS IST IN GAZA BEI VIELEN VERHASST«

Usama Antar über das Leid der Menschen im Gazastreifen, die Eskalation im Libanon und Deutschlands Image in der arabischen Welt.

Ein Gespräch mit Usama Antar | Oktober 2024

Der Tag des Massakers vom 7. Oktober jährt sich. Seitdem führt Israel im Gazastreifen Krieg gegen die Hamas. Sie und ihre Familie mussten aus Gaza fliehen. Wie ist die Lage vor Ort?

Ich würde sagen, der Krieg richtet sich nicht nur gegen die Hamas, sondern gegen den gesamten Gazastreifen. Die Situation dort verschlechtert sich tagtäglich. Meine engen Familienangehörigen und ich konnten aus Gaza fliehen, allerdings habe ich Geschwister, Neffen und weitere Verwandte, die immer noch da sind. Auch die Familie meiner Frau ist noch dort. Die Situation ist sehr dramatisch. Es fehlt an Hygienemitteln und an Zelten. Und nun kommt der Winter. Im Vergleich zum letzten Jahr gibt es kaum noch Häuser, die nicht zerstört sind. Der Bedarf an Zelten hat sich daher deutlich vergrößert. Über 70 Prozent der Menschen sind darauf angewiesen.

Das Schlimmste ist jedoch die Ungewissheit. Die Menschen wissen nicht, was am nächsten Tag passieren wird. Dass sich die Aufmerksamkeit und die Berichterstattung von Gaza derzeit Richtung Libanon verschiebt, macht die Lage nicht einfacher. Es werden tagtäglich weitere Luftangriffe gegen Gaza verübt. Darüber wird jedoch nur noch nebenbei berichtet. Es ist eine Katastrophe, dass keine richtigen Waffenstillstandsgespräche mehr stattfinden. Vor ein paar Monaten gab es noch ernsthafte Bemühungen – von den USA, der EU, auch von Katar und Ägypten. Momentan liegt alles still. Die Ungewissheit, der die Menschen in Gaza ausgesetzt sind, ist kaum zu ertragen.

Die Verhandlungen über eine Waffenruhe waren trotz zahlreicher Versuche bislang nicht von Erfolg gekrönt. Haben die Menschen in Gaza noch Hoffnung?
Die Hoffnung darf man nicht verlieren. Die Leute haben jedoch momentan den Eindruck, dass es der israelischen Armee eher um Rache geht – gegenüber der Hamas, aber auch gegenüber der gesamten Bevölkerung des Gazastreifens. Die Angst, dass Israel jetzt den Gazastreifen und Teile des Westjordanlandes annektieren könnte, wächst tagtäglich. Die Menschen befürchten, dass sie früher oder später komplett nach Ägypten vertrieben werden. Vor einigen Monaten hat man noch daran geglaubt, dass der Krieg irgendwann enden wird und sie mit dem Wiederaufbau beginnen können. Nun herrscht jedoch eine spürbare Angst, dass sich das politische Klima dreht und Israel mehr Ansprüche geltend macht, als ihm nach internationalem Recht zusteht.

» Der Gedanke an Wiederaufbau ist weit weg.

Der Gedanke an Wiederaufbau ist weit weg. Die Menschen in Gaza sind momentan schlicht damit beschäftigt, ihren Lebensunterhalt zu sichern. Ihre höchste Priorität ist, weiterhin in ihrer Heimat leben zu können. Dafür braucht es zunächst einen Waffenstillstand. Erst dann wird man an den Wiederaufbau denken.

Wie wird die Hamas in der Bevölkerung gesehen?
Die Hamas ist in Gaza bei vielen verhasst. Die Mehrheit der Leute will sie, sobald der Krieg zu Ende ist, nie wieder an der Macht sehen. Man muss das differenziert betrachten: Die Hamas ist zwar verantwortlich für dieses Desaster, denn sie hat den Krieg ausgelöst. Der Feind in den Augen der Palästinenser ist dennoch Israel. Aufgrund der massiven Luftschläge Israels gegenüber dem Gazastreifen sowie der täglichen Militäraktionen in den palästinensischen Städten im Westjordanland wird die Hamas weiterhin unterstützt. In den Augen vieler

setzt sie sich gegen Israel wenigstens zur Wehr – im Gegensatz zur Palästinensischen Autonomiebehörde, die tatenlos zusieht.

Sieht die Bevölkerung irgendeinen Ausweg aus dem Krieg?
Die Menschen warten auf eine Lösung von außen. Sie selbst können derzeit nicht viel bewirken. Es gab zahlreiche Versuche, Demos gegen die Hamas in Gaza zu organisieren. Dies hat jedoch nicht funktioniert und aufgrund der jetzigen Kriegslage ist es nicht mehr möglich. Die Hoffnungen, Israel zu stoppen, liegen nun auf Ägypten und der internationalen Gemeinschaft.

Welche Länder stehen besonders im Fokus und wie wird Deutschlands Rolle gesehen?
Die Amerikaner werden als Alliierte Israels betrachtet. Ägypten ist zwar bemüht, sorgt sich aber primär um seine eigenen Interessen. Lediglich Katar versucht, die Rolle des Mediators zu spielen. Deutschlands Image in Palästina, sei es im Westjordanland oder im Gazastreifen, hat sich sehr verschlechtert. In den Medien gab es viele Berichte über deutsche Waffenlieferungen, auch wenn diese in den letzten Monaten gestoppt wurden. Man sieht Deutschland als Komplizen der Israelis – nicht nur aufgrund der politischen Position gegenüber Israel, sondern insbesondere wegen der militärischen Unterstützung in den ersten Monaten.

> **»** **Deutschland hat kein gutes Image mehr in der arabischen Welt.**

Deutschland hat kein gutes Image mehr in der arabischen Welt, speziell in den arabischen Gesellschaften und den zivilgesellschaftlichen Organisationen, zum Beispiel in den Gewerkschaften. Dort macht man Deutschland mitverantwortlich für das Desaster in Gaza. Nicht jeder versteht die historische Verantwortung Deutschlands gegenüber Israel.

Israel interveniert auch mit massiven Angriffen im Libanon. Die Hisbollah wurde schwer getroffen. Wie schaut man in Gaza auf die Entwicklungen im Libanon?

Viele in Gaza sehen die Hisbollah als einzige Macht, die sich solidarisch gezeigt hat – und zwar auch mit Taten –, während die arabischen Länder nur zugesehen und nichts getan haben. Der Konflikt mit der Hisbollah hat den Druck auf Gaza wenigstens etwas gemildert. Die israelische Armee musste ihre Kapazitäten so auf zwei Fronten verteilen. Den Israelis ist es gelungen, die Führungsriege der Hisbollah in wenigen Wochen zu eliminieren. Das haben wenige kommen sehen. Der Krieg in Gaza läuft immerhin beinahe ein Jahr und man kann immer noch nicht von einem endgültigen Sieg Israels sprechen. Im Libanon hat es keine zwei Wochen gedauert, bis die wichtigsten Hisbollah-Strukturen zerschlagen waren. Über diesen Vergleich wird in Gaza viel gesprochen. Man fragt sich allerdings auch, ob Israel nun Halt macht, wenn es den Fluss Litani erreicht, der den Süden des Landes vom restlichen Libanon trennt. Greift das israelische Militär womöglich als Nächstes in Syrien an? Israel könnte jetzt die Gunst der Stunde nutzen, um die Karte des Mittleren Ostens ein für alle Mal zu verändern und neue Gebiete zu besetzen. Netanjahu versucht die ganze Zeit, der Weltöffentlichkeit zu verkaufen, dass es um die Sicherheit seines Landes gehe. Doch das Vorgehen der Israelis kann kaum als Selbstverteidigung betrachtet werden.

Das Interview führte **NIKOLAOS GAVALAKIS**.

DR. USAMA ANTAR arbeitet im Referat Naher/Mittlerer Osten und Nordafrika der Friedrich-Ebert-Stiftung. Zuvor leitete er seit 2005 die Projekte in der Zweigstelle der FES im Gazastreifen. Er war zudem als wissenschaftlicher Mitarbeiter und Teilzeitdozent in der Fakultät für Politik- und Medienwissenschaften an der Al-Azhar-Universität sowie an der Al-Aqsa-Universität in Gaza-Stadt tätig.

»DIE BEDROHUNG IST REAL UND BESTÄNDIG«

Ein Jahr nach dem 7. Oktober: Judith Stelmach in Tel Aviv über die Spaltung der Gesellschaft, doppelte Standards gegen Israel und den Angriff Irans.

Ein Gespräch mit Judith Stelmach | Oktober 2024

Der Jahrestag des Massakers vom 7. Oktober steht an, noch immer ist das Schicksal vieler Geiseln ungewiss. Was hat das vergangene Jahr mit der israelischen Gesellschaft gemacht?
Die Gesellschaft wurde komplett aus der Bahn geworfen – in nahezu jeder Hinsicht. Vor allem das Vertrauen zwischen der Bevölkerung und dem Staat ist massiv erschüttert. Was bisher als selbstverständlich angesehen wurde – nämlich dass der Staat seine Bürgerinnen und Bürger schützt – ist nicht eingetreten. Dieses Gefühl der Verlassenheit ist keine Einbildung, sondern Realität. Es herrscht große Verwirrung darüber, wo die israelische Gesellschaft jetzt steht und was von dem Selbstverständnis, das bis zum 7. Oktober existierte, noch übrig ist. Jeder in Israel ist betroffen, entweder direkt oder indirekt, weil fast jeder jemanden kennt, der von den Ereignissen getroffen wurde.

Auch wirtschaftlich und gesellschaftlich hat sich das Leben grundlegend verändert. Viele Menschen mussten über Nacht ihre Häuser verlassen und wissen nicht, ob sie jemals zurückkehren können. In Europa wurde lange nicht wahrgenommen, dass nicht nur der Süden betroffen war, sondern auch der Norden des Landes. 68 500 Menschen können dort bis heute nicht zurück. Auch von den ursprünglich rund 75 000 Evakuierten im Süden des Landes kann circa ein Drittel nach wie vor nicht zurückkehren.

›› Die israelische Gesellschaft steckt in einer tiefen Krise.

Die israelische Gesellschaft steckt in einer tiefen Krise. Bereits vor dem 7. Oktober war sie durch die Debatte über die Justizreform gespalten, die von ihren Gegnern als Justizumwälzung bezeichnet wird. Diese Spaltung war schon schwerwiegend, doch nun ist das Desaster vom 7. Oktober hinzugekommen. Anfangs führte das zu einer Gegenbewegung: Es gab ein Gefühl des Zusammenhalts, und die Zivilgesellschaft hat beeindruckende Solidarität gezeigt – was notwendig war, da die Regierung und die Ministerien in den ersten Tagen und Wochen nicht funktionierten. Mit der Zeit sind jedoch auch die unterschiedlichen Auffassungen darüber, wie man aus dieser Krise herauskommt, immer deutlicher geworden. Diese Differenzen haben die gesellschaftliche Spaltung mit den Monaten noch vertieft.

Wie macht sich die Spaltung im Land bemerkbar?

Das hängt von der Ebene ab. Tatsächlich gibt es zwei große Gruppen: diejenigen, die die Regierung ablehnen und Neuwahlen sowie den Rücktritt Netanjahus fordern, und jene, die eine Ausweitung der Siedlungspolitik und sogar eine Wiederbesiedlung des Gazastreifens anstreben. Im Alltag sind die Berührungspunkte zwischen diesen Gruppen aber nicht besonders groß, schon allein geografisch. Die Siedler leben vor allem in den Siedlungen im Westjordanland, während die Regierungsgegner eher aus der bürgerlichen Mittelschicht kommen und im Zentrum des Landes oder in den nördlichen Regionen leben. Deshalb begegnen sich die beiden Gruppen selten direkt. Allerdings sind die Meinungsunterschiede durch die Medien und öffentliche Diskussionen sehr präsent. Bei Demonstrationen kommt es auch immer wieder zu Auseinandersetzungen mit kleineren extremistischen Gruppen, die versuchen, die Proteste gegen die Regierung zu stören.

In den letzten Wochen hat sich der thematische Schwerpunkt der Demonstrationen verändert. Es geht inzwischen stärker um die Freilassung der Geiseln und ein mögliches Abkommen, während Forderungen nach dem Rücktritt der Regierung etwas in den Hintergrund gerückt sind. Nachdem Ende August bekannt wurde, dass sechs Geiseln ermordet in einem Tunnel im Gazastreifen aufgefunden wurden, war die Empörung in der israelischen Bevölkerung enorm. Die Geiselbefreiung wurde zum vordringlichsten Thema, und die Lager, abgesehen von den extremen Gruppen, rückten näher zusammen. Trotzdem gibt es weiterhin Unsicherheiten, wie ein sinnvoller Deal zur Freilassung der Geiseln aussehen könnte, und die Angst, dass nicht alle Geiseln zurückkehren könnten, bleibt groß.

Gefühlsmäßig wissen die meisten, dass die aktuelle Situation nicht gut ist. Die Diskussionen, die oft sowohl emotional als auch sachlich geführt werden, spiegeln diese Unsicherheit wider. Dazu kommt eine tiefe Trauer, die in den letzten Tagen stärker in den Vordergrund rückt, da der Jahrestag des Massakers näherkommt. Gedenkveranstaltungen haben bereits begonnen. Viele Menschen schwanken zwischen kurzen Momenten der Hoffnung, wenn es positive Meldungen gibt, und der Enttäuschung, wenn diese Hoffnungen schnell zunichtegemacht werden. Der Tod von Hisbollah-Führern mag als Erfolg gewertet werden, aber die Frage bleibt: Was bedeutet das für die Geiseln, die noch nicht befreit sind? Und wie kann die Sicherheit der israelischen Bevölkerung gewährleistet werden – insbesondere nun auch angesichts des massiven Raketenbeschusses durch den Iran am Dienstag und der Gefahr einer weiteren Ausbreitung des Krieges?

Die jüngsten Schläge gegen die Hisbollah zeigen, dass Israel doch noch militärische Erfolge erzielen kann. Wie wird das in der israelischen Gesellschaft aufgenommen?

Es gibt definitiv Erleichterung, dass die Armee jetzt die Initiative ergriffen hat. Vorher herrschte das Gefühl, dass der Norden Israels im Stich gelassen wurde und die Regierung sich nicht ausreichend um das Schicksal der Menschen kümmert, die ihre Heimat verlassen mussten oder weiterhin unter ständigem Raketenbeschuss leben. Die Evakuierungen betrafen nur Siedlungen, die weniger als vier Kilometer von der Grenze entfernt liegen, was angesichts der Reichweite der Raketen, die weite Teile des Landes erreichen können, sogar Jerusalem, absurd ist. Viele Israelis können sich den Alltag dort kaum vorstellen, wo ständige

Raketenalarme vorherrschen und die Angst etwa um das Leben der eigenen Kinder, die zur Schule müssen, den Alltag bestimmt. Die Bedrohung, unter der diese Menschen leben, ist real und beständig.

> **Die Tötung von Hisbollah-Führern wie Nasrallah sorgt für Erleichterung, aber das ist nur ein kleiner Moment des Aufatmens.**

Die Wirtschaft im Norden leidet ebenfalls massiv. Viele Menschen haben ihre Einkommensquellen verloren, und es ist unklar, wie der Wiederaufbau organisiert werden soll. Deshalb sind viele erleichtert, dass die Armee jetzt aktiv geworden ist. Auch die Tötung von Hisbollah-Führern wie Nasrallah sorgt für Erleichterung, aber das ist nur ein kleiner Moment des Aufatmens. Die große Sorge bleibt, wie es weitergeht. Niemand glaubt, dass allein durch die Ausschaltung von Führungsfiguren Frieden erreicht wird. Naivität gibt es hier nicht mehr. Es ist klar, dass dies kein schneller Weg zum Frieden ist. Die meisten Israelis wollen einfach nur wieder sicher in ihren Häusern leben und wissen, dass auf die militärische Aktion diplomatische Bemühungen und nachhaltige Abkommen folgen müssen.

Im vergangenen Jahr ist Israel international stark in die Kritik geraten und teilweise isoliert worden. Bei Netanjahus Rede vor der UN haben Vertreter von vielen Ländern den Saal verlassen. Fühlt sich die israelische Bevölkerung im Stich gelassen?

Das Gefühl ist weit verbreitet, dass doppelte Standards gegen Israel angewandt werden. Die meisten Israelis, abgesehen von ein paar Extremisten, sind sich durchaus bewusst, dass die israelische Armee nicht fehlerfrei ist und dass es zu viele zivile Opfer gab. Dennoch bleibt das vorherrschende Gefühl, dass Israel angegriffen wurde und weiterhin unter Beschuss steht, weshalb es jedes Recht auf Selbstverteidigung hat. Die Erwartung der internationalen Gemeinschaft, Israel solle einfach stillhalten und die zweite Wange hinhalten, wird als unrealistisch und unfair empfunden – zumal es gleichzeitig oft an einer ebenso starken Kritik an Gruppen wie der Hamas oder der Hisbollah fehlt. Es herrscht der

Eindruck, dass Israel immer als der Bösewicht dargestellt wird, während die anderen Akteure als die Schwächeren oder gar die »Armen« wahrgenommen werden. Diese Unausgewogenheit sorgt für viel Frustration.

Viele israelische Regierungsmitglieder haben sich im vergangenen Jahr mit sehr menschenverachtender Rhetorik hervorgetan. Spiegelt das die Meinung der Bevölkerung wider?

Nur eine kleine Minderheit unterstützt solche Aussagen. Es ist zwar verständlich, dass gerade nur wenige Empathie für die andere Seite aufbringen können, da viele mit ihrem eigenen Leid und dem eigenen Schmerz beschäftigt sind, aber diese extremen Äußerungen spiegeln nicht die Mehrheit wider. Die gesamte Opposition und alle linken, liberalen und progressiven Kräfte lehnen solche Stellungnahmen ab. Selbst innerhalb der *Likud*-Partei gibt es noch einige – wenn auch nicht viele – Stimmen, die sich öffentlich gegen diese Rhetorik gestellt haben.

Iran hat Israel mit circa 180 Raketen angegriffen. Wie ist die Situation im Land?

Der Raketenangriff aus dem Iran hat erstmals seit Kriegsausbruch dazu geführt, dass die Menschen beinahe in ganz Israel in die Schutzräume geschickt wurden, da aufgrund der Ungenauigkeit der iranischen Raketen das Heimatfrontkommando keine unnötigen Risiken eingehen wollte. Dank der israelischen Luftabwehr und der Unterstützung durch die USA konnten beinahe alle Raketen unschädlich gemacht werden. Außer einem Palästinenser, der nahe Jericho von einem Raketensplitter getötet wurde, gab es keine Todesopfer zu beklagen. Aber die Sorge in der israelischen Bevölkerung ist natürlich groß. Kurz vor dem Raketenangriff verübten zwei Hamas-Terroristen einen Anschlag in Jaffa, bei dem sieben Menschen ermordet und viele verletzt wurden. Die Gewalt nimmt kein Ende, und die Menschen sind erschöpft, traurig und angesichts der Gefahr einer weiteren Eskalation oder gar eines regionalen Krieges sehr angespannt. Kein schöner Auftakt für das neue jüdische Jahr, das am Mittwochabend wohl in sehr gedrückter Stimmung beginnen wird.

Nach einem Jahr dieses Vielfrontenkrieges, haben Sie noch Hoffnung auf eine Lösung des Konflikts?

Wie Viktor Frankl sagte: »Die Hoffnung stirbt zuletzt«, und daran halte ich fest. Ohne Hoffnung wäre es unmöglich, morgens aufzustehen. Ich glaube nicht, dass diese Hoffnung unrealistisch ist, denn es liegt im Interesse aller Beteiligten, eine Lösung zu finden. Ich bin überzeugt, dass sowohl in der israelischen, der palästinensischen als auch in der libanesischen Bevölkerung die Mehrheit Frieden will. Es wird kein naiver, idyllischer Frieden sein, aber im Kern wollen die Menschen weltweit dasselbe: ein gutes Leben. Sie wollen ihre Kinder sicher aufwachsen sehen und eine positive Zukunft. Und dafür braucht es Frieden.

Ich bin zuversichtlich, dass eine Lösung möglich ist, vielleicht sogar mehr denn je. Der jüngste Raketenangriff aus dem Iran hat der Welt das Aggressionspotenzial des Ajatollah-Regimes klar vor Augen geführt und könnte zu einer verstärkten internationalen Bemühung führen, diese Gefahr einzudämmen. Der massive Schlag gegen die Führung der Hisbollah bietet eine Chance für Bewegung im Konflikt. Interessanterweise hat der libanesische Ministerpräsident Najib Mikati diese Woche nach dem Gespräch mit dem schiitischen Parlamentspräsidenten Nabih Berri öffentlich seine Unterstützung für die Umsetzung der UN-Resolution 1701 bekundet, laut der die libanesische Armee für die Sicherheit im Süden des Landes sorgen und die Hisbollah sich hinter den Litani-Fluss zurückziehen soll. Diese Signale machen mich optimistisch. Ob die Chance genutzt wird, bleibt abzuwarten. Aber sie ist da.

Das Interview führte **ALEXANDER ISELE**.

JUDITH STELMACH ist wissenschaftliche Mitarbeiterin der Friedrich-Ebert-Stiftung in Israel.

MEHR ALS SYMBOLPOLITIK

Mehrere EU-Staaten erkennen Palästina als Staat an. Deutschland und Frankreich sollten sich schnell anschließen, meint Israels Ex-Diplomat Alon Liel.

Von Alon Liel | Mai 2024

Der »7.-Oktober-Krieg« ist für die israelisch-palästinensischen Beziehungen, aber auch für Israels Allianzen ein strategischer Wendepunkt. Die von der israelischen Regierung vermarktete – und von führenden Politikern des Westens aus Bequemlichkeit übernommene – Vorstellung, die Hamas werde durch Eindämmung und Abschreckung neutralisiert und Israels Integration in die Region sei möglich, ohne dass man sich mit der Palästinenserfrage auseinandersetzt, ist an jenem 7. Oktober in sich zusammengestürzt. Dadurch ist die Diskussion über die Notwendigkeit einer Zweistaatenlösung wieder in den Fokus gerückt. Die Ankündigung Norwegens, Spaniens, Irlands und zuletzt Sloweniens, Palästina als Staat anzuerkennen, bringt neuen Schwung in diese Debatte. Wenn Deutschland in naher Zukunft – idealerweise im Schulterschluss mit Frankreich – den Staat Palästina anerkennen würde, wäre das möglicherweise die Initialzündung für eine Dynamik, die zu einer Anerkennung durch ganz Europa und die Vereinten Nationen und zur lang erwarteten Zweistaatenlösung führen könnte.

Die Entwicklungen der vergangenen sechs Monate haben deutlich gemacht, wie verantwortungslos es war, dass die internationale Gemeinschaft eines der gefährlichsten und explosivsten Konfliktgebiete vernachlässigt hat. Während der Krieg in Gaza andauert, versuchen die globalen Hauptakteure – allen voran die USA – aktiv, die Kämpfe einzudämmen und eine unkontrollierbare Eskalationsspirale in der Region und auf globaler Ebene zu verhindern. Zugleich ist die Diskussion über die Notwendigkeit einer Zweistaatenlösung wieder in den Blickpunkt gerückt. Es ist zu hoffen, dass die internationale Diskussion über die »Zeit danach« einen strategischen Ausstieg aus diesem Krieg erzwingen wird, der ein israelisch-palästinensisches Friedensabkommen auf der Basis des Zweistaatenparadigmas herbeiführt. Es ist tragisch, dass erst so viel Blut vergossen und so viel Zerstörung angerichtet werden musste, bis die internationale Gemeinschaft im Konflikt zwischen Israel und Palästina wieder zur Besinnung kommt.

Im Gazastreifen sind rund zwei Drittel der Bevölkerung Binnenflüchtlinge, und zur Gefahr durch israelische Bombardierungen kommen die zunehmende Ausbreitung von Krankheiten und eine drohende Hungersnot hinzu. Wenn die Kämpfe – hoffentlich bald – ein Ende haben, werden das Leid und die Verwüstung sofortige und massive humanitäre Zuwendung sowie eine langfristige Planung erfordern. Der Wiederaufbau von Gaza ist von einer politischen Konfliktlösungsstrategie jedoch nicht mehr zu trennen. Nicht nur sind Menschenleben und materielle Schäden zu beklagen; mit jedem Tag, an dem gekämpft wird, verhärten sich auch die Verbitterung und der Hass zwischen den beiden Völkern. Umso dringender müssen die Kämpfe beendet werden und darüber hinaus ist es zwingend erforderlich, auf politischem Wege Voraussetzungen für einen dauerhaften Frieden zu schaffen.

» **Dieser Gaza-Krieg sollte für immer der letzte Krieg zwischen Israel und den Palästinensern bleiben.**

Dieser Gaza-Krieg sollte für immer der letzte Krieg zwischen Israel und den Palästinensern bleiben. Dementsprechend muss das Ziel jedes Friedensabkommens eine strategische Koexistenz der beiden Seiten sein, aufbauend auf der Zweistaatenlösung, die mit allen einschlägigen UN-Resolutionen im Einklang steht. Die Ausgestaltung der Beziehungen zwischen Israel und Palästina muss sich innerhalb der Grenzen bewegen, die das Völkerrecht und die Menschenrechte vorgeben. Diese Grundsätze sind nicht verhandelbar und müssen als grundsätzlicher Rahmen dienen, wenn politisch darauf hingearbeitet wird, die historische Feindschaft zwischen Israelis und Palästinensern in eine tragfähige Koexistenz zu transformieren.

Beiden Protagonisten der Verhandlungen sollte die gleiche internationale Anerkennung zuteilwerden. Der Staat Palästina sollte das Westjordanland und den Gazastreifen umfassen, mit Ost-Jerusalem als offizieller Hauptstadt. Die Grundlage für Palästinas Vollmitgliedschaft in den Vereinten Nationen sind Artikel 4.1 und 4.2 der UN-Charta, in denen die Mitgliedschaft geregelt wird. Falls die Palästinenserbehörde die darin festgelegten Voraussetzungen nicht erfüllt, sollte eine mit Zeitplan versehene Roadmap formuliert werden, an der sich die Palästinenserbehörde bei den nötigen Reformschritten orientieren kann.

Es muss zudem ein politischer Fahrplan festgelegt werden, in dem die Aufgabenstellung für die Verhandlungen und ein Zeitplan für deren Abschluss bestimmt werden. Die internationale Gemeinschaft sollte gegenüber den Verhandlungspartnern mit Anreizen – aber auch mit Abschreckungsmitteln – darauf hinwirken, dass sie sich im eigenen Land den nötigen Rückhalt für die Verhandlungen sichern können. Die Resolution 2334 des UN-Sicherheitsrats sollte auf den Prüfstand gestellt und durch eine neue Resolution ersetzt werden, die zwar auf den alten – im Dezember 2016 verabschiedeten – Grundsätzen aufbaut, die aber die seither veränderten geopolitischen Entwicklungen berücksichtigt. Auch die Arabische Friedensinitiative von 2002 sollte aktualisiert werden und den Veränderungen Rechnung tragen, die sich in den vergangenen 20 Jahren in der Region vollzogen haben. Die Kombination aus einer neuen Resolution des UN-Sicherheitsrats und einer arabischen Friedensinitiative sollte als Grundlage für das diplomatische Vorhaben dienen.

Ein Grund zur Beunruhigung für die israelische Regierung sind im Augenblick die Sanktionen gegen extremistische israelische Siedler, die im Westjordanland Gewalttaten oder Menschenrechtsverletzungen gegen Palästinenser verübt haben. In Israel sieht man hier einen Zusammenhang mit der Frage der Anerkennung Palästinas. In den Augen des nationalistischen Teils der israelischen Gesellschaft sind die Siedler moderne Pioniere und geradezu Volkshelden. Dass prominente Siedler nicht mehr uneingeschränkt in befreundete Länder reisen oder Bankkonten eröffnen dürfen, empfinden diese Kreise als internationale Delegitimierung nicht nur der Siedlungen, sondern der israelischen Kontrolle über das Westjordanland insgesamt. Die Sanktionen haben

Symbolcharakter, aber sie senden ein wichtiges Signal aus: Die internationale Gemeinschaft darf nicht länger hinnehmen, dass Gewaltakte von Siedlern unbestraft bleiben.

Vor Norwegen, Irland, Spanien und (bald) Slowenien hatten nur vier westeuropäische Länder Palästina als Staat anerkannt: Island, Malta, Zypern und Schweden. Außerhalb Europas dagegen hat die große Mehrheit der UN-Mitgliedstaaten (140 von 193) Palästina als Staat anerkannt. 2012 wurde Palästina zudem durch die UN-Generalversammlung anerkannt – jedoch nicht als Vollmitglied. Dafür braucht Palästina die Zustimmung von mindestens zwei Dritteln der Mitglieder der UN-Generalversammlung sowie von mindestens 9 der 15 Mitglieder des Sicherheitsrats, wobei keines der fünf ständigen Mitglieder ein Veto einlegen darf. Diese Hürde ist bis heute aufgrund des Vetos der USA nicht zu nehmen.

» Außerhalb Europas dagegen hat die große Mehrheit der UN-Mitgliedstaaten Palästina als Staat anerkannt.

Die vergangenen sechs Monate haben Israels internationales Ansehen dramatisch verändert. Die Welt steht Israel inzwischen kritischer gegenüber und äußert ihre Unterstützung für die Selbstbestimmung der Palästinenser deutlicher als bisher. Dies könnte in die Frage der Anerkennung der Palästinenser noch mehr neuen Schwung bringen. Für die amtierende israelische Regierung ist die Tatsache, dass befreundete Staaten den Staat Palästina anerkennen, ausgesprochen beunruhigend. Das Letzte, was die israelische Führung sich wünscht, ist eine völkerrechtlich legitimierte palästinensische Staatlichkeit. Für sie ist diese Vorstellung sicherlich ein echter Alptraum. Dass Israel und Palästina auf der internationalen Bühne den gleichen Rechtsstatus haben sollen, würde aus internationaler Sicht das »Tor zum Frieden« öffnen, wird aber in Israel als diplomatischer Schlag ins Gesicht empfunden.

Ungeachtet der harschen Reaktionen aus Israel wird Spanien und Norwegen eine wichtige Rolle zukommen, um neuen diplomatischen Schwung in den israelisch-palästinensischen Konflikt bringen, denn beide Länder knüpfen damit an ihr früheres Engagement als Gastgeber der Madrider Nahost-Friedenskonferenz 1991 und der Verhandlungen an, die am Ende zum Oslo-Abkommen führten.

Die völkerrechtliche Anerkennung des Staates Palästina und seine Aufnahme als Vollmitglied der Vereinten Nationen sollten dem Friedensprozess vorgeschaltet werden und müssen vom Erfolg oder vom Misserfolg dieses Friedensprozesses abgekoppelt werden. Sonst könnte Israel in die Rolle des Veto-Players schlüpfen und jeden politischen Prozess, der zu einer Zweistaatenlösung führen würde, erfolgreich blockieren. Nach dem Deutschlandbesuch von Präsident Macron sollten Deutschland und Frankreich nun die nächsten sein, die Palästina als Staat anerkennen. Ziel sollte es sein, die Zweistaatenlösung am Leben zu erhalten und den Palästinensern Hoffnung zu geben, dass die Besatzung ein Ende haben werde und ihre Selbstbestimmung Realität werde. Sonst droht die Gefahr, dass wir in dieselbe Falle tappen wie in der Phase nach dem Osloer Abkommen, als alle Forderungen nach einer politischen Lösung Lippenbekenntnisse blieben. Zudem könnten beide Länder deutlich machen, dass die deutsch-französische Achse intakt und in der Lage ist, die EU wieder zu einem maßgeblichen, dem internationalen Recht verpflichteten Akteur im Nahen Osten zu machen.

Aus dem Englischen von **ANDREAS BREDENFELD**

ALON LIEL ist ein ehemaliger israelischer Diplomat. Er war unter anderem als Sprecher und später als Generaldirektor des israelischen Außenministeriums tätig und Teil der israelischen Delegation bei den Vereinten Nationen.

DIE ZEIT DANACH

Um Frieden im Nahen Osten zu schaffen, muss man den Fanatikern auf beiden Seiten das Handwerk legen, meint die Tochter des Schriftstellers Amos Oz.

Von Fania Oz-Salzberger | Juni 2024

Als Israelin bin ich von den am 7. Oktober verübten Gräueltaten der Hamas unmittelbar betroffen. Dieser schwärzeste Tag in Israels Geschichte hat nicht nur mein Analysevermögen getrübt, sondern vor allem meine Hoffnungskraft. Ich teile mit vielen liberalen Israelis das Gefühl, dass mein lebenslanges Wirken für Frieden und Demokratie ebenso in Trümmern liegt wie die niedergebrannten Kibbuzim.

Wenn ich mich an ein internationales Publikum wende, könnte ich es mir einfach machen und als Stimme der Mäßigung und Vernunft auftreten. Ich könnte einmal mehr meine Vision einer Zweistaatenlösung vortragen, der ich anhänge, seit ich in den 1970er Jahren als Teenager gegen die ersten israelischen Siedlungen im Westjordanland demonstriert habe. Ich könnte die Hoffnung äußern, dass Israel und Palästina sich aus der Asche des nordwestlichen Negevs und des Gazastreifens erheben und auf einen territorialen Kompromiss verständigen, Frieden schließen und ihre jeweilige Bevölkerung entradikalisieren werden.

Träume zu äußern und Horizonte zu skizzieren, kann nicht schaden. Aber ich muss auch klar und deutlich benennen, welche Stimmung unter den Israelis in meinem Milieu vorherrscht – sowie unter denjenigen, die nicht diesem Milieu angehören. Ich muss mich in die Lage der gemäßigten Palästinenserinnen und Palästinenser hineindenken und davon ausgehen, dass viele von ihnen im Interesse der eigenen Sicherheit lieber schweigen.

Eines kann ich jedoch nicht: Ich kann mich nicht in Palästinenser und Pro-Palästinenser hineindenken, die hoffen, mich umbringen oder vertreiben und mein Land vernichten zu können. Aus Sicht meines verstorbenen Vaters sah der einzige dauerhafte Kompromiss mit der Hamas so aus: Israel existiert immer nur montags, mittwochs und freitags und an den anderen Wochentagen nicht. Der gleiche Ansatz gilt für alle Hamas-Anhänger (in ihrer eigenen Diktion: alle »Pro-Palästinenser«), die Israel als unrechtmäßiges Kolonialprojekt betrachten. Mit ihnen kann ich über politische und historische Fakten debattieren, aber mit jemandem, der einen tot sehen will, kann man nicht versuchen, Frieden zu schließen. Deshalb erhebe ich meine Stimme ausschließlich für diejenigen, deren Ziel ein unabhängiges Palästina *und* ein sicheres und demokratisches Israel ist, die nebeneinander existieren.

» **Ich kann mich nicht in Palästinenser und Pro-Palästinenser hineindenken, die hoffen, mich umbringen oder vertreiben und mein Land vernichten zu können.**

Die Autoren eines auf dieser Website veröffentlichten Meinungsbeitrags haben der deutschen Regierung vorgeworfen, sie unterstütze allein aus der historischen Verpflichtung der Bundesrepublik gegenüber den Juden heraus ein verbrecherisches und 100-prozentig schuldiges Israel. Berlin wird vorgeworfen, die derzeitige Politik werde von einem außer Rand und Band geratenen Post-Holocaust-Autopiloten gesteuert. In dem Artikel kommt das Wort »Hamas« nur einmal und die Oktober-Katastrophe zweimal vor – und zwar beiläufig als »die Geschehnisse des 7. Oktober«. Es wird die weit verbreitete Forderung wiederholt, den Krieg zu stoppen, aber das Schicksal der israelischen Geiseln wird nicht erwähnt. Ebenso wie viele, die »Free Palestine«-Flaggen schwenken, akzeptiert dieser Artikel, dass die Hamas weiter über Gaza herrscht. Der Beitrag kritisiert, dass Deutschland die Bemühungen blockiere, die Lieferung von Waffen an Israel einzustellen – unabhängig davon, ob diese Waffen für die Selbstverteidigung gedacht sind; vermutlich als erster Schritt auf dem Weg zur kompletten Lossagung von Israel.

Ich sage in aller Deutlichkeit: Die Bundesrepublik Deutschland sollte über scharfe und entschiedene Sanktionen gegen Netanjahus Koalitionsregierung nachdenken, die ihr Recht, zu regieren, verwirkt hat. Diese Meinung teile ich mit 70 Prozent der israelischen Bevölkerung. Nicht wegen des maßlosen Leids, das diese Regierung Gaza zufügt – und das viele rechtschaffene Menschen in Israel nach wie vor nicht sehen können, weil sie selbst unter Schock stehen und traumatisiert sind –, sondern wegen der Verbrechen, die sie an ihrer eigenen Zivilbevölkerung verübt hat. Während die Welt auf die Kriegsverbrechen der israelischen Armee in Gaza schaut, sehen viele Israelis in dem Einsatz einen schrecklichen, aber absolut notwendigen Versuch, die Hamas zu zerstören. Manche von uns – auch ich – haben unsere Meinung geändert, als der Krieg sich in die Länge zu ziehen begann und die Zahl der zivilen Opfer in Gaza stieg. Entgegen unserer Erwartung gab es keine Neuauflage des Geisel-Deals im November und der humanitären Feuerpause. Im Inland haben Netanjahu und seine Minister die Familien, die Opfer zu beklagen haben oder um Geiseln bangen, beharrlich ignoriert (mit Ausnahme der wenigen, die zu Netanjahus politischer Basis gehören). Die Polizei, die sich unter Sicherheitsminister Ben Gvir radikalisiert hat, ging wiederum dazu über, bei Demonstrationen auf sie einzuschlagen.

Dass die Hamas das Leben sowohl israelischer als auch palästinensischer Zivilistinnen und Zivilisten zerstört hat, ist offensichtlich. Allerdings fügt auch Israels Regierung beiden Gruppen Schaden zu – nicht auf so barbarische Weise wie die Hamas, sondern auf ihre eigene politisch-machiavellistische Weise. Natürlich stehen Netanjahu und Hamas-Führer Sinwar moralisch nicht auf einer Stufe, aber beide sperren sich gegen eine Beendigung des Krieges, weil beide ihre jeweiligen Eigeninteressen verfolgen und für das Leid ihres eigenen Volkes und erst recht für das Leid anderer blind sind. Für die Hamas war das von Anfang an Programm. Netanjahu verfolgt diese Politik, seit er 2020 wegen Korruption angeklagt wurde. Eine prominente Rolle spielt dabei seine gut geölte Inlandspropaganda-Maschinerie, die verhindert, dass in Israels Medien und Öffentlichkeit das Leid in Gaza diskutiert wird. Nur sehr wenige israelische Medien zeigen ihren Lesern beziehungsweise Zuschauern das verheerende Leid, das unschuldigen Menschen auf der anderen Seite zugefügt wird.

Wie können die Freunde, die Israel noch bleiben, sich auf »die Zeit danach« vorbereiten? Die vordringlichste Aufgabe ist, die gemäßigten Israelis und Palästinenser zu stärken. Die israelische Zivilgesellschaft, zu der jüdische und palästinensische Bürgerinnen und Bürger Israels gehören, hat im vergangenen Jahr große Widerstandskraft bewiesen, als sie sich gegen die demokratiefeindlichen Gesetze der Regierung stellte. Sie unterstützt einen Waffenstillstand, einen Geisel-Deal und eine politisch ausgehandelte Friedensperspektive für die Region. Der Zivilgesellschaft kann man zum Beispiel dadurch helfen, dass man sich dem akademischen Boykott gegen israelische Universitäten und Studierende widersetzt, dass man deutsche Straßen sowohl für Juden als auch für Israelis zu sicheren Orten macht und – auch das gehört dazu – Extremisten bestraft und abschiebt, die zur Vernichtung Israels und zur Tötung von Israelis aufrufen.

» Der Zivilgesellschaft kann man dadurch helfen, dass man sich dem akademischen Boykott gegen israelische Universitäten und Studierende widersetzt.

Laut aktuellen Meinungsumfragen, die Hochschulteams in Israel durchgeführt haben, wären über 50 Prozent der Israelis mit einer Zweistaatenlösung einverstanden, wenn das zukünftige Palästina entmilitarisiert und die ganze Region unter internationalen Schutz gestellt würde. Es mag sein, dass die bei dieser Umfrage gestellte Frage von einer allzu optimistischen Zukunft ausgeht, die eine israelische und palästinensische Führung voraussetzt, die nach wie vor schmerzlich fehlt. Trotzdem sind die Ergebnisse einigermaßen ermutigend. Wenn verlässliche Vorsichtsmaßnahmen getroffen würden, gäbe es einen Horizont für die Koexistenz Israels und Palästinas – zumindest auf israelischer Seite. Werden die Palästinenser mitziehen? Unter den palästinensischen Bürgerinnen und Bürgern Israels gibt es dafür eine breite Unterstützung. Sogar in Gaza gibt es Anzeichen für eine wachsende Akzeptanz der Zweistaatenlösung. Im Westjordanland ist das jedoch weit weniger der Fall.

Das Schlimmste von allem ist allerdings die globale »progressive« Bewegung, die darauf drängt, Israel endgültig (und, wie es in den sozialen Medien vielfach heißt, »auf ewig«) zu delegitimieren. Man braucht einen Demonstranten, der »Free Palestine« ruft, nur nach seiner Meinung zur Zweistaatenlösung zu fragen und kann an der Antwort eindeutig ablesen, ob der Betreffende für Frieden ist oder nicht. Diese einfache Frage zeigt die rote Linie zwischen Extremismus auf der einen Seite und einer konstruktiven Orientierung Richtung Zukunft auf der anderen.

Der eigentliche Riss, der den Nahen Osten und den Rest der Welt gefährdet, verläuft nämlich nicht zwischen rechts und links, westlich und nicht-westlich oder Juden und Arabern, sondern zwischen Gemäßigten und Extremisten. Betrachtet man die Ergebnisse der jüngsten Europawahl unter diesem Gesichtspunkt, so zeigt sich: Links- und Rechtsextremismus nähren sich gegenseitig und treiben die Fieberkurve in die Höhe, während die meisten gemäßigten Wählerinnen und Wähler untätig zu Hause geblieben sind, als würden wir in den 1920er Jahren leben. Wenn die Vernünftigen politisch träge sind, tun sie den Fanatikern den größtmöglichen Gefallen.

» **Wenn die Vernünftigen politisch träge sind, tun sie den Fanatikern den größtmöglichen Gefallen.**

Israel hat diesen globalen Vormarsch des Extremismus eingeläutet (in unserem Fall ist er fast vollständig nationalistisch und/oder religiös geprägt). Netanjahu kam 20 Jahre vor Donald Trump an die Macht. Wir, die israelischen Friedensbefürworter, waren in den 28 Jahren, in denen fast durchgehend Netanjahu regierte, viel zu verschlafen. Man kann es nicht deutlich genug betonen: Netanjahu hat die Hamas stark gemacht, um die Palästinensische Befreiungsorganisation PLO und jeden anderen potenziellen palästinensischen Friedenspartner zu Fall zu bringen. Damit hat er den zunehmenden Fanatismus der Extremisten im eigenen Land befeuert und seine eigene politische Basis radikalisiert. Der jüdische *River to the Sea*-Fanatismus hat dem palästinensischen *River to the Sea*-Fanatismus nur zu gern Hilfestellung geleistet – in dem irrigen Glauben, an einem Krieg zwischen Gog und Magog führe kein Weg vorbei und dieser Krieg werde mit dem totalen, gottgewollten Sieg Israels enden.

Dabei wurde eines vergessen: Nach einem solchen Sieg wäre Israel nicht länger Israel. Ein kleineres Israel neben einem unabhängigen Palästina hingegen – abgesichert durch Entmilitarisierung und internationale Garantien – wird Israel näher an seine ursprüngliche Zweckbestimmung heranführen. Denn gedacht war es als ein liberaler, demokratischer Staat für die Juden, der seinen nicht-jüdischen Bürgerinnen und Bürgern die gleichen Bürgerrechte garantiert und Frieden mit seinen Nachbarn anstrebt, wo immer dies möglich ist.

Ich trage eine Mitverantwortung für diesen großen Fehler der Gemäßigten. Deshalb appelliere ich eindringlich an alle moderaten Kräfte, auf die Straße zu gehen – und fordere die gemäßigten westlichen Regierungen auf, zu helfen, Netanjahus Herrschaft mit demokratischen Mitteln zu beenden. Nachdem Benny Gantz jetzt aus der Regierung ausgestiegen ist, ist Netanjahus letztes moralisches Alibi dahin. Er muss mitsamt seinen Kumpanen entmachtet werden – nicht nur wegen des brutalen und zwecklosen Krieges gegen Gaza, sondern auch wegen seiner Todsünden gegen die eigenen Bürgerinnen und Bürger. Er hat mit Hilfe seines abscheulichen Propagandaimperiums die israelische Gesellschaft gespalten, einen hinterhältigen Anschlag auf Israels Demokratie und Gewaltenteilung verübt, unsere Sicherheit extrem vernachlässigt und Israels Wirtschaft und internationales Ansehen zerstört.

»Die Zeit danach« wird nicht so aussehen, dass wir gleich am nächsten Morgen mit einer Zweistaatenlösung aufwachen. Dafür braucht es zuallererst einen Führungswechsel sowohl in Israel als auch in den palästinensischen Gebieten. Die neuen Führungsfiguren sollten vernünftige Männer und Frauen sein, die klug genug sind, um einen territorialen Kompromiss auszuhandeln, und charismatisch genug, um ihren Anhängern neue Hoffnung einzuflößen und ihre Vernunft zu reaktivieren.

»Ich bin weder für Israel noch für Palästina«, pflegte mein Vater zu sagen. »Ich bin für Frieden.« Doch solange die Gemäßigten schwach bleiben, wird es einen Frieden der Gemäßigten nicht geben.

Aus dem Englischen von **ANDREAS BREDENFELD**

FANIA OZ-SALZBERGER ist eine israelische Schriftstellerin und Intellektuelle sowie emeritierte Professorin für Geschichte an der Juristischen Fakultät der Universität Haifa.

BRISANTES VOTUM

Der IGH erklärt die gesamte israelische Besatzung für rechtswidrig. Das Urteil dürfte auch Auswirkungen auf die deutsche Außenpolitik haben.

Von Matthias Goldmann | Juli 2024

Nach den viel beachteten Entscheidungen des Internationalen Gerichtshofs (IGH) über einstweilige Anordnungen im Gazakonflikt erweckte das Gutachten vom 19. Juli 2024 ein verhältnismäßig geringes Medienecho. Dies steht im eklatanten Gegensatz zu seinem Inhalt. Der internationale Gerichtshof bewertete nämlich kurzerhand die gesamte israelische Besatzung des palästinensischen Gebiets, einschließlich Gaza, für rechtswidrig. Dies dürfte erhebliche völkerrechtliche und geopolitische Konsequenzen nach sich ziehen – auch für Deutschland.

Das Gutachten war von der Generalversammlung der UN im Dezember 2022 in Auftrag gegeben worden, einen Tag nach dem Amtsantritt von Ministerpräsident Netanjahu. Zwar haben die im Gutachten getroffenen Anordnungen keine rechtsverbindliche Wirkung, dies ändert jedoch nichts am symbolischen Wert und Präzedenzcharakter der Entscheidung. Das gilt umso mehr, da sie mit überwältigender Mehrheit der Richterinnen und Richter erging, einschließlich der Stimmen der amerikanischen Richterin Sarah H. Cleveland und des deutschen Richters Georg Nolte.

Die Generalversammlung der UN hatte dem Gerichtshof zwei Fragen vorgelegt. Zum einen erbat sie seine Einschätzung, ob einzelne israelische Praktiken wie zum Beispiel der Siedlungsbau im Westjordanland gegen das Völkerrecht verstoßen. Dieser Frage haftete eine geringe Brisanz an, ist es doch aufgrund der recht eindeutigen Regelungen des humanitären Völkerrechts weitgehend Konsens, dass die Besiedlung von besetzten Gebieten verboten ist. Nachdem der IGH bereits 2004 die Rechtswidrigkeit des Befestigungswalls auf palästinensischem Gebiet festgestellt hatte, konnte man nun zur Siedlungspolitik eine ähnliche Entscheidung erwarten. Dazu kommt, dass selbst der Sicherheitsrat schon 2016 die Rechtswidrigkeit der Siedlungspolitik – unter Enthaltung der USA – in einer Resolution bekräftigt hatte. Allenfalls die Frage, ob die israelische Besatzung einen Fall der Apartheid nach Art. 3 der Rassendiskriminierungskonvention darstellte, sorgte für Spannung.

Der Gerichtshof hat diesen Erwartungen entsprochen und viele Aspekte der israelischen Besatzungspolitik für rechtswidrig erklärt, unter anderem die Wegnahme von Land und dessen Besiedlung. Auch die Einrichtung von »wilden« Siedlungen in sogenannten Outposts habe Israel entgegen dem Völkerrecht geduldet beziehungsweise durch Bereitstellung von Infrastruktur sogar befördert. Die Diskriminierung der Bevölkerung einschließlich willkürlicher, teils lang anhaltender Inhaftierung wertete der IGH als Verstoß gegen das Besatzungsrecht sowie gegen Art. 3 der Rassendiskriminierungskonvention, ließ allerdings offen, ob er sich hierbei auf das Verbot der Rassentrennung oder auf Apartheid bezog. Die Sondervoten lassen erkennen, dass diese Einordnung umstritten blieb.

» **Bisher war weder autoritativ geklärt, ob eine Besatzung vorliegt, noch, ob diese rechtmäßig ist.**

Brisanter als die erste Frage nach der Rechtmäßigkeit spezifischer Politiken und Handlungen war die zweite Frage, ob die israelische Besatzungspolitik die Besatzung nicht insgesamt rechtswidrig mache. Bisher war weder autoritativ geklärt, ob eine Besatzung vorliegt, noch, ob diese rechtmäßig ist.

Das Besatzungsrecht, das in seinem Kern aus der Zeit vor dem Ersten Weltkrieg stammt, stellt nur Verhaltensanforderungen an die Besatzungsmacht auf. Es geht von einem klassischen Krieg zwischen zwei Staaten aus, in dem die

Frage, ob eine Besatzung vorliegt, keine besondere Herausforderung darstellt. Es regelt auch nicht, wann die Besatzung enden muss. In der damaligen Praxis wurden Kriege meist rasch durch Friedensverträge beendet.

Entgegen dem Anraten der USA, sich aus aktuellen Konflikten herauszuhalten, stellt der IGH in seinem neuerlichen Gutachten zunächst fest, dass Israel das gesamte palästinensische Territorium besetzt hält. Hier folgt das Gericht der sogenannten funktionalen Theorie. Danach erfordert eine Besatzung im Rechtssinn keine physische Präsenz, sondern lediglich ein hohes Maß an Kontrolle über ein fremdes Gebiet. Somit gelte auch Gaza vor dem 7. Oktober 2023 bereits als besetzt. Den oft vorgebrachten Einwand, Palästina sei keine völkerrechtliche Entität und könne daher nicht besetzt werden, weist der Gerichtshof scharf zurück. Er bekräftigt das vielfach, einschließlich von der UN-Generalversammlung anerkannte Recht des palästinensischen Volkes auf Selbstbestimmung in seinem gesamten Gebiet, das eine unteilbare Einheit bilde.

Sodann zieht der IGH der Rechtmäßigkeit der Besatzung gewisse Grenzen. Wenngleich bereits dieser Umstand als progressiv gelten könnte, geht der IGH dabei jedoch sehr vorsichtig zu Werk. Maßgeblich sei das allgemeine Völkerrecht, zu dem das völkerrechtliche Gewaltverbot gehöre. Eine hiergegen verstoßende Annexion fremden Gebiets mache jedenfalls eine ursprünglich rechtmäßige Besatzung rechtswidrig. Israel habe es nach seiner Siedlungspolitik und den weiteren, unter der ersten Frage untersuchten Handlungen darauf angelegt, das Westjordanland zu annektieren. Mithin sei die Besatzung rechtswidrig; Israel müsse so bald wie möglich abziehen. Dies betrifft alle Teilgebiete des palästinensischen Territoriums, einschließlich Gaza. Für rechtswidrig besiedelte Orte müsse Israel Reparationen leisten.

» **Für rechtswidrig besiedelte Orte müsse Israel Reparationen leisten.**

Die Illegalität der Besatzung entbinde Israel schließlich nicht von der Pflicht, die Schutzvorschriften des humanitären Völkerrechts einzuhalten. Man möchte hinzufügen, dass dasselbe auch für Hamas gilt, hinsichtlich deren Angriff vom 7. Oktober 2023 der IGH klare Worte der Verurteilung findet.

Der IGH geht in diesem Gutachten vom Völkerrecht als einer kohärenten Friedensordnung aus. Völkerrecht ist danach kein Sammelsurium einzelner Regeln, die mächtige Staaten »à la carte« sich zu eigen machen oder aber von sich weisen können. Das Völkerrecht des IGH besteht aus einem engen Geflecht von miteinander in Beziehung stehenden Normen, die für alle Staaten gleichermaßen gelten. Diese Normen bedingen und begrenzen sich gegenseitig. Das Besatzungsrecht kann, wenngleich historisch älter, nicht ohne das Gewaltverbot gedacht werden.

Diese Haltung wurde eigentlich lange auch von der Bundesrepublik vertreten. Nicht umsonst gilt die Rede von der Konstitutionalisierung des Völkerrechts als gleichsam deutsche Erfindung, um nicht zu sagen Marotte. Darin kommt die Überzeugung zum Ausdruck, dass Politik nie rechtsbefreit existieren kann, sondern immer schon an rechtliche Grenzen gebunden ist. Eine feministische Außenpolitik bekräftigt dieses Versprechen, indem sie die Menschenrechte ins Zentrum rückt – einschließlich der Rechte marginalisierter Gruppen.

» **Der konstitutionelle Ansatz steht in engem Zusammenhang mit dem Multilateralismus in den internationalen Beziehungen.**

Der konstitutionelle Ansatz steht in engem Zusammenhang mit dem Multilateralismus in den internationalen Beziehungen. Auch ihn bemüht der IGH in der Entscheidung, indem er Generalversammlung und Sicherheitsrat die Planung und Umsetzung des israelischen Abzugs aufträgt und insoweit vermeidet, sich selbst als Konfliktmanager zu betätigen.

Das Gutachten sollte in Deutschland Anlass zu Überlegungen geben, wie sich Geopolitik in der gegenwärtigen Zeitenwende gestalten lässt. Die Zeitenwende wurde initial als Abkehr von der Gemütlichkeit der Nachwendezeit ausgerufen: Die Amerikaner liefern Sicherheit, die Russen die Energie, Europa und vor allem Deutschland erkauft sich die Vorteile durch Loyalität und allerlei Aufräumarbeiten. Das geht nicht mehr, seitdem die Konflikte zwischen Russland und der NATO-Welt unüberbrückbar und die Rückendeckung durch Amerika unsicher geworden sind.

Doch was tritt an die Stelle dieser Konstellation? Allenthalben werden Parallelen zum Kalten Krieg gezogen. Der Westen igle sich ein gegen den systemischen Konkurrenten China, den Unwägbarkeiten der Situation in den USA zum Trotz. Die europäische Handelspolitik folgt ziemlich genau diesem Schema und knüpft dementsprechend Loyalitäten, beziehungsweise erlässt Sanktionen.

Olaf Scholz rief jedoch die Zeitenwende aus, um eine Neuauflage des Kalten Kriegs zu vermeiden. Nicht das Völkerrecht »à la carte«, sondern die universellen Normen der Völkerrechtsordnung sollten Deutschlands Außenpolitik leiten. Kaum etwas anderes scheint der ambivalenten Lage des rohstoffarmen, alternden, von allerlei Begehrlichkeiten bedrängten Europas angemessen. Insofern wären gute Beziehungen zu den »blockfreien« Staaten des globalen Südens von großer Bedeutung. Auch sie wollen sich nicht vereinnahmen lassen, sondern nach beiden Seiten hin abstützen. Eine Nord-Süd-Allianz der Universalisten und Multilateralisten könnte hieran anknüpfen.

» **Nicht das Völkerrecht »à la carte«, sondern die universellen Normen der Völkerrechtsordnung sollten Deutschlands Außenpolitik leiten.**

Spätestens das Gutachten des IGH verdeutlicht, dass man insbesondere in Deutschland noch weit davon entfernt ist, die universellen Werte des Völkerrechts auch dann hochzuhalten, wenn es schmerzt. Das tritt nun an einigen Stellen deutlich zutage. Den Vorwurf der Apartheid an die Adresse Israels zu richten, stufte der Antisemitismusbeauftragte der Bundesregierung, Dr. Felix Klein, vor Kurzem noch als antisemitisch ein. Wenngleich das IGH-Gutachten diesen Punkt offenlässt, erlaubt es jedoch eine Lesart, nach der Apartheid vorliegt – so zumindest der südafrikanische Richter Dire Tladi, der in diesem Punkt heftigen Widerspruch vom deutschen Richter Nolte erntet.

Ein anderes Beispiel ist der Verweis auf demokratische, rechtsstaatliche Institutionen in Israel. Er dient großen Teilen des bundesdeutschen Diskurses zur Beschwichtigung bei Völkerrechtsverstößen. Dass der IGH nun die gesamte israelische Besatzungspolitik als völkerrechtswidrig einstuft, dies keineswegs auf die Taten der Netanjahu-Regierung begrenzt und damit der israelischen Justiz und Politik – die gerade die Zweistaatenlösung abgelehnt hat – kein gutes Zeugnis ausstellt, macht den Widerspruch zwischen der deutschen Israel-Politik und dem in der Zeitenwende beschworenen universellen Völkerrecht offensichtlich.

Um der Ankündigung der Zeitenwende Taten folgen zu lassen, ist hier ein Umdenken notwendig. Damit Deutschland nicht am Ende von drei Blöcken umgeben ist: neben den USA und China/Russland auch noch vom globalen Süden – womöglich gar im Verein mit einigen europäischen Staaten wie Irland, deren spezifische Geschichte diese anders auf den Nahen Osten blicken lässt. Neben dem Verlust an soft power wäre eine solche Konstellation nicht zuletzt für europäische Rohstoffdeals oder Migrationsfragen keine guten Nachrichten.

» **Ein weiterer, symbolisch wichtiger Schritt wäre die Anerkennung von Palästina als Staat.**

Dies bedeutet, dass Deutschland an der Umsetzung der IGH-Entscheidung eine konstruktive Rolle spielen sollte. Das betrifft nicht nur die bereits jetzt beträchtliche finanzielle Unterstützung für die palästinensische Autonomieregierung. Deutschland sollte multilateralen Lösungen hier den Vorrang einräumen und sie schützen – notfalls und in letzter Instanz auch mit Sanktionen, wie bei anderen gravierenden Völkerrechtsverstößen auch.

Ein weiterer, symbolisch wichtiger Schritt wäre die Anerkennung von Palästina als Staat. Wenngleich man an der Effektivität der palästinensischen Staatsgewalt zweifeln kann, nicht zuletzt wegen der Terrorherrschaft der Hamas, hat Deutschland in der Vergangenheit nicht immer der Effektivität den höchsten Rang eingeräumt. Die Anerkennung Palästinas würde für die nun unausweichlichen Verhandlungen über das Ende der Besatzung die Augenhöhe der beiden zentralen Verhandlungspartner herstellen. Zudem wäre sie ein wichtiges Zeichen im Hinblick auf die Zeitenwende – dessen Kurswert jedoch mit jedem Tag des Zuwartens sinken dürfte.

Um die Zeitenwende in der deutschen Politik und Gestaltung fest zu verankern, ist letztlich auch ein Umdenken in der Erinnerungspolitik erforderlich.

Die zentrale Stellung des Holocausts wird nicht bedroht, sondern gefestigt, indem der Holocaust stellvertretend für die Abgründe der Menschlichkeit steht, die jederzeit und jeden Orts aufbrechen können. Ein solches Gedenken ist inklusiv und verbindend. Es stützt sich nicht auf eine abstrakte, national gedachte und administrativ durchgeboxte Staatsräson, sondern auf jene konkrete, universale Utopie der Menschenrechte, um die es bei der Zeitenwende eigentlich geht.

MATTHIAS GOLDMANN ist Professor für Internationales Recht an der EBS Universität und Senior Research Fellow am Max-Planck-Institut für ausländisches öffentliches Recht und Völkerrecht in Heidelberg.

NOTHELFER IN NOT

Israelischer und internationaler Druck schränken das Palästinenser-Hilfswerk stark ein. Dabei ist die Bevölkerung in Gaza auf UNRWA angewiesen.

Von Muriel Asseburg | März 2024

Schon lange ist das 1949 gegründete Hilfswerk der Vereinten Nationen für Palästinaflüchtlinge im Nahen Osten denjenigen ein Dorn im Auge, die bestreiten, dass palästinensische Flüchtlinge ein Recht auf Rückkehr hätten, oder die dieses Recht nach über 75 Jahren endlich ad acta legen wollen. Dabei steht im Zentrum der Vorwürfe, mit denen sich UNRWA (UN Relief and Works Agency for Palestine Refugees in the Near East) konfrontiert sieht, dass es das Flüchtlingsproblem perpetuiere, indem es auch die Kinder und Kindeskinder der Flüchtlinge als solche anerkenne. Es sei Teil des Problems, nicht Teil der Lösung.

Doch noch nie waren die Vorwürfe gegen UNRWA so bedrohlich wie seit den Terroranschlägen vom 7. Oktober 2023 und dem durch sie ausgelösten Krieg im Gazastreifen. Die israelische Regierung bezeichnet das Hilfswerk nunmehr als »Frontorganisation der Hamas«, die ihre Existenzberechtigung verloren habe. Konkret warf sie der Organisation Ende Januar 2024 vor, dass zwölf Angestellte an den Gräueltaten des 7. Oktober beteiligt gewesen wären und dass darüber hinaus ein substanzieller Teil der Belegschaft in bewaffneten Gruppen aktiv sei. Im Februar 2024 kam die Anschuldigung hinzu, dass es unter dem UNRWA-Hauptquartier in Gaza-Stadt ein Datenzentrum der Hamas gegeben habe, das mit dem Strom- und IT-Netz des Hilfswerks verbunden gewesen sei. Stichfeste Beweise präsentierte Israel für die Anschuldigungen gegenüber den Mitarbeitern des Hilfswerks nach Aussagen von UNRWA-Verantwortlichen und Gebern bislang nicht. Unklar bleibt auch, warum Israel nicht bereits früher Einspruch gegenüber terrorverdächtigen Angestellten eingelegt hatte. Schließlich legt das Hilfswerk die Listen der Mitarbeitenden in Gaza und dem Westjordanland jährlich – und vor dem Krieg zuletzt im Mai 2023 – Israel vor. UNRWA-Angestellte haben zudem zu Protokoll gegeben, dass Geständnisse über Verbindungen zu militanten Gruppierungen durch psychischen und physischen Druck seitens Israel erpresst wurden. All dies muss selbstverständlich lückenlos aufgeklärt und die Verantwortlichen müssen zur Verantwortung gezogen werden.

» **Israel hat Maßnahmen ergriffen, die die Handlungsfähigkeit des Hilfswerks in den palästinensischen Gebieten stark einschränken könnten.**

Parallel zu den Anschuldigungen und einer internationalen Kampagne, die auf das *Defunding* von UNRWA abzielt, hat Israel Maßnahmen ergriffen, die die Handlungsfähigkeit des Hilfswerks in den palästinensischen Gebieten stark einschränken und seine Arbeit dort auf Dauer unmöglich machen könnten. Unter anderem wurde ein Konto des Hilfswerks bei einer israelischen Bank gesperrt. Es wurden Schritte eingeleitet, um die Organisation aus ihrem Hauptsitz für die palästinensischen Gebiete in Ost-Jerusalem zu vertreiben. Die Visumsvergabe für internationale Mitarbeitende wurde zeitlich auf zwei Monate beschränkt. Die Zollbehörden haben die Übergabe von Hilfsgütern an UNRWA blockiert. Israels Finanzminister kündigte an, die Steuerbefreiung der Organisation aufzuheben. Mitte Februar nahm die Knesset in erster Lesung einen Gesetzentwurf an, der UNRWA untersagen würde, auf Israels souveränem Territorium zu operieren. Dies würde es dem Hilfswerk auch unmöglich machen, Schulen und Gesundheitseinrichtungen in Ost-Jerusalem – etwa im Flüchtlingslager Shuafat – zu betreiben. Denn diese befinden sich im von Israel völkerrechtswidrig annektierten Jerusalemer Stadtgebiet. Im März berichteten Medien, dass UNRWA-Angestellte seit dem 7. Oktober im Westjordanland systematischen Schikanen ausgesetzt seien.

Dem Vorgehen scheint eine veränderte Haltung der Regierung Israels zugrunde zu liegen. Denn bei aller israelischer Kritik am Hilfswerk hatte doch die zuständige Einheit im Verteidigungsministerium, der Coordinator of Government Activities in the Territories, COGAT, bislang auf die stabilisierende Rolle UNRWAs gesetzt. Ende Dezember 2023 berichtete die Presse über einen als geheim eingestuften Bericht des israelischen Außenministeriums, der aufzeigt, wie UNRWA schrittweise aus dem Gazastreifen entfernt und ersetzt werden soll. In diesem Sinne sollte zunächst ein detaillierter Bericht über die Zusammenarbeit von UNRWA und Hamas ausgearbeitet, dann der Tätigkeitsbereich des Hilfswerks minimiert und Ersatzdienstleister gesucht und schließlich die Zuständigkeiten der Organisation auf andere Einrichtungen übertragen werden. Auch der Plan für die Phase nach dem Krieg im Gazastreifen, den Premier Netanjahu im Februar 2024 vorlegte, sieht vor, UNRWA durch andere Hilfsorganisationen zu ersetzen.

» **Keine andere Organisation kann die langjährige Erfahrung und die Infrastruktur aufbieten, die es braucht, um überlebenswichtige Nothilfe zu leisten.**

Dabei war die Arbeit des Hilfswerks für die Bevölkerung des Gazastreifens selten so überlebenswichtig wie angesichts des aktuellen Krieges. Keine andere Organisation kann die langjährige Erfahrung und die Infrastruktur – rund 13 000 Angestellte, Lagerhallen, Fahrzeuge, etc. – aufbieten, die es braucht, um angesichts einer sich abzeichnenden Hungersnot und des Zusammenbruchs der öffentlichen Ordnung (verursacht durch Kampfhandlungen und eine rigide Abriegelungspolitik) überlebenswichtige Nothilfe zu leisten. Dies betonen auch andere UN-Organisationen und humanitäre NGOs. Denn alle anderen UN-Hilfsorganisationen zählen zusammengenommen nur etwas über 200 Angestellte in dem Küstengebiet. Auch kann keine andere Organisation den rund 1,7 Millionen Binnenflüchtlingen Schutz bieten. UNRWA kann zumindest einen Teil von ihnen in seinen Gesundheits- und Bildungseinrichtungen unterbringen. Und mit seinem Engagement im Westjordanland und den Nachbarländern Israels (Jordanien, Libanon und Syrien) ist das Hilfswerk ein entscheidender Stabilitätsanker in einer durch langandauernde Konflikte und Bürgerkriege destabilisierten Region, die infolge des 7. Oktober 2023 und des Kriegs im Gazastreifen noch fragiler geworden ist.

Dennoch setzten 16 Länder infolge der israelischen Anschuldigungen ihre Zahlungen an UNRWA (teilweise) aus, darunter auch die größten bilateralen Geber, die USA und Deutschland. Damit stürzten sie das Hilfswerk ausgerechnet an einem Zeitpunkt, an dem es am meisten gebraucht wird, in eine existentielle Krise – und dies, obwohl der Internationale Gerichtshof (IGH) in einer einstweiligen Verfügung am 26. Januar unter anderem angeordnet hatte, ausreichend humanitäre Hilfe sicherzustellen. Dass es auch anders geht, zeigten unter anderem Irland, Norwegen, Belgien, Spanien und weitere Geber, die zwar eine gründliche Untersuchung der Vorwürfe forderten, die Bevölkerung Gazas aber nicht in Geiselhaft für die mutmaßlichen Vergehen Einzelner nahmen. Vielmehr setzten sie ihre Unterstützung für UNRWA bis zur Klärung der Vorwürfe fort beziehungsweise weiteten diese sogar aus.

Das Hilfswerk selbst entließ, entgegen dem üblichen Prozedere, bereits vor einer Überprüfung der israelischen Vorwürfe zehn der beschuldigten Mitarbeiter (zwei weitere waren ums Leben gekommen) und leitete zwei Prozesse ein: eine Untersuchung durch das UN-eigene Amt für interne Aufsichtsdienste (Office for Internal Oversight Services, OIOS), die die Anschuldigungen gegen die Mitarbeiter überprüfen soll, und eine durch eine von der ehemaligen französischen Außenministerin Catherine Colonna geleitete unabhängige Prüfung aller Aufsichts- und Schutzmechanismen, die Neutralität der Organisation gewährleisten sollen. Colonna legte am 20. März dem UN-Generalsekretär einen Zwischenbericht vor, ein Abschlussbericht soll einen Monat später folgen.

» **Auch durch eine Abschaffung von UNRWA oder eine Übertragung seiner Kompetenzen an andere Organisationen würde sich das palästinensische Flüchtlingsproblem nicht einfach in Luft auflösen.**

Bereits nach einem ersten (vertraulichen) Zwischenbericht des OIOS vom 29. Februar nahmen Kanada, Schweden, Australien, Dänemark und die EU ihre Zahlungen wieder auf. Allerdings ist damit die Zukunft von UNRWA noch lange nicht in trockenen Tüchern. Denn es ist zum einen davon auszugehen, dass die Finanzierung des Hilfswerks weiterhin prekär bleibt – nicht zuletzt, weil eine volle Wiederaufnahme der Unterstützungsleistungen seitens der USA durch den Kongress zunächst blockiert und durch eine mögliche Trump-II-Regierung nicht wieder aufgenommen werden dürfte. Zum anderen setzt Israel zunehmend auf humanitäre Hilfe unter Umgehung des Hilfswerks, etwa über den Seekorridor aus Zypern oder durch Abwürfe aus der Luft. Nothilfe kann allerdings ohne UNRWA im Gazastreifen derzeit nicht in der benötigten Menge und gemäß humanitären Standards verteilt werden. Schwerwiegende Verteilungskonflikte sind damit vorprogrammiert.

Deutschland, als prominenter Geber, sollte deshalb zeitnah seine finanzielle Unterstützung für das Hilfswerk in Gaza wieder aufnehmen und – am besten gemeinsam mit der Biden-Administration – auf Israel einwirken, die Arbeit der Organisation nicht zu blockieren. Dies hätte neben der materiellen auch eine wichtige Signalwirkung. Ein Waffenstillstand, umfassender humanitärer Zugang und der effektive Schutz der Nothelferinnen und Nothelfer sind essenzielle Voraussetzungen, um das Leid der Zivilbevölkerung zu lindern und eine Hungerkatastrophe zu verhindern.

Das Hilfswerk muss sich in einem äußerst komplexen Umfeld nicht nur mit Israel, sondern auch mit den lokalen Machthabern (zumindest auf der operativen Ebene) ins Benehmen setzen. Um es künftig noch besser gegen Unterminierung abzusichern und seine Neutralität zu gewährleisten, sollte Deutschland UNRWA auch dabei unterstützen, noch zu entwickelnde Handlungsempfehlungen, die sich aus dem in den Zwischenberichten von OIOS und Colonna identifizierten Reformbedarf ergeben, sowie die Zusagen des UNRWA-Generalkommissars vom 6. März 2024 gegenüber der EU umzusetzen. Letztere zielen darauf ab, die internen Kontrollmechanismen der Agentur zu überprüfen, die Listen der Angestellten von nun an, wie gefordert, vierteljährlich Israel vorzulegen und die Belegschaft in Bezug auf Neutralität noch besser zu kontrollieren und fortzubilden.

Es liegt auf der Hand: Auch durch eine Abschaffung von UNRWA oder eine Übertragung seiner Kompetenzen an andere Organisationen würde sich das palästinensische Flüchtlingsproblem nicht einfach in Luft auflösen. Um es konstruktiv zu bearbeiten, bräuchte es vielmehr eine Einigung, die sowohl das in UNGV-Resolution 194 verbriefte individuelle Recht der Flüchtlinge auf Rückkehr oder Entschädigung als auch die Interessen der derzeitigen Aufnahmestaaten und Israels einbezieht. Ansätze dazu sind von den Konfliktparteien bereits in den Annapolis-Verhandlungen 2008 besprochen worden. Nichtregierungsvertreterinnen und -vertreter beider Seiten haben sie in Blaupausen für eine Konfliktregelung, wie der Genfer Initiative von 2003 und der Holy Land Confederation von 2022, weiter ausgearbeitet. Mit einer politischen Regelung der Palästina-Frage, die auch eine gerechte und nachhaltige Lösung für das Schicksal der Flüchtlinge einbezieht, würde das Hilfswerk rasch überflüssig. Das sollte ein weiterer Anreiz sein, sich für eine tragfähige Konfliktregelung stark zu machen. Bis dahin gilt es auch Optionen zu eruieren, wie die Finanzierung der Organisation besser sichergestellt werden kann, etwa durch Partnerschaften mit anderen UN-Organisationen, einer Erhöhung des Anteils, der dem Hilfswerk aus dem regulären UN-Budget zufließt, oder einer Vereinbarung über eine Lastenteilung mit den Mitgliedstaaten.

DR. MURIEL ASSEBURG ist Senior Fellow in der Forschungsgruppe Afrika und Mittlerer Osten bei der Stiftung Wissenschaft und Politik (SWP) in Berlin.

RUSSLANDS ANGRIFFSKRIEG AUF DIE UKRAINE

GRUND ZUR SORGE?

Die militärische Lage der NATO gegenüber Russland ist komplexer, als es die reinen Verteidigungsausgaben vermuten lassen.

Von Holger Janusch | Juli 2024

Seit dem Angriffskrieg Russlands gegen die Ukraine stehen die Unterfinanzierung und der Reformbedarf der Bundeswehr im medialen und politischen Fokus. Deutschland sei nicht verteidigungsfähig oder kriegstüchtig; eine Zeitenwende nötig. Auf der Gegenseite halten Stimmen aus politischen Parteien, wie der AfD, BSW, Linken und dem linken Flügel der SPD, aber auch aus der Wissenschaft eine Erhöhung der Verteidigungsausgaben für unnötig oder gar gefährlich. Erstens führe eine Aufrüstung zu einem Wettrüsten und erhöhe die Gefahr einer Eskalation mit Russland. Zweitens bestehe kein Grund zur Sorge, da die Verteidigungsausgaben der NATO im Vergleich zu Russland um ein Vielfaches höher seien. So wird häufig betont, dass in 2023 die NATO-Staaten 1341 Milliarden US-Dollar, davon entfallen 916 Milliarden auf die Vereinigten Staaten, für Verteidigung ausgaben, während Russlands Verteidigungsetat nur 109 Milliarden US-Dollar umfasse. Die NATO-Staaten geben im Vergleich zu Russland somit das Zwölffache für Verteidigung aus: also kein Grund zur Sorge.

Ein kritischer Blick auf die Daten belegt jedoch, dass die militärische Lage ausgeglichener ist, als es die Verteidigungsausgaben nahelegen. Allen voran sollten Verteidigungsausgaben zur Bestimmung der Bedrohungslage unter Berücksichtigung der Kaufkraftparität miteinander verglichen werden. So lassen sich in vielen Ländern, wie Russland oder China, für jeden Dollar relativ mehr militärische Waren und Dienstleistungen kaufen als in den meisten NATO-Staaten, darunter die Vereinigten Staaten und Deutschland. Peter E. Robertson entwickelte eine Methode zur Berechnung der Wechselkurse für militärische Kaufkraftparität. Bei der Betrachtung der Verteidigungsausgaben nach Kaufkraftparität ändert sich die Bewertung der militärischen Lage drastisch. Das Verhältnis bei den Verteidigungsausgaben der NATO-Länder gegenüber Russland liegt dann nicht mehr bei 12:1, sondern nur noch bei 4:1.

» **Zu Recht beklagen beide Parteien in Washington, dass die Vereinigten Staaten eine unverhältnismäßige Last innerhalb der NATO tragen.**

Ohne die Vereinigten Staaten als Bündnispartner läge das Verhältnis sogar bei unter 2:1. Ein Wegfall der USA als zuverlässiger Verbündete wäre mit der Wiederwahl Donald Trumps denkbar, insbesondere wenn keine fairere Lastenverteilung zwischen den NATO-Staaten erreicht wird. Zu Recht beklagen nicht nur Donald Trump, sondern beide Parteien in Washington, dass die Vereinigten Staaten eine unverhältnismäßige Last des Bündnisses tragen. Zusätzlich wäre durch den Wegfall amerikanischer Kommandostrukturen, Logistik, militärischer Aufklärungsfähigkeiten und nachrichtendienstlicher Zusammenarbeit der Schaden für die europäische Verteidigung weitaus größer, als es die Verteidigungsausgaben erahnen lassen.

Aber selbst wenn die USA ein zuverlässiger Bündnispartner blieben, verzerrt eine ausschließliche Berücksichtigung der Verteidigungsausgaben die militärische Einschätzung an der Ostflanke der NATO. Das Militär der Vereinigten Staaten ist über die gesamte Welt verteilt. So müssen die USA immense Kosten für eine globale Logistik und Militärstützpunkte tragen. Viele militärische Kräfte der Vereinigten Staaten werden in anderen Regionen der Welt, wie dem Nahen Osten und Indopazifik, eingesetzt. Käme es zum Beispiel zu einer Eskalation um Taiwan, könnte dies ein Großteil der amerikanischen Streitkräfte binden. Auf eine solche Situation sollten die europäischen NATO-Staaten vorbereitet sein.

Auch die Zusammensetzung der Verteidigungsausgaben gilt es bei der Einschätzung der Verteidigungsfähigkeit zu berücksichtigen. Die gesamten Verteidigungsausgaben verraten nicht, wie viel ein Land für Ausrüstung, Personal, Einsätze und Wartung ausgibt. Im Jahr 2024 wird der Anteil für die Beschaffung von militärischer Ausrüstung und Forschung auf 28,7 Prozent der gesamten Verteidigungsausgaben Deutschlands geschätzt, während 38,5 Prozent für Einsätze und Wartung und 29,6 Prozent für Personal ausgegeben werden. In den 2010er Jahren lag der Anteil für Ausrüstung und Forschung nur bei rund zwölf Prozent. Sicherlich lässt sich hier einwenden, dass Russland hohe Einsatzkosten und Verluste militärischer Kapazitäten in der Ukraine aufweist. Dennoch stellt sich weiterhin die Frage, inwiefern die Bundeswehr für einen dauerhaften Konflikt gewappnet ist.

» Um die Bundeswehr wieder fit für die klassische Landesverteidigung zu machen, bedarf es massiver Investitionen.

Auch erfassen die Zahlen zu den Verteidigungsausgaben nicht den Umstand, dass die Bundeswehr in den letzten Dekaden vor allem den Auftrag der Terrorismusbekämpfung und Friedenssicherung hatte, während der klassische Auftrag der Landesverteidigung vernachlässigt wurde. Seit dem Ende des Kalten Krieges hat die Bundeswehr nicht nur ein hohes Investitionsdefizit angehäuft, sondern die getätigten Investitionen und Anschaffungen galten einem völlig anderen Auftragsprofil. Um die Bundeswehr wieder fit für die klassische Landesverteidigung zu machen, bedarf es massiver Investitionen. Hier wird ein einmaliges Sondervermögen nicht ausreichen.

Gleiches gilt für die deutsche und europäische Verteidigungsindustrie, die erst langsam Produktionskapazitäten im Zuge des Ukrainekrieges aufbaut, um Rüstungsgüter und Munition im Falle eines militärischen Großmachtkonflikts ausreichend bereitstellen zu können. Die Europäische Union sieht ein enormes Investitionsdefizit in der europäischen Verteidigungsindustrie. Selbst die amerikanische Verteidigungsindustrie ist für einen langfristigen Konflikt mit China nicht aufgestellt, wie die US-Regierung in der National Defense Industrial Strategy darlegt. Sowohl in der Europäischen Union als auch den Vereinigten Staaten bedarf es eines stabilen Verteidigungsetats, der der Verteidigungsindustrie langfristige Planbarkeit und Investitionssicherheit bietet.

Sicherlich lassen sich weitere Faktoren nennen, die sich auf das militärische Lagebild zwischen der NATO und Russland auswirken, aber nicht von den Verteidigungsausgaben erfasst werden: der technologische Vorsprung der NATO, die Effektivität der Militärdoktrin oder die Kampferfahrung der Streitkräfte. Es muss auch berücksichtigt werden, dass die Verteidigungsausgaben in Demokratien transparenter sind als in autokratischen Systemen, deren tatsächliche Verteidigungsausgaben meist schwerer zu schätzen sind. Manche dieser Faktoren mögen für ein sorgenloseres Lagebild, andere für ein bedrohlicheres sprechen.

Das Argument hier ist nicht zwingend für oder gegen eine Erhöhung des Verteidigungsetats, sondern für einen sorgfältigeren Umgang mit Daten. Die Verteidigungsausgaben ohne Berücksichtigung von Kaufkraftparität, der Zusammensetzung der Ausgaben, den operativen Zustand der Bundeswehr und militärisches Lagebild vermitteln ein stark verzerrtes Bild. Sie sind ein unzureichender Indikator für die Messung der militärischen Kräfteverhältnisse und Bedrohungslage. Der Unterschied zwischen den Verteidigungsausgaben der NATO und Russland wirkt zunächst übermächtig. Er legt schnell nahe, Argumente für eine Erhöhung des Verteidigungsetats als absurd abzulehnen. Die oberen Argumente veranschaulichen hingegen, dass die Sachlage nicht so einfach und eindeutig ist. Es bedarf umfassender Analysen und Expertise zu allen angesprochenen Sachverhalten und mehr, um den finanziellen Bedarf für eine funktionierende Abschreckung und bei deren Versagen möglichst effektive Verteidigung einschätzen zu können.

Auch wenn komplexe Sachverhalte für die öffentlichen Debatten vereinfacht werden müssen, wäre von Wissenschaftlerinnen und Wissenschaftlern ein reflektierter Umgang mit Daten zu erwarten. Politikerinnen und Politiker wiederum sollten bedachter sicherheitspolitische Argumente wählen. Eine Sicherheitspolitik, basierend auf einer unkritischen Betrachtung der Verteidigungsausgaben, offenbart nicht nur ein unzureichendes Verständnis für die komplexe Daten- und Sachlage, sondern wäre zutiefst verantwortungslos. Dadurch werden erstens mögliche schmerzhafte und notwendige Reformen für die Landesverteidigung in der Öffentlichkeit delegitimiert. Zweitens führt es zu vorschnellen Schlüssen und möglichen Fehlentscheidungen, die langfristig die nationale und europäische Sicherheit gefährden können. Wenn politische Parteien der nationalen und europäischen Sicherheit gerecht werden wollen, müssen sie die Komplexität der sicherheitspolitischen Lage erfassen und der Öffentlichkeit differenziert vermitteln können.

PROF. DR. HOLGER JANUSCH ist Professor für Internationale Politik mit dem Schwerpunkt Außen- und Sicherheitspolitik der USA am Fachbereich Nachrichtendienste der Hochschule des Bundes für öffentliche Verwaltung in Berlin.

DEM NARREN DIE BÜHNE ÜBERLASSEN

Die EU regt sich über Orbáns Friedensmission auf. Dabei verschläft sie, selbst die Initiative zu ergreifen.

Von Almut Rochowanski | Juli 2024

Als Viktor Orbán die empörte Reaktion von EU-Vertretern und Mitgliedstaaten auf sein Treffen mit Putin damit abschmetterte, dass »Brüsseler bürokratischer Unfug keinen Erfolg in der Suche nach Frieden« gebracht hätte, seufzte ein kanadischer Experte: »Ich bin kein Fan von Orbán, aber da hat er nicht Unrecht.« Die Maßnahmen der EU-Spitze und der Mitgliedstaaten gegen Orbán wirken kleinlich und gouvernantenhaft. Man mokiert sich über »inakzeptablen Tabubruch« und will »Kante zeigen«, aber das sind nur Befindlichkeiten, keine inhaltliche Kritik. Der juristische Dienst der EU konstatierte verdächtig rasch, dass Orbán den »Geist der Loyalität und der gegenseitigen Solidarität« verletzt habe. Laut einem ehemaligen EU-Beamten und nun unabhängigen Brüsseler Experten ist das »problematisch, weil Politik keine rein juristische Angelegenheit sein kann«. Das bringt uns nicht weiter und hilft niemandem.

Wo sind die respektablen europäischen Staats- und Regierungsoberhäupter? Nach dem Sprichwort: »Wenn nur noch die Narren die Wahrheit sagen, stimmt irgendwas nicht bei Hofe« – warum nehmen sie Orbán nicht den Wind aus den Segeln, indem sie selbst eine politische Lösung andenken? Warum überlassen sie ihm den Frieden, unser kostbarstes Gut, während sie im Schulterschluss den Kopf in den Sand stecken? Immerhin zeigen die jüngsten Umfragen, dass eine überwiegende Mehrheit der Europäer Verhandlungen will. Der Brüsseler Experte meint, dass die Sanktiönchen, die einige Mitgliedstaaten und die Kommission jetzt gegen Orbán anwenden, ihn wichtiger aussehen lassen, als er ist. »Orbán ist eigentlich ein Trickbetrüger. Er signalisiert an Trump, seine anderen Fans und die ungarische Bevölkerung, dass er einer der Ihren ist und politische Statur hat. Es geht ihm nicht um Resultate, weil er ja immer sagen kann, dass andere seine Bemühungen sabotiert haben.«

»» Orbáns Reise war eine ziemlich dilettantische Aktion.

Der ungarische Journalist Csaba Tóth kritisiert, dass die EU Orbáns Exzessen schon lange etwas entgegenstellen hätte sollen, etwa als er im Laufe der Flüchtlingskrise 2015 massive Menschenrechtsverletzungen verantwortete. »Damals sahen wir aber kaum eine Reaktion. Und nun auf einmal soll Orbán rote Linien übertreten haben und wird bestraft? Weil er Détente zwischen Russland und der Ukraine anstrebt? Das gibt den Menschen hier zu denken.« Tatsächlich war Orbáns Reise eine ziemlich dilettantische Aktion. So sieht professionelle, seriöse Diplomatie nicht aus. Das muss er auch wissen, denn nach insgesamt 18 Jahren als Premierminister ist er ein alter Hase.

Seit dem Ausbruch des »großen Krieges« – wie ihn meine ukrainischen Bekannten nennen – im Februar 2022 hat die politische Klasse Europas scheinbar vergessen, wie Diplomatie funktioniert, beziehungsweise dass sie überhaupt existiert. Angesichts dieser kollektiven Amnesie muss man an Dinge erinnern, die allgemein bekannt sein sollten: Diplomatie lebt von Diskretion. Man pflegt langfristig die Beziehungen, auf die man im Ernstfall bauen kann. Wenn ein Konflikt das sogenannte »Reifestadium« erreicht, fangen Sondierungsgespräche an, eventuell durch neutrale Dritte vermittelt oder auch mithilfe von einflussreichen Privatpersonen (»Track-II Diplomatie«). Wenn es um besonders haarige Dinge geht, wird zunächst vertraulich und nur zwischen Unterverhandlern kommuniziert, um Druck von Gegnern und sogenannten Spoilern, die absichtlich Verhandlungen platzen lassen wollen, zu vermeiden. Man redet erst einmal ohne Vorbehalte, um zu eruieren, was die andere Seite denkt und will. Daraus kann eine erste Verhandlungsgrundlage entstehen. Öffentlich wird erst dann verhandelt, wenn alle Parteien grundsätzlich an Bord sind und es danach aussieht, dass man tatsächlich etwas erreichen kann. Zu Treffen auf höchster Ebene kommt es normalerweise erst, wenn die Verhandler sich auf die meisten Punkte geeinigt haben, die oft umfangreichen technischen Details ausformuliert sind und die Abmachung unterschriftsreif ist. Denn Staats- und Regierungsoberhäupter wollen nicht gerne mit Fehlschlägen in Verbindung gebracht werden (außer sie wollen plakativ zeigen, dass man mit diesem oder jenen Gegenüber nichts erreichen kann).

»Orbán ging es wohl ums Rampenlicht – oder vielleicht genau darum, bei den Kollegen im EU-Rat Schnappatmung auszulösen.

Orbán hat also den Pflug vor den Ochsen gespannt. Ohne triftigen Grund, denn Budapest hat Botschaften in Moskau und Peking, deren Mitarbeiter derartige Gespräche diskret führen könnten. Es ging ihm wohl ums Rampenlicht – oder vielleicht genau darum, bei den Kollegen im EU-Rat Schnappatmung auszulösen. Die EU-Mitgliedstaaten, die jetzt beleidigte Leberwurst spielen, die Kommission und Orbán betreiben alle *gaslighting* der Bürger Europas: Die einen erzählen, dass Diplomatie und eine politische Suche nach Frieden und Sicherheit nicht nur unmöglich und absurd sind, sondern unmoralisch und tabu; der andere tut so, als ob die großen, alten Männer, die die Weltgeschicke leiten, in ein paar Stunden unter vier Augen (wenn auch mit viel Blitzlicht und roten Teppichen) komplexe Probleme lösen können. Beides ist nicht seriös.

Trotz allem kann man Orbán nicht a priori absprechen, dass ihm der Friede ein echtes Anliegen ist, sei es aus moralischen, sei es aus praktischen Beweggründen. Immer wieder haben Staatsmänner, die anderweitig höchst problematisch waren, enorme Beiträge für den Frieden geleistet. Metternich wäre hier zu erwähnen, oder etwa Richard Nixon. Und der türkische Präsident Recep Erdoğan, dessen Regierung die bislang wichtigste Rolle in Friedensverhandlungen zwischen Russland und der Ukraine gespielt hat – erst als Vermittler der erstaunlich produktiven Verhandlungen zwischen der Ukraine und Russland im Frühjahr 2022, dann als Abwicklungszentrum der Schwarzmeer-Getreide-Initiative.

Damit ist nicht gemeint, dass Orbán diese Rolle weiterhin im Alleingang spielen soll. Ganz im Gegenteil: Europas Regierungen und Institutionen sollten endlich Verantwortung für den Frieden auf unserem Kontinent übernehmen. Die Perspektive muss aber geradegerückt werden: Weg von der Vorstellung, dass nur die astreinsten Demokraten Friedensarbeit machen dürfen (wenn sie sich endlich einmal dazu durchgerungen haben), hin zu einer realistischeren, pragmatischeren und professionelleren Sicht der Diplomatie. Die allerwenigsten Kriege enden mit einem Siegfrieden, und die allermeisten enden mit Verhandlungen, auch wenn diese oft nur zu einem de facto Einhalten der Kampfhandlungen führen, wie etwa in Kaschmir, Zypern und der koreanischen Halbinsel. Der Ukraine gehen nicht nur die Soldaten aus, sondern, durch Flucht und kollabierende Geburtenraten, ganz elementar die Menschen. Das Land blutet aus, es verliert seine Zukunft.

» **Europas Regierungen und Institutionen sollten endlich Verantwortung für den Frieden auf unserem Kontinent übernehmen.**

Dass der Krieg für beide Seiten nicht zu gewinnen ist, ist im amerikanischen Diskurs, anders als im deutschsprachigen Raum, nicht kontrovers. Die amerikanische Regierungsposition ist seit jeher, dass der Krieg mit Verhandlungen enden wird, allerdings erst dann, wenn die Ukraine die militärische Oberhand erlangt und damit eine bessere Ausgangslage für Verhandlungen hat. Davon kann aber seit mittlerweile eineinhalb Jahren nicht mehr die Rede sein, trotz massiver Unterstützung aus dem Westen, die in der fehlgeschlagenen Gegenoffensive im Sommer 2023 kulminierte. Das Abkommen, das die Ukraine im Frühling 2022 am Verhandlungstisch in Istanbul erzielte, erscheint heute unerreichbar – eine Erkenntnis, die so tragisch ist, dass es einem den Atem verschlägt.

Europas Regierungen können nun aus dem Schmollwinkel über Orbán herziehen und dann stillschweigend wieder zur Tagesordnung übergehen. Oder sie könnten seinen ungelenken, möglicherweise zynischen Vorstoß als Herausforderung sehen, es besser zu machen. Das heißt vor allem auch, alles das, was in den letzten Jahrzehnten über die Beendigung von bewaffneten Konflikten gelernt wurde, anzuwenden. Also etwa das Konzept des *people-centered peace*, welches *human security*, also die subjektive Sicherheit der vom Krieg betroffenen Menschen (im Gegensatz zu rein militärisch-politischer Sicherheit), ihre Rechte und ihr Wohlergehen in den Mittelpunkt stellt und damit nachweislich nachhaltigeren Frieden erzielt. Oder, gemäß UNO-Sicherheitsratsresolution 1325, die gleichberechtigte Teilnahme von Frauen auf allen Ebenen derartiger Prozesse.

» Dass der Krieg für beide Seiten nicht zu gewinnen ist, ist im amerikanischen Diskurs, anders als im deutschsprachigen Raum, nicht kontrovers.

Es wurde viel darüber spekuliert, ob Boris Johnson im Frühling 2022 der Ukraine angeordnet hat, die Verhandlungen abzubrechen und weiterzukämpfen. Falsch ist es, nur zu fragen, was passiert wäre, wenn Johnson damals nichts getan hätte, denn »Nichts tun« war nicht die einzige Alternative für den Westen. Die richtige Frage lautet, was geschehen wäre, wenn Europa die Verhandlungen gemeinsam mit der Türkei tatkräftig unterstützt und der Ukraine diplomatische Schützenhilfe geboten hätte.

Nicht alle Friedensprozesse gehen unausweichlich gut aus. Oft scheitern sie einige Male, bevor sie greifen. Sie können Jahre andauern. Aber ich stelle die Behauptung in den Raum, dass, wenn wir im Frühling 2022 die Chance auf Diplomatie ergriffen hätten, heute Zehntausende und vielleicht Hunderttausende Menschen noch am Leben wären und Millionen enormen Schmerz und Trauma nie erfahren hätten. Das sollte zu denken geben. Wir können doch Diplomatie. Mindestens genauso gut wie Waffen bauen und in die Ukraine verfrachten, und sicherlich besser als Orbán.

ALMUT ROCHOWANSKI ist Aktivistin und unterstützt seit 20 Jahren die Zivilgesellschaft in der ehemaligen Sowjetunion, mit Schwerpunkt Friedensarbeit und Frauenrechte.

ALLES HAT SEINE ZEIT

Immer wieder wird zur Verständigung mit Russland eine Rückbesinnung auf die Ostpolitik gefordert. Doch diese ist keine Blaupause für die Gegenwart.

Von Bernd Rother | August 2024

Seit dem russischen Einmarsch in die Ukraine steht auch die Ostpolitik von Willy Brandt und Egon Bahr wieder in der Diskussion. War sie der Beginn eines Sündenfalls, eines naiven Umgangs mit Russland? Oder kann sie uns heute zeigen, wie der Weg zum Frieden aussehen sollte? Lässt sich mit der damals entwickelten Methode – mit der Anerkennung der Realitäten, die im Anschluss in kleinen Schritten verändert werden sollen – wieder eine friedliche Koexistenz mit Russland erreichen, wie dies zuletzt Hans Kundnani im IPG-Journal vorschlug?

Die Anerkennung der Realitäten durch Deutschland als Ausgangspunkt für einen Friedensprozess in der Ukraine zu fordern, hat einen großen Haken. Die Ostpolitik bedeutete, dass die Bundesrepublik aufhörte, die Grenzen infrage zu stellen, in denen die Deutschen nach 1945 lebten, also die Westgrenze Polens, und dass sie dazu bereit war, die DDR als Staat anzuerkennen. Welche Realität soll und kann Deutschland heute anerkennen? Damit kann nur die russisch-ukrainische Grenze gemeint sein. Deutschland solle also die Annexion der Krim und des Donbass anerkennen. Was die Ukraine dazu sagen würde, bleibt bei solchen Forderungen eine Leerstelle. Mit der Ostpolitik, die auf die Wahrung der Chance zur nationalen Einheit der Deutschen zielte, hat dies nichts zu tun. Stattdessen erinnert es an das »Konzert der Großmächte« des 19. Jahrhunderts, in dem einige Staatslenker über das Schicksal von Völkern und Staaten entscheiden wollten. Willy Brandt hingegen orientierte sich am Recht auf nationale Selbstbestimmung.

» **Eine deutsch-russische Verständigung ohne Einschaltung der Ukraine widerspräche dem ostpolitischen Erbe.**

Ein Beispiel: Ende 1969 bat Brandt die polnische Regierung um Verständnis dafür, dass angesichts der Machtverhältnisse der erste Vertrag mit der Sowjetunion ausgehandelt werden müsse und Polen erst an zweiter Stelle komme. Eine Politik über Polen hinweg war ihm ein Graus, wie er auch grundsätzlich nach seinen Erfahrungen im skandinavischen Exil die kleineren Staaten nicht als *Verhandlungsmasse* ansah. Eine deutsch-russische Verständigung ohne Einschaltung der Ukraine widerspräche dem ostpolitischen Erbe. Die Ukraine kann entscheiden, ob sie »die Realitäten anerkennen« will oder nicht. Sie dazu zu zwingen, wäre nicht nur gegen den Geist der Brandt'schen Außenpolitik, sondern auch keine Basis für einen dauerhaften Frieden.

Und überhaupt das Erbe. Einer der meist zitierten Sätze von Brandt lautet: »Jede Zeit will eigene Antworten.« Das war nicht nur eine Mahnung an seine Nachfolger, das galt auch für seine eigene Politik. In Westberlin war er eigenem Bekunden nach »Kalter Krieger«, um die Freiheit der Teilstadt zu verteidigen. Als sich später die Chance bot, nutzte er die Möglichkeiten zur Entspannung, aber ohne die Verteidigungsfähigkeit der Bundesrepublik zu schwächen.

Das war eine »realistische« Politik, aber sie hatte auch eine transformative Absicht. Brandt und Bahr waren von der Überlegenheit, von der Attraktivität des westlichen Gesellschaftsmodells überzeugt. Sie wollten durch eine Vielzahl von Kontakten auf die Gesellschaften des Ostens einwirken, in der Erwartung, dass dort eine allmähliche Transformation stattfinden werde. Der »Wandel durch Annäherung« – eine unglückliche, weil missverständliche Formulierung, die Brandt nie verwendete – sollte einzig im Osten stattfinden.

Heute auf die Ostpolitik der 1960er und 1970er Jahre zurückzugreifen, wäre nicht im Sinne von Willy Brandt. Sie war ein zeitgebundenes, durchdachtes, konsistentes Projekt, mit dem aufeinander abgestimmt die Beziehungen zur

Sowjetunion, zu Polen, zur DDR und zur Tschechoslowakei entspannt werden sollten. Dieses Projekt fand 1989/91 sein Ende, als sein Objekt, der Ostblock, verschwand. Stattdessen bedarf es heute gänzlich neuer Ansätze, die gegenüber Russland und Belarus anders ausfallen müssen als gegenüber Polen und dem Baltikum. Es bedarf einer Vielzahl von »Politiken«, eine »Ostpolitik« aus einem Guss ginge an der Realität vorbei. Dass bei der Konzeptionierung dieser Politiken »kleine Schritte« eine Option sein können, ist zutreffend, aber dieser Hinweis alleine hilft nicht viel weiter.

» **Heute auf die Ostpolitik der 1960er und 1970er Jahre zurückzugreifen, wäre nicht im Sinne von Willy Brandt.**

Auch sonst sind die Umstände nicht vergleichbar mit denen vor 50, 60 Jahren – eine Binsenweisheit, die aber doch kein Allgemeingut zu sein scheint. Damals kam das Angebot zur friedlichen Koexistenz aus Moskau. Brandt und Bahr gehörten – anders als die CDU/CSU – zu denen, die testen wollten, wie ernsthaft dies gemeint war. Die Sowjetunion bewegte sich in dieser Zeit im Innern und nach außen weg vom wahllosen Stalin'schen Terror hin zu einer regelbasierten Diktatur. Ein Rechtsstaat wurde sie dadurch nicht, aber sie wurde berechenbarer. Wladimir Putins Russland hat seit seinem Amtsantritt den genau gegenläufigen Weg eingeschlagen. In der Innen- wie in der Außenpolitik wurde Moskau immer willkürlicher, immer unberechenbarer. »Friedliche Koexistenz« gehört nicht zum außenpolitischen Angebot Putins, er fordert Unterwerfung unter seine Hegemoniegelüste. Mit ihm kann man nicht verhandeln wie mit Leonid Breschnew, auch wenn beide Diktatoren sind beziehungsweise waren. Putin verfolgt ein aggressives, imperialistisches Programm und will die bestehenden Grenzen verändern, während der KPdSU-Chef vor über 50 Jahren die damaligen Grenzen des sowjetischen Einflussbereichs zementieren wollte. Das eine Programm bedeutete Frieden – wenn auch nach innen der Friedhofsruhe ähnelnd. Das andere Programm, das von Putin, bedeutet Krieg. Friedliche Koexistenz mit Russland kann es nur geben, wenn auch zwischen der Ukraine und Russland Frieden herrscht.

All das mindert überhaupt nicht den berechtigten Stolz der Sozialdemokratie auf den Mut, die Weitsicht und die Kreativität von Willy Brandt und Egon

Bahr, mit der sie ab Mitte der 1960er Jahre zu Werke gegangen sind. Nur Geschichtsvergessene stellen heute noch in Abrede, dass dies eine Politik auf der Höhe der Zeit war. Kaum ein Politiker der Union, der nicht in Podiumsdiskussionen konzediert, dass CDU und CSU vor 50 Jahren falsch lagen, als sie die Ostpolitik bekämpften. Stolz auf Vergangenes darf aber nicht den Blick darauf verstellen, dass heute wieder ein neues Denken vonnöten ist.

BERND ROTHER ist Historiker und Senior Research Fellow der Bundeskanzler-Willy-Brandt-Stiftung. Seine Forschungsschwerpunkte sind die Geschichte der deutschen und europäischen Arbeiterbewegung, die deutsche Zeitgeschichte und die Braunschweiger Regionalgeschichte.

MUT ZUM LÜCKESCHLIESSEN

Koordinierte Bemühungen zum Beenden des Krieges in der Ukraine gibt es bislang nicht. Höchste Zeit, dieses Manko zu beheben.

Von Christos Katsioulis und Walter Kemp | August 2024

In der Europäischen Union sorgten die »Friedensmissionen« des aktuell amtierenden Ratsvorsitzenden Viktor Orbán zuletzt für Unruhe. Die Diskussion drehte sich vor allem um die Frage, wer für die EU spricht und inwiefern dergleichen Reisen von der Union abgestraft werden sollten. Was dabei jedoch oft übersehen wurde, ist die Tatsache, dass Orbán die Rolle als »Friedensfürsten« nur deshalb ausfüllen konnte, weil international ein Vakuum existiert. Seit mehr als zwei Jahren tobt der russische Angriffskrieg gegen die Ukraine und die Bemühungen um Frieden haben noch keine koordinierte Form gefunden.

Nach dem Scheitern der bilateralen Verhandlungen zwischen Russland und der Ukraine in Istanbul gab es eine Reihe von Ad-hoc-Initiativen. Italien präsentierte ebenso wie China oder Brasilien einen Friedensplan, selbst der Papst soll sich um Frieden bemüht haben. Der multilaterale Gipfel im schweizerischen Bürgenstock setzte sich klugerweise nicht zum Ziel, Frieden zu schaffen, sondern vielmehr einen Prozess hin zum Frieden anzustoßen. Aber verbunden war das alles nicht miteinander.

Denn zwischen den einzelnen Bemühungen und Friedensplänen sowie den überwölbenden Friedenskonferenzen mit einer Vielzahl von teilnehmenden Staaten und Organisationen klafft eine Lücke: Es fehlt eine stetige und flexiblere Struktur, in der die wichtigsten Stakeholder regelmäßig zusammenkommen. Daher braucht es eine internationale Kontaktgruppe zur Bearbeitung des Krieges Russlands gegen die Ukraine. Diese würde sich im Rahmen der Resolution der UN-Generalversammlung bewegen, die ein Jahr nach Beginn des Krieges alle Staaten und internationalen Organisationen aufgefordert hatte, diplomatische Bemühungen um einen fairen und anhaltenden Frieden zu unterstützen.

Eine Kontaktgruppe ist kein Allheilmittel und wird auch nicht in wenigen Monaten Frieden schaffen. Sie kann aber die relevanten internationalen Akteure koordinieren, gemeinsame Positionen zwischen den Friedensplänen herausarbeiten und die Konfliktparteien gemeinsam adressieren. Dabei arbeitet sie nach unverbindlichen Regeln und dient allein dem Zweck der Koordinierung, Kooperation und Kohäsion in der jeweiligen Konfliktsituation. Gleichzeitig machen internationale Kontaktgruppen die Dringlichkeit des Konflikts bewusst. Sie können gerade in Zeiten wachsender geopolitischer Spannungen die interessierten Großmächte an einen Tisch bringen und damit allein schon eine deeskalatorische Wirkung entfalten.

Aufgaben für eine solche Kontaktgruppe gibt es genug: Die Vorstellung gemeinsamer Initiativen ist ebenso wichtig wie die Ermöglichung eines Dialogs der Konfliktparteien. Sie kann politischen Druck auf die Konfliktparteien ausüben, um Verhandlungen zu beginnen. Nicht zuletzt kann eine internationale Kontaktgruppe kleinere Schritte anstoßen, die zu einer Verbesserung der Lage für die Zivilbevölkerung beitragen. Sie könnte Zurückhaltung bei Angriffen auf zivile Infrastruktur ebenso zu einem Thema internationaler Diskussionen machen wie die Sicherung der Nuklearanlagen.

» **Grundsätzlich sollten die beiden Konfliktparteien nicht Teil der Kontaktgruppe sein.**

Damit dies in der aktuellen Lage zwischen Russland und der Ukraine greift, in der vor allem Russland viele der oben aufgeführten Aspekte offensichtlich missachtet, kommt der Zusammensetzung der Gruppe eine entscheidende Rolle zu. Deswegen muss zwischen der Kontaktgruppe und den Konfliktparteien unterschieden werden. Der Fehler des Normandieformats, bei dem Russland mit am

Tisch saß, weil es nominell nicht Konfliktpartei war, sollte nicht wiederholt werden. Grundsätzlich sollten die beiden Konfliktparteien nicht Teil der Kontaktgruppe sein, da es sich dabei nicht um ein Verhandlungsformat handelt. Stattdessen sollten sie bei Bedarf in einem Zusatzformat entweder individuell oder als +2 hinzugezogen werden, wenn es sinnvoll erscheint. Damit sitzen beide nicht mit am Tisch, sind aber dennoch nicht ausgeschlossen. Eine solche Formel könnte die Frage der Teilnahme aller Parteien, die schon in Bürgenstock für Zwietracht gesorgt hatte, elegant umschiffen.

Damit die Kontaktgruppe genügend politischen Einfluss mitbringt, muss sie entsprechend besetzt werden. Der Kern sollte aus den Mitgliedern des UN-Sicherheitsrats (mit Ausnahme Russlands) bestehen. Dazu sollte Deutschland als europäische Zentralmacht ebenso dazugenommen werden wie die Türkei, die weiterhin gute Beziehungen zu beiden Kriegsparteien pflegt und den erfolgreichen Getreidedeal mit ausgehandelt hat. Die globale Dimension sollte aber nicht nur durch die Mitglieder des UN-Sicherheitsrats widergespiegelt werden, zusätzlich dazu sollten auch die BRICS-Staaten Teil der Kontaktgruppe sein. Damit säßen neben China auch Indien, Brasilien und Südafrika mit am Tisch. Zusätzlich könnte es ebenso sinnvoll sein, die Schweiz als neutrales Land hinzuzunehmen, die zudem eine hohe Expertise in Konfliktmediation mitbringt. Sie könnte in dieser nicht ganz leicht handhabbaren Konstellation von neun plus zwei Staaten zudem die Rolle als *Facilitator* übernehmen.

Damit diese Gruppe als Format funktionieren kann, bietet es sich an, dass die Beteiligten Sondergesandte ernennen, die sich hauptsächlich um diesen Konflikt kümmern und als Ansprechpersonen sowohl intern als auch extern fungieren können. Dazu braucht es eine enge Verbindung zu multilateralen Organisationen. Entsprechend kann die UN einen *Special Advisor* benennen (keinen Sonderbeauftragten), der die Arbeit der Kontaktgruppe mithilfe des UN-Sekretariats unterstützen kann. Eine ähnliche Funktion könnte auch die OSZE übernehmen, die einerseits über langjährige Erfahrung in der Ukraine verfügt und gleichzeitig ihre Rolle als zentrale Organisation für europäische Sicherheit damit ein Stück weit ausfüllen kann.

Mit all den Konjunktiven und hypothetischen Gruppenzusammensetzungen wird deutlich, wie schwierig es sein wird, eine solche Gruppe funktional zu gestalten und mit ihr einen tatsächlich konstruktiven Einfluss auf die bislang zerfledderten und unkoordinierten Friedensinitiativen auszuüben. Damit es so weit kommen kann, muss aber zuerst eine massive politische Hürde genommen werden: Die Initiative für eine solche Kontaktgruppe muss gemacht und mit politischem Kapital unterfüttert werden. Die Vorbereitungen dafür sollten bald beginnen, denn das Zeitfenster bis zu den Wahlen in den USA ist nicht sehr groß. Zumindest das Wahlergebnis muss für die endgültige Bildung einer solchen Gruppe ohnehin abgewartet werden.

» Die Vorbereitungen dafür sollten bald beginnen, denn das Zeitfenster bis zu den Wahlen in den USA ist nicht sehr groß.

Danach bietet sich entweder eine Initiative durch den Generalsekretär der Vereinten Nationen an, alternativ könnte ein solcher Impuls auch von einer kleinen Gruppe von Staaten kommen, die das Ziel eines baldigen fairen Friedens teilen. Ein gemeinsamer Impuls von Deutschland, Südafrika und der Türkei könnte beispielsweise erfolgversprechend sein. Darin finden sich vermutlich sowohl die beiden Konfliktparteien als auch die NATO und die BRICS ausreichend repräsentiert. Eine dritte Möglichkeit wäre eine diplomatische Initiative der finnischen Regierung, die 2025 den OSZE-Vorsitz innehaben wird und die eine solche Kontaktgruppe zum zentralen Projekt ihres Vorsitzes machen könnte. Damit gäbe es eine zukunftsweisende Idee, die 50 Jahre nach der Verabschiedung der Helsinki-Schlussakte das Ziel eines nachhaltigen europäischen Friedens in den Blick nehmen und anzugehen versuchen würde.

Die Kooperation beider Kriegsparteien mit einer solchen Kontaktgruppe wäre dabei Vorbedingung dafür, dass dieses Format einen Mehrwert bieten könnte. Aber angesichts der aktuellen militärischen Pattsituation und beiderseitigen Ermüdung ist es durchaus vorstellbar, dass eine dergestalt besetzte Gruppe eine gesichtswahrende Möglichkeit anbietet, offene Fragen anzugehen. Die immer wieder zitierte Reifung des Konflikts – die notwendig sei, damit beide Seiten Verhandlungen als gangbaren Weg ansähen – kann mit der Bildung einer Kontaktgruppe vielleicht beschleunigt werden. Gleichzeitig stünde damit ein Format bereit, sobald der Bedarf an stärkerer internationaler Koordination auftritt.

Die Fortsetzung des Krieges und die Gefahr einer weiteren Eskalation des Konflikts zwischen Russland und dem Westen betrifft eine Vielzahl internationaler Akteure, auch und gerade die Mitglieder des UN-Sicherheitsrats und der BRICS. Je eher sie ein gemeinsames Format finden, um über das Ende des Krieges beziehungsweise die Vermeidung der Eskalation des Konflikts zu sprechen, desto besser. Denn sonst bleibt die Bühne politischen Illusionskünstlern wie Viktor Orbán überlassen, der Frieden als Vehikel für seine Eigenvermarktung missbraucht.

CHRISTOS KATSIOULIS leitet das Regionalbüro für Zusammenarbeit und Frieden der Friedrich-Ebert-Stiftung in Wien. Zuvor leitete er die Büros der FES in London, Athen und Brüssel.

WALTER KEMP ist Kommunikationsdirektor bei der *Global Initiative Against Transnational Organized Crime* und Senior Strategy Advisor beim *Geneva Centre for Security Policy*. Zuvor hatte er leitende Positionen bei der OSZE inne und war Vizepräsident des *International Peace Institute*. Er schreibt über europäische Sicherheit und lehrt an der Diplomatischen Akademie in Wien.

SOZIALDEMOKRATIE

»ICH GLAUBE, DAS IRRITIERT VIELE«

Dänemarks Migrationsminister Dybvad Bek über Maßnahmen gegen Parallelgesellschaften, eine restriktive Migrationspolitik und die deutsche Debatte.

Ein Gespräch mit Kaare Dybvad Bek | Juli 2024

Sie sind ein beharrlicher Kritiker der europäischen Migrationspolitik und verweisen auf die hohe Zahl illegaler Grenzübertritte an den Außengrenzen der EU. Wie dramatisch ist die Situation momentan?

Im Augenblick ist die Zahl der irregulären Einreisen nach Europa höher denn je und sogar höher als 2015. Wenn wir daran nicht schnell etwas ändern, wird das für die meisten Staaten sowie auch für die Kommunen gewaltige Auswirkungen haben. Österreich zum Beispiel verzeichnete in den vergangenen zwei Jahren rund 170 000 Asylsuchende. So viele Anträge kann ein Land nicht bearbeiten. Viele Menschen reisen aus Ländern ein, die eine sehr niedrige Anerkennungsquote haben. So kann es nicht weitergehen. In Belgien – insbesondere in Brüssel – sind viele Menschen nicht angemessen untergebracht. In den Niederlanden sind die Zahlen sehr hoch, ebenso in der Schweiz und in Deutschland. Die 40 000-Einwohner-Stadt Pirmasens hat bereits 2 000 Geflüchtete aufgenommen. Wenn den Menschen angemessene Unterbringung, Bildung, Sprachunterricht und ein Zugang zum Arbeitsmarkt geboten werden soll, sind solche Zahlen auf lange Sicht gesellschaftlich nicht tragbar.

Eines muss ich klarstellen: Als 2019 die Sozialdemokraten die Regierung übernahmen, haben wir das Wort »Ghetto« gestrichen, weil dieser Begriff sehr belastet ist. Davon abgesehen, bin ich der Meinung, dass es in etlichen gefährdeten Wohngebieten sehr positive Entwicklungen gegeben hat. In dem größten dieser Gebiete in Kopenhagen konnten wir den Anteil derjenigen, die nicht in den Arbeitsmarkt integriert sind, von 40 auf rund 21 Prozent senken. Das macht einen enormen Unterschied aus. Die Auswirkungen für die lokalen Gemeinwesen vor Ort kann man kaum überbewerten. Es ist wichtig, dass die Kinder, die in diesen Gebieten aufwachsen, etwas aus ihrem Leben machen können – wobei es nicht darauf ankommt, ob sie einen ausländischen oder einen dänischen Hintergrund haben.

» **Es geht nicht nur um eine restriktivere Politik.**

In vielen Städten geht es nicht nur darum, in einem bestimmten Gebiet die Bevölkerungsstruktur zu verändern. Um bessere Lebensbedingungen zu schaffen, reißen wir manche Plattenbauten aus den 1960er-Jahren wegen der schlechten Bauqualität ab. In Kopenhagen werden gezielt Schulen in besonders instabilen Stadtteilen gefördert und bekommen pro Kind doppelt so viel Geld wie Schulen in wirtschaftlich besser gestellten Vierteln. Es geht nicht nur um eine restriktivere Politik, sondern darum, in diesen Gebieten in Sozialprogramme zu investieren und auf diese Weise dafür zu sorgen, dass die nächste Generation eine bessere Zukunft hat.

Der Gerichtshof der Europäischen Union (EuGH) prüft derzeit im Rahmen einer öffentlichen Anhörung, ob das Gesetz rechtmäßig ist. Viele bezeichnen es als »grausam« und kritisieren, es schüre Fremdenfeindlichkeit. Was entgegnen Sie diesen kritischen Stimmen?
Das halte ich für eine bürgerliche, sozialistische Sicht der Dinge. In Dänemark ist diese Rhetorik von Leuten zu hören, die in gut situierten, interessanten und kreativen Stadtvierteln leben, in denen Integration nicht die Belastung bedeutet, die sie in anderen kommunalen Gemeinwesen ist. Wer zahlt gegenwärtig den Preis für eine liberale Migrationspolitik? Vor allem die Arbeiterviertel, in

denen viele Migranten leben! Wenn ich solche kritischen Stimmen höre, frage ich mich, ob die Betreffenden jemals in einem Gebiet mit so einer Bevölkerungszusammensetzung gewohnt haben. Wenn sie das getan hätten, würden sie verstehen, dass das Fundament einer Gesellschaft mit gutem Zusammenhalt und hohem sozialstaatlichen Niveau auf Vertrauen und gegenseitigem Verständnis beruht.

Wie wichtig war der Wandel der Migrationspolitik für die Sozialdemokraten in Dänemark?

2015 war ein entscheidendes Jahr für die Sozialdemokraten, aber auch für die politische Landschaft in Dänemark insgesamt. Damals hatten wir sehr hohe Migranten- und Flüchtlingszahlen. Im Fernsehen sahen wir Migranten und Geflüchtete zu Fuß auf den Autobahnen aus Deutschland ins Land kommen. Viele von ihnen wollten nach Schweden. Diese Bilder haben ein Gefühl von Kontrollverlust vermittelt. Dadurch hat sich unsere Sicht verändert. Wir halten es für wichtig, dass der Aufenthalt befristet wird. Das bedeutet: Wer keinen internationalen Schutz mehr braucht, sollte in sein oder ihr Herkunftsland oder vorheriges Wohnsitzland zurückkehren.

Welches ist die wichtigste Integrationsmaßnahme, die ihre Partei neu eingeführt hat?

Wir haben inzwischen vieles verändert, aber ein sehr wichtiger Schritt war aus meiner Sicht das Bemühen, die Bildung von Parallelgesellschaften in gefährdeten Gebieten zu verhindern. Auch unsere Rückführungspolitik ist heute wirksamer. Unsere Regierung nimmt diese Dinge sehr ernst. Zentral ist, dass demokratisch beschlossene Grundsätze eingehalten werden. Die Regierungen in Europa müssen eine proaktivere Haltung entwickeln und zuverlässig dafür sorgen, dass Menschen ohne legalen Aufenthaltsstatus das Land verlassen. In Dänemark verfahren wir seit fünf Jahren so. In Deutschland und vielen anderen Ländern bleiben momentan Menschen im Land, die nicht auf internationalen Schutz angewiesen sind und deren Asylanträge bereits abgelehnt wurden. Wenn man die eigene Rückführungspolitik unter Kontrolle hat, kann man offen und seriös darüber diskutieren, wie viele Geflüchtete man verkraftet. Die Basis für diese Diskussion müssen aber demokratische Spielregeln und Prinzipien sein.

Viele Befürworter einer restriktiveren Migrationspolitik aus dem linken Spektrum verweisen auf Dänemark, nachdem die Sozialdemokraten in den vergangenen Jahren damit so große Erfolge erzielt haben. Bei den Europawahlen schnitt Ihre Partei allerdings nicht so gut ab wie bei früheren Wahlen. Worauf führen Sie das zurück?
Der Hauptgrund für das schlechte Wahlergebnis ist, dass wir zum ersten Mal in einer Koalition mit der Liberalen Partei Venstre regieren, die historisch gesehen unsere Kontrahentin ist. Diese Regierung ist mit einer Großen Koalition in Deutschland vergleichbar, wobei für die dänische Bevölkerung solche Konstellationen ungewohnt sind. Bei uns gibt es häufig Minderheitsregierungen. Für die meisten dänischen Bürgerinnen und Bürger ist die Sozialdemokratische Partei eine Verfechterin des Sozialstaats, während der rechte Koalitionspartner für weitere Steuersenkungen eintritt. Jetzt müssen wir aber gemeinsam regieren. Ich glaube, das irritiert viele.

> **» Grundsätzlich herrscht in Dänemark in der Migrationsfrage ein breiter Konsens.**

Welche Rolle spielte das Migrationsthema?
Migration war kein sehr großes Thema. Grundsätzlich herrscht in Dänemark in der Migrationsfrage ein breiter Konsens. Nur einige wenige Parteien am äußeren rechten und linken Rand stehen außerhalb dieses Konsenses. Aber schätzungsweise 80 bis 85 Prozent der dänischen Bevölkerung sind der Meinung, dass wir auf der einen Seite nicht unbegrenzt viele Geflüchtete aufnehmen können und auf der anderen Seite natürlich an internationale Menschenrechtsabkommen und Flüchtlingskonventionen gebunden sind, an die wir uns strikt zu halten haben.

Die radikale Rechte hat in Dänemark ihre höchsten Wahlergebnisse 2015 erzielt. Damals kam sie auf 21 Prozent. Bei den letzten Parlamentswahlen blieb sie unter drei Prozent. Seit wir an der Regierung sind, ist es uns gelungen, die populistische Rechte zu demontieren oder zumindest ins Abseits zu drängen. Das ist ein großer Erfolg.

Aber schauen wir auf die andere Seite des politischen Spektrums: Bei den Europawahlen holte die linksgrüne Sozialistische Volkspartei die meisten Stimmen.

Sie vertritt in der Migrationspolitik nahezu dieselben Positionen wie wir. Im Parlament trägt sie häufig die Gesetzesvorlagen der Regierung mit. Bei manchen Themen ist sie sogar noch strikter als wir – zum Beispiel im Umgang mit den Mohammed-Karikaturen. Sie ist für eine verpflichtende Regelung, nach der die Karikaturen mit allen Schülerinnen und Schülern im Unterricht behandelt werden müssen, während wir der Meinung sind, das sollte eher vor Ort auf lokaler Ebene entschieden werden.

Sowohl Deutschland als auch Dänemark haben mit Fachkräftemangel zu kämpfen. Führt ein harter Kurs bei der irregulären Migration nicht zu, dass das betreffende Land auch für reguläre Migration unattraktiver wird?

Ich verstehe nicht, warum Deutschland Schwierigkeiten haben sollte, gut ausgebildete Arbeitskräfte anzuziehen. Wenn man in Ländern, die weniger wohlhabend sind als Deutschland, wie zum Beispiel in der Türkei, in Tunesien oder Albanien, die Menschen fragt, wohin sie zum Arbeiten auswandern möchten, sagen sie überall auf der Welt: nach Deutschland. Zu uns nach Dänemark kommen jedes Jahr Tausende Menschen aus europäischen Ländern wie Rumänien, Polen oder Spanien und zum Beispiel auch aus Indien, um hier zu arbeiten. Diese Menschen sind sehr hoch qualifiziert.

Bei uns gibt es eine Grenze, die bei einem Mindestjahresgehalt von 50 000 Euro liegt. Wer aus einem Nicht-EU-Land kommt und ein Einkommen von weniger als 50 000 Euro hat, bekommt keine Aufenthaltserlaubnis. Damit wollen wir Konkurrenz bei gering qualifizierten Beschäftigungen verhindern. Wir versuchen, Hochqualifizierte anzuziehen, und das gelingt uns gegenwärtig.

Wie nehmen Sie die Migrationsdebatte in Deutschland wahr? Und welchen migrationspolitischen Kurs würden Sie den Sozialdemokraten in Deutschland und anderen europäischen Ländern empfehlen?

Gerade für Sozialdemokraten ist wichtig, dass darüber diskutiert wird, wie viele Menschen kommen können, ohne dass der funktionierende Wohlfahrtsstaat gefährdet wird. Der Bundestag und andere Parlamente in Europa sollten eine Debatte darüber führen, wie viele Menschen ihr Land integrieren kann. In dieser Debatte sollten wir uns nicht von einer nationalistischen oder kulturkämpferischen Perspektive oder von der Vorstellung leiten lassen, das eigene Land werde von der Migration erdrückt. Das ganze Gerede vom »Untergang des Abendlandes« hilft kein Stück weiter. Was man meiner Meinung nach deutlich machen muss, ist, dass die Hauptleidtragenden einer breiten und unkontrollierten Zuwanderung die Menschen am unteren Ende der Gesellschaft sind. Wenn aufgrund von wirtschaftlichem Druck der deutsche Sozialstaat leidet, sind es die Geringqualifizierten und Einkommensschwachen, die die Zeche zahlen, und nicht die Leute in Starnberg oder Charlottenburg. Migration unter sozialen Aspekten zu analysieren, halte ich für ausgesprochen wichtig. Das muss ohne die ganze nationalistische Rhetorik geschehen, die auch Teil der deutschen Debatte ist.

Ich bin kein Berater der SPD. Sie sollte ihre eigene Politik machen – sie ist schließlich die älteste und wichtigste sozialdemokratische Partei der Welt. Ich würde aber sagen: Jedes Land in Europa kann eine besser funktionierende Rückführungspolitik betreiben. Der erste Schritt ist aus meiner Sicht die Erkenntnis, dass in einer Demokratie Regeln befolgt werden müssen. Wenn jemand kein Recht hat, im Land zu sein, darf er oder sie nicht bleiben. Das ist meiner Meinung nach einigermaßen unstrittig.

Das Interview führte **NIKOLAOS GAVALAKIS**.

Aus dem Englischen von **ANDREAS BREDENFELD**

KAARE DYBVAD BAK ist seit Mai 2022 dänischer Minister für Ausländer und Integration. Zuvor war er Innen- und Wohnungsminister. Seit 2015 sitzt Dybvad Bek für die Sozialdemokraten im dänischen Parlament.

WIRTSCHAFT- UND ENERGIEPOLITIK

SCHÜTZE SICH, WER KANN

Der geopolitische Wettbewerb formt die Weltwirtschaft neu. Wer nicht untergehen will, muss sich anpassen.

Von Marc Saxer | September 2024

Die Kriegsgefahr scheint weltweit zuletzt deutlich gestiegen zu sein. Sollten direkte Kriege zwischen den Großmächten vermieden werden können, würde der geopolitische Wettbewerb auf den Feldern Wirtschaft und Technologie ausgetragen werden. In der Ära der Globalisierung noch undenkbar, greifen heute alle großen Mächte zu protektionistischen Maßnahmen.

So hat die Biden-Regierung Exportkontrollen und Investitionsbarrieren verschärft. Die Strategie *small yard, high fence* (»kleiner Hof, hoher Zaun«) zielt darauf ab, Chinas Aufschließen zur technologischen Weltspitze zu verlangsamen, indem kleine, klar definierte Sektoren wie Hochleistungshalbleiter durch Handelssanktionen abgeschottet werden.

Die amerikanischen Verbündeten in Asien und Europa fürchten zwar die potenziell verheerenden Auswirkungen einer vollständigen Entkopplung von China, haben sich aber auf eine Strategie zur Risikominimierung verständigt, um einseitige Abhängigkeiten zu reduzieren. Als Reaktion darauf hat China wiederum Exportbeschränkungen für Seltene Erden eingeführt und Importverbote gegen unbotmäßige Staaten verhängt. Zudem verschlechtert Peking kontinuierlich die Rahmenbedingungen für westliche Unternehmen auf dem heimischen Markt.

Nach der russischen Invasion in die Ukraine haben sich Europa und Russland wirtschaftlich weitgehend voneinander entkoppelt. Der Westen hat Sanktionen gegen Russland verhängt und droht Drittstaaten mit sekundären Sanktionen. Russland nutzt China und andere Unterstützer zur Umgehung westlicher Exportverbote. Um ihre Wirtschaften gegen mögliche Sanktionen abzusichern, wickeln die BRICS-Länder einen größeren Teil ihres jeweiligen bilateralen Handels in ihren eigenen Währungen ab.

Die Unterbrechung der Lieferketten während der Pandemie hat einen Paradigmenwechsel hin zu stärkerer Resilienz ausgelöst. Die digitale Automatisierung macht es zudem möglich, trotz höherer Lohnkosten Lieferketten in die Nachbarschaft der Industrieländer (*near-shoring*) zu verlagern. Die geopolitischen Risiken legen zudem nahe, die Lieferketten zu gleichgesinnten »Wertepartnern« zu verlegen (*friend-shoring*).

» Geopolitischer Wettbewerb führt zu geoökonomischen Umbrüchen.

Die Liste ließe sich fortsetzen, doch der Trend ist klar: Geopolitischer Wettbewerb führt zu geoökonomischen Umbrüchen. In ihrer Summe verändern diese Trends die Funktionsweise der Weltwirtschaft. Das Paradigma verschiebt sich von Effizienz zu Resilienz. Die Globalisierung hat ihren Höhepunkt überschritten. Das Ergebnis ist wohl weniger eine Deglobalisierung als eine Regionalisierung, möglicherweise verschärft durch die Errichtung von Handelsblöcken. Marktinteressen haben nun nicht länger Vorrang; das Primat der nationalen Sicherheitsinteressen ist zurück. Der Staat, lange an den Rand gedrängt, übernimmt wieder die Kontrolle. Unternehmen passen sich hastig an dieses neue Umfeld an. Man kann konstatieren: Das neoliberale Modell ist offiziell tot.

Jenseits taktischer Scharmützel haben die größten Wirtschaftsmächte damit begonnen, ihre Entwicklungsmodelle neu auszurichten. China ist sich des geopolitischen Gegenwinds auf den westlichen Märkten bewusst und versucht, auf eine duale Kreislaufwirtschaft umzusteigen. Der Schock über die strengen Covid-19-Maßnahmen und die Unsicherheit über die Zukunft haben jedoch zu geringeren Verbraucherausgaben geführt. Die schleppende Inlandsnachfrage hat bestehende Probleme im Fertigungssektor und auf dem Immobilienmarkt verschärft und trägt zu einer nur mühsam unterdrückten Bankenkrise bei. Die Bemühungen der Provinzregierungen, diese Situation durch günstige Kredite und Subventionen in den Griff zu bekommen, verschärfen die Überschuldung des Privatsektors sowie des Staates und könnten langfristig zu einer Stagflation führen, wie sie Japan erleben musste.

Obwohl es sich der Risiken protektionistischer Gegenmaßnahmen bewusst ist, steht Peking unter Druck, die Überkapazitäten in den Export zu lenken. Paradoxerweise führt Chinas Strategie, seine Wirtschaft gegen westliche Sanktionen zu immunisieren, indem es technologisch autark wird, zu einer Verschärfung der Überkapazitäten in den Industrien, die es mit aller Kraft fördert. Gelingt es Peking nicht, die Zuversicht seiner Verbraucher – etwa durch bessere Sozial- und Gesundheitsversorgung – zu stärken, könnte der Plan scheitern, die wachsenden Herausforderungen im Export durch höhere Inlandsnachfrage zu kompensieren. Der Übergang von einem Modell, das auf schnelles BIP-Wachstum durch staatlich getriebene Industrie- und Infrastrukturprojekte ausgerichtet ist, zu einer ausgewogeneren Wirtschaft ist eine Herausforderung, insbesondere wenn die derzeitigen Anreize durch das politische Gebot motiviert sind, die Kontrolle über den privaten Sektor zu behalten.

Auch in den Vereinigten Staaten markiert der *Inflation Reduction Act* die Rückkehr der Industriepolitik. Wie alle großen Volkswirtschaften leiden auch die USA unter schwächelnder Konsumnachfrage. Unabhängig davon, wer nächstes Jahr im Weißen Haus sitzt, wird die Skepsis gegenüber dem Freihandel und das Ziel, Arbeitsplätze für Amerikaner zu schaffen, weiter die Politik bestimmen. Aber nicht nur in den USA, sondern in den meisten OECD-Ländern bestimmen zunehmend Sicherheitsinteressen das wirtschaftliche Denken.

Dieser Wandel verändert die Erfolgsbedingungen für Entwicklung rund um den Globus. Sicherlich werden die Auswirkungen der geoökonomischen Umbrüche je nach geografischer Lage, geopolitischer Verwundbarkeit und Position in den globalen Wertschöpfungsketten unterschiedlich ausfallen. Für einige Rohstoffexporteure kann sich die Politisierung des Marktes durchaus als vorteilhaft erweisen. Andere hoffen darauf, vom geopolitischen Wettbewerb der Großmächte zu profitieren, indem sie sich beispielsweise als sicherer Standort für Lieferketten empfehlen.

Für diejenigen jedoch, die auf das bislang so erfolgreiche Entwicklungsmodell setzen, billigere Arbeitskräfte für eine exportgetriebene, nachholende Industrialisierung zu nutzen, dürfte der Pfad zur Entwicklung steiniger werden. Die Substitution menschlicher Arbeit durch Roboter, Algorithmen und Künstliche Intelligenz in entwickelten Volkswirtschaften untergräbt den komparativen Vorteil billiger Arbeitskräfte. Gleichzeitig machen die sinkende Verbrauchernachfrage und zunehmender Protektionismus den Export in die entwickelten Märkte schwieriger. Darüber hinaus gefährdet die geopolitische Instrumentalisierung des Technologietransfers und der Lieferketten die Fähigkeit der Entwicklungsländer, die Industrialisierungsleiter hinaufzuklettern.

» **Für einige Rohstoffexporteure kann sich die Politisierung des Markts durchaus als vorteilhaft erweisen.**

Das Dumping von Chinas Überproduktion auf weniger entwickelten Märkten könnte zu einer Deindustrialisierung führen, wenn heimische Industrien Schwierigkeiten haben zu konkurrieren und zusammenbrechen. Das Navigieren in einer fragilen, fragmentierten und schockanfälligen Weltwirtschaft unterbricht Entwicklungspfade und verschärft Schuldenkrisen. In einer Welt, die von geoökonomischen Umbrüchen geprägt ist, wird eine auf billigen Arbeitskräften und Exporten basierende Aufholindustrialisierung schwierig sein. Das bedeutet, dass Entwicklungsmodelle dringend angepasst werden müssen.

Zur Vorbereitung dieser notwendigen strategischen Debatte ist eine gründliche Analyse der wahrscheinlichen Auswirkungen geoökonomischer Störungen sowie der Reaktionsfähigkeit des staatlichen und privaten Sektors erforderlich. Ein neues Entwicklungsmodell hat allerdings erst dann eine realistische Chance auf Erfolg, wenn es die Kräfteverhältnisse der nationalen politischen Ökonomie berücksichtigt. Denn jede Veränderung des Entwicklungspfades schafft Gewinner und Verlierer; daher ist Widerstand gegen Veränderungen seitens derjenigen zu erwarten, die zu verlieren drohen. Angesichts der einflussreichen Stellung vieler Status-quo-Kräfte in der politischen Ökonomie kann dieser Widerstand die Bemühungen zur Anpassung an das neue wirtschaftliche Umfeld zum Scheitern bringen. Dies erklärt, warum Länder, in denen die Eliten den Staat zu ihrem eigenen Vorteil übernommen haben, im Entwicklungsrennen oft zurückliegen. Daher darf die Suche nach einem neuen Entwicklungsmodell keine rein akademische Übung sein, sondern muss auch das Gleichgewicht der gesellschaftlichen Kräfte berücksichtigen.

Dementsprechend gibt es keine Universallösung. Jedes Land muss einen maßgeschneiderten Ansatz entwickeln, der seinen spezifischen Bedingungen entspricht. Dennoch können einige Leitprinzipien bei diesen Überlegungen hilfreich sein.

» **Im Falle eines größeren Konflikts im Indopazifik würde der Druck auf viele Länder, sich für eine Seite zu entscheiden, massiv steigen.**

Geopolitischer Wettbewerb bietet Chancen. Die Risikominimierungs- und Diversifizierungsstrategien westlicher Länder bringen Investitionen in Länder, die als freundlich wahrgenommen werden. Auch die Verlagerung von Produktionskapazitäten chinesischer Unternehmen in südostasiatische Länder bringen Investitionen und Arbeitsplätze. Allerdings kann die Wahl eines Partners für Infrastrukturprojekte – sei es in den Bereichen Konnektivität, Telekommunikation oder Energie – Einfluss auf Investitionen aus, Handelsbedingungen mit und Marktzugänge zu anderen Ländern haben. Neigt ein Land zu stark einer Seite zu, wird es oft als selbstverständlich angesehen und verliert Manövrierfähigkeit. Daher verfolgen die meisten Länder in der Indopazifik-Region, von einigen Ausnahmen abgesehen, Strategien des Ausgleichs, um nicht Partei ergreifen zu müssen.

Offenheit für Geschäfte mit allen Seiten reicht nicht aus; Länder müssen auch als verlässlich neutral angesehen werden, um als sichere Optionen für robuste Lieferketten in Betracht gezogen zu werden. Die Wahrnehmung ist dabei entscheidend. Alle Schritte, selbst wenn sie ausschließlich durch Geschäftsinteressen motiviert sind, werden heute durch eine geopolitische Linse betrachtet. Rhetorik, die sich an ein inländisches Publikum richtet, kommt bei internationalen Investoren womöglich anders an. Länder müssen ihre Haltung sorgfältig abwägen und ihre Kommunikation fein abstimmen, um diese Wahrnehmungen zu steuern.

Die entscheidende Frage ist, ob strukturelle Trends Länder dazu zwingen können, gegen ihre eigenen Interessen für eine Seite Partei zu ergreifen. Geopolitische Ereignisse können die wirtschaftliche Entwicklung erheblich beeinflussen, und umgekehrt können geoökonomische Störungen Länder dazu zwingen, sich strategisch stärker zu einer Seite hinzuorientieren. Im Falle eines größeren Konflikts im Indopazifik würde der Druck auf viele Länder, sich für eine Seite zu entscheiden, massiv steigen. Selbst Länder, die nicht direkt in Territorialstreitigkeiten oder militärische Konflikte verwickelt sind, würden mit Störungen ihrer Lieferketten konfrontiert sein. In einem Szenario des Kalten Krieges könnte die technologische Zweiteilung Pfadabhängigkeiten schaffen, die Länder dazu zwingen, ihre Lieferketten und ihre Infrastruktur auf Kosten der anderen auszurichten. Für überschuldete Entwicklungsländer ist der Preis für Rettungsaktionen oder Restrukturierungen oft die geopolitische Parteinahme für den Kreditgeber.

Die entstehende Weltordnung wird unübersichtlicher sein als die des letzten Kalten Krieges. Die großen Volkswirtschaften von heute sind eng miteinander verflochten. Sofern es nicht zu einem heißen Weltkrieg kommt, wären die Kosten einer vollständigen wirtschaftlichen Entkopplung unerschwinglich. Sofern die künftige US-Regierung den Systemwettbewerb mit China nicht dramatisch verschärft, dürfte der Großteil der Weltwirtschaft auch weiterhin eng miteinander verwoben bleiben. Dennoch könnte die neue Weltwirtschaft stärker fragmentiert und regionalisiert sowie anfälliger für Krisen und Schocks sein. Alle Länder müssen daher ihre Widerstandsfähigkeit stärken und sich rasch an das neue Umfeld anpassen. Ein besseres Gleichgewicht zwischen Angebots- und Nachfragepolitik macht Volkswirtschaften resilienter gegen geoökonomische Disruptionen. Zudem erleichtert ein nationaler Konsens über die außenpolitische Ausrichtung die Orientierung im komplexen geopolitischen Wettbewerb.

MARC SAXER ist Büroleiter der Friedrich-Ebert-Stiftung für Regionale Zusammenarbeit in Asien. Zuvor leitete er das Asien- und-Pazifik-Referat der Stiftung sowie die FES-Büros in Indien und Thailand. 2021 erschien sein Buch *Transformativer Realismus. Zur Überwindung der Systemkrise.*

VIEL ZUCKERBROT, WENIG PEITSCHE

Europa treibt den Ausbau der Halbleiterindustrie derzeit massiv voran. Subventionen sollten jedoch an nachhaltige Fertigung geknüpft werden.

Von Julia Hess | September 2024

Was haben zwölf Millionen europäische Haushalte, Europas Chemieindustrie und die deutsche Landwirtschaft gemeinsam? Richtig, es sind die hohen Treibhausgas-Emissionen. Alle drei Bereiche haben in den vergangenen fünf Jahren mehr als 50 Millionen Tonnen Treibhausgase ausgestoßen – nicht gemeinsam, wohlgemerkt, sondern jeder für sich. Dass diese Emissionen die Klimakrise dramatisch verschärfen, liegt auf der Hand, und immerhin wird darüber in der Öffentlichkeit und auf politischer Ebene seit Jahren diskutiert.

Weitaus weniger bekannt ist aber, dass sich schon bald ein Klimasünder ähnlichen Kalibers dazugesellen dürfte: die europäische Halbleiterindustrie, deren Ausbau von der EU und einigen Mitgliedstaaten massiv vorangetrieben wird. Mit ihren energieintensiven Prozessen, umweltschädlichen Chemikalien und ihrem hohen Wasserverbrauch droht sie zu einem echten Hindernis auf dem Weg Europas in eine grüne Zukunft zu werden. Die gute Nachricht: Auch in der Chipindustrie ist es möglich, technologischen Fortschritt konsequent mit Umwelt- und Klimaschutz zu verbinden. Damit das gelingt, müssen wir allerdings unverzüglich und vorausschauend handeln – und einen sehr genauen Blick auf die Besonderheiten der Halbleiterfertigung werfen.

Mehr als vier Jahre ist es her, dass der damalige EU-Kommissar für den

Binnenmarkt Thierry Breton auf der Hannover Messe erstmals öffentlich die strategische Relevanz von Halbleitern hervorhob und massive Investitionen in die europäische Halbleiterfertigung ankündigte. Seitdem ist viel passiert. Besonders das im europäischen Chip-Gesetz festgeschriebene Ziel, bis 2030 mindestens 20 Prozent der globalen Halbleiterfertigung in Europa stattfinden zu lassen, ist in den Köpfen hängen geblieben und wird zu jedem symbolischen Spatenstich aufs Neue kontrovers diskutiert.

An Begründungen, warum dieser massive Ausbau nötig ist, mangelt es nicht. Da fallen zum einen oft Schlagworte wie Stärkung der technologischen Wettbewerbsfähigkeit und der wirtschaftlichen Sicherheit in geopolitisch dynamischen Zeiten. Immer wieder ist auch die Rede davon, dass die Halbleitertechnologie ein Schlüssel für die sogenannte *Green Transition* sei; allerdings beschränkt sich die Förderung hier vor allem auf kleinere Forschungs- und Entwicklungsprojekte.

» **Der Ausbau der Halbleiterfertigung wird wegen seiner hohen Emissionen der europäischen Klimaneutralität im Wege stehen.**

All das mag zutreffen, doch über einen der wichtigsten Aspekte wird auffallend wenig gesprochen: Der Ausbau der Halbleiterfertigung wird wegen seiner hohen Emissionen der europäischen Klimaneutralität im Wege stehen, wenn wir nicht jetzt die Weichen für eine grünere Produktion stellen. Je länger das Problem politisch ausgeblendet wird, desto größer wird es, zumal es sich nicht von heute auf morgen lösen lässt.

Was tief an der Wurzel fehlt, ist eine europäische Halbleiterstrategie mit umsetzbaren Zielen, die Umwelt- und Klimapolitik von vorneherein konsequent mitdenkt. Europa wird es nicht gelingen, der erste klimaneutrale Kontinent zu werden und technologische Wettbewerbsfähigkeit zu stärken, wenn beides – die sogenannte *twin transition* – nicht zusammen betrachtet wird. Eine Strategie, die beides gleichermaßen im Blick behält, würde der technologischen Wettbewerbsfähigkeit nicht nur nicht schaden, sondern Europa im besten Fall sogar einen Standortvorteil verschaffen.

Doch wie kann das gelingen? Blicken wir zunächst einmal auf die Besonderheiten des Fertigungsprozesses. Halbleiter sind winzig, technisch hochkomplex und werden vielfältig eingesetzt, je nach Funktion in unserer digitalisierten Welt – ein moderner Prozessor im Smartphone hat wenig mit dem Leistungshalbleiter zum Laden eines E-Autos gemeinsam. Als Basistechnologie hängt das Überleben zahlreicher Sektoren von ihnen ab; zugleich sind Chips der Motor des technologischen Fortschritts.

Die Stärken des europäischen Halbleiterökosystems sind ähnlich komplex und vielfältig. Europäische Unternehmen sind vielfach Marktführer oder haben sogar Monopolstellungen – in den Zulieferermärkten zum Beispiel im Bereich Maschinen und Fertigungsanlagen sowie Chemikalien. Wenn es darum geht, den Einsatz von Wasser oder Energie zu reduzieren oder alternative Chemikalien zu entwickeln, die einen geringeren ökologischen Fußabdruck haben, ist das Potenzial dementsprechend groß.

» Europa könnte mit grüneren Fertigungstechnologien vorangehen und so zwei Fliegen mit einer Klappe schlagen.

Europa könnte mit grüneren Fertigungstechnologien vorangehen und so zwei Fliegen mit einer Klappe schlagen: Emissionen in der europäischen Produktion würden reduziert und in der Folge würde sich langfristig ein globaler Wettbewerbsvorteil entwickeln. Das alles wird nicht von heute auf morgen passieren. Alternativen für Ewigkeitschemikalien und fluorierte Gase werden sogar noch ein Jahrzehnt auf sich warten lassen, wenn wir jetzt handeln. Hierfür braucht es deutlich höhere Investitionen in Forschung und Entwicklung und in die richtige Infrastruktur.

Europäische Unternehmen sind außerdem marktführend in den Bereichen Sensorik, Automobilchips und Leistungshalbleiter, um nur einige Beispiele zu nennen. Vor dem Hintergrund der amerikanisch-chinesischen Technologierivalität und des KI-Booms wurde zuletzt viel über »modernste« und »cutting-edge«-Chips mit kleinsten Strukturbreiten gesprochen, die zum Beispiel neue Smartphone- oder Servergenerationen leistungsfähiger machen. Doch gerade bei diesen Chips handelt es sich in den meisten Fällen nicht um Wegbereiter des grünen Wandels.

Dafür sind vielmehr Halbleiter mit größeren Strukturbreiten unersetzlich, die sich nicht wegen ihrer Rechenleistung, sondern aufgrund unterschiedlichster physikalischer Eigenschaften auszeichnen. Ein Beispiel sind Leistungshalbleiter auf der Basis von Galliumnitrid (GaN), die anstelle von Silizium unter anderem in Wechselrichtern für Photovoltaikanlagen oder der Ladeinfrastruktur für elektrische Fahrzeuge zum Einsatz kommen. Trotz hoher Markt-Eintrittsbarrieren holen chinesische Unternehmen in diesen Bereichen immer weiter auf.

Damit Europa hier auch langfristig wettbewerbsfähig bleibt und seine Führungsposition weiter ausbauen kann, braucht es verstärkte politische Aufmerksamkeit und zielgerichtete Investitionen, die über kleine Forschungs- und Entwicklungsprojekte hinausgehen. Dass dieser Fokus bislang fehlt, zeigt der jüngste Fall des belgischen Unternehmens BelGaN: Obwohl dieses junge Unternehmen mit seiner GaN-Technologie einen wichtigen Beitrag zur Elektromobilität und zur Energiewende leisten könnte, musste es Anfang August Insolvenz anmelden.

» Wettbewerbsfähigkeit und ökologische Nachhaltigkeit schließen sich nicht aus.

Die zweite Säule des *EU Chips Act*, die Subventionierung der Halbleiterfertigung, die es in Europa so bisher nicht gab, ist der wichtigste Treiber für den Ausbau der Chipproduktion, einzelne Bauvorhaben werden mit zweistelligen Milliardenbeträgen unterstützt – viel Zuckerbrot, wenig Peitsche. Hier gibt es die bisher ungenutzte Möglichkeit, diese hohen Subventionen an Minimal-Anforderungen zu knüpfen, um Unternehmen zu möglichst nachhaltiger Fertigung zu verpflichten. Dieser Ansatz könnte zum Beispiel den kontinuierlichen Ausbau lokaler erneuerbarer Energien umfassen. Auch könnte festgeschrieben werden, dass der hohe Wasserverbrauch durch einen festgelegten Anteil an Wasserrecycling ausgeglichen wird. Denkbar wäre auch, dass ein bestimmter Anteil der Investitionen in die Erforschung und Entwicklung nachhaltigerer Halbleiter fließen muss.

Auch wenn es wie eine Binsenweisheit klingt: Um das Nachhaltigkeitsproblem in der Chipfertigung zu lösen, ist ein ganzheitlicher Ansatz nötig, der Aspekte der wirtschaftlichen und nationalen Sicherheit, geopolitische und ökonomische Abhängigkeiten, das Ziel der Wettbewerbsfähigkeit und den Umwelt- und Klimaschutz gleichermaßen in den Blick nimmt. Nur so lassen sich politische Initiativen entwickeln, die nicht einem Teil der Ziele zuwiderlaufen. Ein Beispiel ist das *Green CHIPS Program* des Bundesstaats New York, das öffentliche Finanzierung daran knüpft, dass sozial-ökologische Standards eingehalten und nachhaltige Fertigung gefördert wird. In Europa hingegen kollidiert der Ausbau der Halbleiterfertigung mit dem Vorhaben, Ewigkeitschemikalien wie PFAS zu verbieten. Diese fehlende Koordination ließe sich überwinden, indem internes Wissen nicht nur erweitert, sondern auch mit anderen geteilt wird.

Angesichts einer Vielzahl internationaler Krisen waren die politischen Maßnahmen der letzten Jahre oft reaktiv und einseitig auf wirtschaftliche Sicherheit ausgerichtet. Das mag im Einzelfall verständlich gewesen sein, hat aber dazu geführt, dass das Klima- und Umweltproblem im Chipsektor massiv vernachlässigt wurde. Es ist höchste Zeit, dass sich das ändert. Jetzt ist Weitsicht gefragt. Eine langfristig angelegte Halbleiterstrategie, die auf Europas »grünen« Stärken aufbaut und klare Rahmenbedingungen für eine nachhaltigere Produktion schafft, kann die Kosten der *Green Transition* senken und Europa als Technologie- *und* Klimaschutzvorreiter positionieren. Wettbewerbsfähigkeit und ökologische Nachhaltigkeit schließen sich nicht aus – doch um beides zu verbinden, müssen die Weichen schon jetzt gestellt werden.

JULIA HESS ist Senior Policy Researcherin zum Thema *Global Chip Dynamics* bei der Denkfabrik interface.

VON WEGEN ISOLIERT

Die Sanktionen gegen Russland wirken nur begrenzt. Durch geschickte Manöver gelingt es dem Kreml, die Strafmaßnahmen gekonnt zu umschiffen.

Von Erdal Yalcin | Oktober 2024

Seit dem Beginn der russischen Invasion in der Ukraine 2022 haben die USA, die Europäische Union (EU) und weitere westliche Staaten schrittweise Wirtschaftssanktionen gegen Russland verhängt. Diese Sanktionen zielen neben weiteren Maßnahmen darauf ab, Russland durch wirtschaftlichen Druck zu einer Änderung seines Verhaltens zu bewegen und seine militärischen Aktivitäten einzustellen. Zwei Jahre nach der Einführung stellt sich jedoch die Frage, ob die Sanktionen die erhoffte Wirkung zeigen und wie Russland mit den Beschränkungen umgeht.

Bisher wurden zahlreiche Sanktionen verhängt, die weite Teile der russischen Wirtschaft betreffen. Besonders im Fokus stehen der Energiesektor, Finanzinstitute und Schlüsselindustrien. Der Import von russischem Öl in die EU wurde größtenteils verboten, und ein Preisdeckel von 60 US-Dollar pro Barrel soll Russlands Einnahmen begrenzen. Ergänzend dazu wurden mehrere russische Banken aus dem internationalen Zahlungssystem SWIFT ausgeschlossen, Vermögenswerte von Oligarchen und politischen Entscheidungsträgern eingefroren sowie Exportbeschränkungen für Schlüsseltechnologien eingeführt, die für die Modernisierung der russischen Industrie entscheidend sind.

Diese Sanktionspakete stellen die umfassendsten Maßnahmen seit dem Kalten Krieg dar und sollen Russland wirtschaftlich isolieren. Doch trotz ihrer

Breite zeigt sich die russische Wirtschaft widerstandsfähiger als erwartet. Zwar hat der Rubel an Wert verloren und einige Branchen, wie die Automobil- und Technologieindustrie, verzeichnen Rückschläge, doch insgesamt bleibt die russische Wirtschaft relativ stabil.

Besonders der Energiesektor, das Rückgrat der russischen Wirtschaft, konnte durch hohe Öl- und Gaspreise sowie Handelsumlenkungen nach Asien weiterhin bestehen. Ein Drittel der russischen Staatseinnahmen stammt nach wie vor aus dem Öl- und Gashandel. Russland hat es zudem geschafft, Alternativen zu westlichen Märkten zu finden, insbesondere durch verstärkte Handelsbeziehungen zu China und Indien. Indien bezieht nach aktuellen Schätzungen 40 Prozent seines Ölbedarfs aus Russland und hat den Import in den letzten zwei Jahren um mehr als das Zehnfache ausgebaut.

Damit Sanktionen ihre volle Wirkung entfalten können, müssen sie grundlegende Bedingungen erfüllen. Erstens bedarf es einer möglichst breiten internationalen Koalition. Je mehr Staaten sich beteiligen, desto größer wird der Druck auf das Zielland. Besonders wichtig ist die Unterstützung von Ländern mit engen wirtschaftlichen Verbindungen zu Russland. Solange diese Länder nicht mitziehen, bleibt der Schaden für Russland begrenzt.

Zweitens müssen Sanktionen umfassend alle wichtigen Wirtschaftssektoren betreffen. Einseitige oder lückenhafte Maßnahmen lassen dem Zielland die Möglichkeit, sich über alternative Handelswege zu versorgen und wirtschaftliche Verluste abzufedern. Dazu gehören Handel, Investitionen, Logistik und Mobilität – zentrale Bereiche, die getroffen werden müssen, um den wirtschaftlichen Druck zu maximieren.

» **Insbesondere China und Indien haben ihre Handelsbeziehungen zu Russland ausgeweitet.**

Ein weiterer wichtiger Punkt ist die konsequente Durchsetzung der Sanktionen. Auch gut konzipierte Sanktionen verlieren ihre Wirkung, wenn sie nicht ausreichend durchgesetzt werden. Schlupflöcher und Grauzonen erlauben es dem Zielland, die wirtschaftlichen Auswirkungen zu mildern.

Die Sanktionen gegen Russland erfüllen diese Bedingungen nur teilweise.

Ein zentrales Problem ist die fehlende globale Koordination. Eine UN-Resolution zur Verhängung globaler Sanktionen scheiterte im Sicherheitsrat am Veto Russlands. Damit gibt es keine weltweit abgestimmte Sanktionspolitik, die den Druck auf Moskau signifikant erhöhen könnte. Die Sanktionen bleiben lediglich auf die EU, die USA und einige Verbündete beschränkt, während andere große Wirtschaftsmächte wie China, Indien und Brasilien sich nicht beteiligen.

Insbesondere China und Indien haben ihre Handelsbeziehungen zu Russland ausgeweitet und profitieren von den Sanktionen, indem sie russisches Öl und Gas zu günstigen Preisen kaufen. Diese mangelnde globale Beteiligung schwächt die Wirkung der Sanktionen erheblich, da Russland weiterhin auf bedeutende Märkte zugreifen kann, die wichtige Devisen liefern.

Auch der Ölpreis ist ein Problem. Trotz des Preisdeckels von 60 US-Dollar pro Barrel bleibt der globale Ölpreis hoch, was es Russland ermöglicht, weiterhin hohe Einnahmen zu erzielen. Einige Staaten ignorieren obendrein den Preisdeckel und kaufen russisches Öl zu höheren Preisen. Zusätzlich betreibt Russland eine eigene Schattenflotte von Tankern, um seine Ölexporte in neue Märkte zu organisieren.

» **Eine umfassende Überwachung der Handelsströme wäre politisch schwer durchsetzbar.**

Auch innerhalb der EU gibt es Abweichungen bei der Umsetzung der Sanktionen. Griechenland spielt hierbei eine zentrale Rolle: Ein Großteil des russischen Ölexports wird von griechischen Reedereien abgewickelt. Griechenland konnte durchsetzen, dass die Verschiffung von russischem Öl nicht vollständig verboten wurde. Diese Abweichung innerhalb der EU zeigt, dass wirtschaftliche Interessen mancher Mitgliedsstaaten der Durchsetzung der Sanktionen entgegenstehen.

Darüber hinaus hat die Türkei, ein NATO-Mitglied, die Sanktionen nicht in vollem Umfang übernommen. Aufgrund ihrer Abhängigkeit von russischen Energieexporten fungiert sie oft als Transitland für den Handel zwischen Russland und westlichen Märkten. So hat die Türkei ihre Exporte nach Russland seit der Einführung der Sanktionen signifikant erhöht. Der Anteil der Exporte nach

Russland stieg von 2,5 Prozent der türkischen Gesamtexporte vor dem Krieg auf etwa vier Prozent. Besonders in den Bereichen, in denen zuvor europäische Exporteure dominierten, konnte die Türkei ihre Marktposition stark ausbauen. Diese Handelsverlagerungen führten zu höheren Preisen und Margen für türkische Exporteure.

Besonders problematisch ist der indirekte Verkauf von EU-Gütern über Drittländer wie die Türkei und Kasachstan, die diese Produkte nach Russland weiterverkaufen. Obwohl die EU 2023 die Möglichkeit von Sekundärsanktionen eingeführt hat, um den Weiterverkauf von Gütern an Russland zu verhindern, wurden diese Maßnahmen bislang nicht aktiviert. Eine umfassende Überwachung der Handelsströme wäre politisch schwer durchsetzbar und würde die exportstarken Länder in der EU vor erhebliche Herausforderungen stellen. Ohne solche Maßnahmen bleiben die wirtschaftlichen Auswirkungen auf Russland jedoch begrenzt, und die erhofften wirtschaftlichen Verwerfungen bleiben offenkundig aus.

Zusammengefasst zeigt sich, dass die westlichen Sanktionen gegen Russland nicht die notwendigen Bedingungen erfüllen, um maximalen wirtschaftlichen Druck auf das Land auszuüben. Die fehlende globale Koordination, insbesondere durch das Scheitern einer UN-Resolution, sowie die Beteiligung wichtiger Wirtschaftspartner wie China und Indien verhindern eine vollständige Isolation Russlands.

Auch die hohen Energiepreise und die Umgehung der Sanktionen über Drittstaaten mindern die Wirkung erheblich. Während westliche Staaten auf einen wirtschaftlichen Zusammenbruch Russlands hofften, hat sich das Land bislang als widerstandsfähig erwiesen. Die Handelsumlenkung nach Asien und die Nutzung von Schlupflöchern haben Russland geholfen, weiterhin Einnahmen zu generieren und den Krieg gegen die Ukraine zu finanzieren. In einer zunehmend multipolaren Welt mit geopolitischen Verwerfungen zeigt der Fall Russland, wie schwierig es ist, durch Sanktionen signifikante politische und wirtschaftliche Veränderungen zu erzwingen.

ERDAL YALCIN ist Professor für Internationale Wirtschaftsbeziehungen an der Hochschule Konstanz und Experte im Bereich Handelspolitik und globale Wertschöpfungsketten. Er ist Research Fellow am ifo Institut und Mitglied des CESifo-Forschernetzwerks.

KUCHEN FÜR ALLE!

Mit Verweis auf leere Kassen bleiben zwingend notwendige Investitionen aus. Dabei gäbe es genug Geld: Es braucht eine globale Milliardärssteuer.

Von Sarah Ganter | April 2024

Infrastruktur, öffentliche Dienstleistungen und nachhaltige Entwicklung – angesichts der großen Investitionsstaus wird derzeit gerne auf die knappen öffentlichen Kassen verwiesen. Dabei sind wir gar nicht so klamm, wie es scheint, das Geld ist nur nicht gerade optimal verteilt. Die Organisation Oxfam legt alljährlich Zahlen darüber vor, wie sich das globale Vermögen immer stärker in den Händen einer kleinen Gruppe Superreicher konzentriert. Schon 2017 besaßen acht Männer alleine so viel wie die ärmere Hälfte der Menschheit. Seit 2020 haben die fünf reichsten Männer der Welt ihr Vermögen noch einmal verdoppelt, während im gleichen Zeitraum fünf Milliarden Menschen ärmer wurden. Das Netzwerk Steuergerechtigkeit hat in seinem jüngsten Jahrbuch vorgerechnet, dass die vier reichsten Familien in Deutschland über ein größeres Vermögen verfügen als die ärmere Hälfte der Bevölkerung zusammen – und dafür müssen sie vergleichsweise wenig Steuern zahlen. Kaum ein Land besteuert Arbeit so hoch und Kapital so niedrig wie die Bundesrepublik. Gleichzeitig werden Hochvermögende und multinational agierende Konzerne bei der Besteuerung immer noch mit Samthandschuhen angefasst. Dazu kommen viele Möglichkeiten, Steuern zu vermeiden und Gewinne und Vermögenswerte an Niedrigsteuerstandorte zu verlagern. Da ist es nur konsequent, wenn jetzt in sozialen Netzwerken eine Bezahlkarte für Milliardäre gefordert wird, damit sie ihr Geld nicht ins Ausland verschieben.

Weil vermögensbezogene Steuerinitiativen im nationalen Rahmen immer die Gefahr der Abwanderung und Verlagerung an andere Standorte bergen, hat der brasilianische Finanzminister Fernando Haddad im Rahmen der brasilianischen G20-Präsidentschaft ein international abgestimmtes Vorgehen auf die Agenda gesetzt. Er greift damit den Vorschlag des französischen Ökonomen Gabriel Zucman auf, der vorsieht, die Reichsten der Reichen mit einer globalen Mindeststeuer von zwei Prozent zu belegen. Wenn das alle Länder gemeinsam tun, wird es schwer, sich der Besteuerung zu entziehen. Prominente Unterstützung erhält der Vorstoß von Finanz- und Wirtschaftsministern aus Südafrika und Spanien und der deutschen Entwicklungsministerin Svenja Schulze. In einem gemeinsamen Beitrag, der in mehreren Zeitungen gleichzeitig erschien, rufen sie unter der Überschrift »Besteuert die Superreichen!« zu einer globalen Milliardärsbesteuerung auf. Progressive Politik tut gut daran, sich an die Spitze der Bewegung für mehr Verteilungsgerechtigkeit zu setzen. Die gesellschaftlichen Mehrheiten dafür sind längst vorhanden. Wenig verwunderlich kommt das Projekt bei Neoliberalen nicht gut an. Sie halten an der Erzählung fest, dass niedrige Steuern für Hochvermögende Wirtschaftswachstum befördern, sodass am Ende alle etwas davon haben. Empirische Untersuchungen zeigen aber das Gegenteil.

» Steuerpolitik ist eine der zentralen Stellschrauben, um Ungleichheit entgegenzuwirken.

Steuerpolitik ist eine der zentralen Stellschrauben, um Ungleichheit entgegenzuwirken. Allerdings gehörte es lange zu den etablierten Mythen, dass sich mit Steuerthemen politisch kein Blumentopf gewinnen lässt. Über Geld will eigentlich keiner reden und der Gedanke an die eigene Steuererklärung lässt ungute Gefühle aufkommen. Die Fragestellungen sind zu komplex, um sie auf griffige politische Slogans herunterzubrechen, und irgendwie denken doch immer alle, dass es ihnen selbst an den Kragen gehen soll – Omas Häuschen lässt grüßen. Steuerpolitik wird oft als politisches Verliererthema gesehen. Dazu kommt die verbreitete Resignation darüber, dass in der Vergangenheit auch progressive politische Akteure entweder nicht Willens oder nicht in der Lage waren, in diesen Fragen grundsätzlich neue Weichen zu stellen. Trotz eklatant wachsender sozialer Ungleichheit polarisiert die Trennungslinie zwischen Arm und Reich, zwischen Arbeit und Kapital, immer noch weniger als die von Konservativen und Rechten konstruierten Bruchlinien im Bereich der Kulturkämpfe. Spätestens seit Steffen Maus *Triggerpunkte* wissen wir, dass das Lastenfahrrad mehr empört als die Luxusjacht oder der Privatjet. Die Vorstellung, dass finanzieller Reichtum etwas mit persönlicher Leistung zu tun hat, hält sich hartnäckig, obwohl 60 Prozent des Vermögens aus leistungslosen Erbschaften und Schenkungen in einem eng beschränkten Personenkreis resultieren. Die globale Vermögenskonzentration wächst derweil weiter.

Doch in den vergangenen Jahren hat sich etwas verändert. Seit internationale Recherchenetzwerke mit zuverlässiger Regelmäßigkeit in Enthüllungen wie den *Panama* oder *Paradise Papers* und den *Swiss Leaks* Steuervermeidung und -hinterziehung im großen Stil von multinationalen Konzernen und reichen Privatpersonen offenlegen, wächst die Wahrnehmung, dass etwas im Argen liegt. Verteilungskonflikte werden repolitisiert. Steuergerechtigkeit ist zum Gegenstand von sozialen Bewegungen geworden. Weltumspannende zivilgesellschaftliche Netzwerke, wie die *Global Alliance for Tax Justice* (GATJ) und das *Tax Justice Network* (TJN), sowie Akteure der internationalen Gewerkschaftsbewegung wie *Public Services International* (PSI) werden nicht müde, Missstände aufzuzeigen und alternative politische Handlungsoptionen zu formulieren. Den übermächtigen Lobbyakteuren zum Trotz gelingt es unabhängigen Stimmen, sich mit ihren Positionen zur Besteuerung multinationaler Konzerne im internationalen Reformprozess Gehör zu verschaffen, etwa der mit hochrangigen Ökonominnen und Ökonomen besetzten Kommission ICRICT und der *BEPS Monitoring Group*. Ein erster Erfolg war die Einigung auf eine globale Mindeststeuer, die in Zukunft der Nutzung von Steuervergünstigungen als Vorteil im internationalen Standortwettbewerb einen Riegel vorschieben soll. Mit 15 Prozent ist sie deutlich zu niedrig angesetzt, aber trotzdem ein Schritt in die richtige Richtung. Weitere Schritte müssen folgen. Dazu gehören eine gerechtere internationale Verteilung von Besteuerungsrechten, die da ansetzen, wo Wertschöpfung tatsächlich stattfindet, sowie eine breite Legitimation von internationalen Steuerregeln durch eine Steuerkonvention bei den Vereinten Nationen.

Es ist ein Kampf zwischen David und Goliath. Ihnen gegenüber steht eine hochbezahlte Armee aus Beraterinnen und Beratern, die für jeden Versuch, Schlupflöcher zu schließen, ein neues Steueroptimierungskonzept aus der Schublade zieht, um die Abgabenlast ihrer gut betuchten Klientel zu reduzieren. Die Covid-19-Pandemie hat den Trend der Vermögensungleichheit verschärft. In Argentinien wurde deshalb unter der Regierung von Alberto Fernandez eine einmalige Vermögensabgabe beschlossen, wie sie in Deutschland ab Ende der 1940er Jahre für den Wiederaufbau nach dem Zweiten Weltkrieg erhoben wurde. 2023 hat sich auch der Bundesparteitag der SPD für eine Krisenabgabe ausgesprochen. Durch den globalen Anstieg der Energie- und Lebenshaltungskosten infolge des Krieges in der Ukraine hat sich die Lage weiter zugespitzt. Doch nicht alle stehen auf der Verliererseite. Während weltweit Menschen ums Überleben kämpften, profitierten multinationale Konzerne unterschiedlicher Sektoren von der Krise und fuhren Zufallsgewinne in Rekordhöhe ein, die UN-Generalsekretär António Guterres als »unmoralisch« brandmarkte. Allein im ersten Quartal des Jahres 2022 beliefen sich die Gewinne großer Energiekonzerne Schätzungen zufolge auf über 100 Milliarden US-Dollar. Forderungen nach einer Übergewinnsteuer wurden laut, um die Unternehmen an den Krisenkosten zu beteiligen. Letztendlich brachte die Europäische Union mit einer Notfallverordnung einen Energiekrisenbeitrag auf den Weg. Christoph Trautvetter vom Netzwerk Steuergerechtigkeit schlägt vor, Übergewinne auch langfristig zu besteuern, um der wachsenden Konzentration von Marktmacht entgegenzuwirken.

» **Die Covid-19-Pandemie hat den Trend der Vermögensungleichheit verschärft.**

Die Steuerkampagne mit dem bisher größten zivilgesellschaftlichen Mobilisierungspotenzial ist heute fast in Vergessenheit geraten. Kurz vor der Jahrtausendwende brachte der spanische Journalist Ignacio Ramonet mit einem Leitartikel in der *Le Monde diplomatique* eine internationale Massenbewegung ins Rollen. Zur Umsetzung der bereits in den 1970er Jahren vom US-amerikanischen Wirtschaftswissenschaftler James Tobin geforderten Abgabe auf spekulative internationale Devisentransaktionen schlug er die Gründung einer Nichtregierungsorganisation vor, die sich schnell großen Zulaufs erfreute. Die Besteuerung von Finanztransaktionen zielt auf eine zweifache Wirkung: Zum einen generiert sie Einnahmen, die öffentliche Investitionen in nachhaltige Entwicklung ermöglichen. Zum anderen kann sie eine Lenkungswirkung auf die internationalen Finanzmärkte entfalten und kurzfristige Spekulationen und Währungsschwankungen eindämmen. Was zunächst als Utopie globalisierungskritischer Linker abgetan wurde, bekam durch die internationale Finanzkrise 2007/2008 politischen Rückenwind. Banken, die mit dem Geld der Steuerzahlenden gerettet wurden, sollten zukünftige Krisenkosten selbst tragen. In Großbritannien warb ein breites Bündnis für eine sogenannte *Robin Hood Tax*, die in Deutschland als »Steuer gegen Armut« bekannt wurde. Mehr als 55 000 Menschen unterschrieben in Deutschland innerhalb von nur wenigen Wochen eine Petition für ihre Einführung. Dass sie bis heute nicht beschlossen wurde, liegt vor allem am massiven Druck der Finanzlobby. 50 Jahre nach ihrer Erfindung firmiert die Tobin-Steuer heute unter der Überschrift »Totgesagte leben länger«. Eine politische Einigung ist nicht in Sicht, aber spätestens im Zuge der nächsten Finanzkrise wird sie eine neue Konjunktur erfahren.

» **Die Forderung nach einer stärkeren Besteuerung von Hochvermögenden ist heute wieder von einem breiten gesellschaftlichen Konsens getragen.**

Die Forderung nach einer stärkeren Besteuerung von Hochvermögenden ist heute wieder von einem breiten gesellschaftlichen Konsens getragen. In Deutschland wurde die Vermögenssteuer 1997 abgeschafft. 2022 sprach sich in einer repräsentativen Umfrage mit 73 Prozent eine deutliche Mehrheit für eine Wiedereinführung aus. Eine neue Studie rechnet vor, dass Deutschland 73 Milliarden einnehmen könnte, wenn es Vermögen in gleichem Maße besteuern würde wie die Schweiz. Seit der internationalen Finanzkrise konzentrierte sich das globale Vermögen immer stärker in den Händen einiger weniger Superreicher. Im Herbst 2023 hat sich in der EU eine Bürgerinitiative formiert, die innerhalb eines Jahres eine Million Unterschriften in mindestens sieben Mitgliedstaaten für die Einführung einer europäischen Vermögenssteuer sammeln will. Damit soll der ökologische und soziale Wandel finanziert werden. In den USA ist das Thema gar in der Popkultur angekommen. Kontrovers, aber unvergessen bleibt der Auftritt der demokratischen Abgeordneten Alexandria Ocasio-Cortez bei der New Yorker Met-Gala 2021, als auf der Rückseite ihres weißen Abendkleids groß in Rot »Tax the rich« stand.

Dass Milliardäre relativ gesehen nicht weniger Steuern zahlen sollten als die arbeitende Mittelschicht, ist ein *No-Brainer*, ein politisches Kopfnickerthema *par exellence*. Steuergerechtigkeit ist ein politisches Gewinnerthema, das von gesellschaftlichen Mehrheiten getragen wird und breites Mobilisierungspotenzial bietet. Das veranschaulichen die genannten Kampagnen. Dass es trotzdem so schwer ist, entsprechende Veränderungen politisch auf den Weg zu bringen, zeigt, wie groß die Macht und Einflussnahme von Vermögenden auf die politische Entscheidungsfindung ist. Ein Rechercheteam ist der Frage nachgegangen, warum es so schwer ist, Reiche zu besteuern, und hat nachgezeichnet, wie Lobbyakteure den Kampf für ein gerechteres Steuersystem torpedieren. Der technische Charakter steuerpolitischer Fragestellungen lässt progressive Initiativen schnell ins Hintertreffen geraten, wenn finanzstärkere Gegnerinnen und Gegner umfangreiche Expertisen beauftragen, um ihren Positionen Nachdruck zu verleihen. Doch durch eine immer stärkere internationale Vernetzung von Zivilgesellschaft, Gewerkschaften, Wissenschaftlerinnen und Journalisten ist es über die Jahre gelungen, eine Gegenmacht aufzubauen, die gemeinsam an einer neuen Erzählung gerechter Steuerpolitik strickt, Konzepte erarbeitet und Argumente liefert. Progressive Politik darf nicht im vorauseilenden Gehorsam vor der Übermacht der Gegenseite kapitulieren. Stattdessen muss sie sich zum Sprachrohr der Bewegung machen und die Forderungen nach mehr Steuergerechtigkeit selbstbewusst in der politischen Arena vertreten. Der gemeinsame Vorstoß für eine international koordinierte Milliardärssteuer kommt genau im richtigen Moment. Die Zeit ist reif.

SARAH GANTER ist Politikwissenschaftlerin und leitet das Globalisierungsprojekt des Referates Globale und Europäische Politik der Friedrich-Ebert-Stiftung.

DIE KUH IST VOM EIS

Nach 25 Jahren Verhandlung steht das EU-Mercosur-Abkommen. Der Durchbruch nach Trumps Wahl ist kein Zufall – geopolitisch steht viel auf dem Spiel.

Von Dörte Wollrad und Viviana Barreto | Dezember 2024

Im Jahr 1999 begannen die Verhandlungen für ein biregionales Assoziierungsabkommen zwischen der EU und den Mercosur-Staaten, das auf drei Säulen basierte: politischer Dialog, Zusammenarbeit und Handel. Das Abkommen, das 20 Jahre später schließlich als »politisches« Abkommen unterzeichnet wurde, bezog sich jedoch fast ausschließlich auf den Handel. Als Gegenleistung für eine Marktöffnung erhielten die Mercosur-Länder lediglich zugesicherte Importquoten. Widerstände in Europa, vor allem aus der Landwirtschaft sowie klimapolitische Bedenken, führten jedoch schließlich zu Nachverhandlungen.

Während dieser sechs Verhandlungsrunden änderten sich die globalen Rahmenbedingungen erheblich. Die EU wurde zunehmend mit den Abhängigkeiten konfrontiert, die sich in Zeiten der Globalisierung entwickelt hatten, insbesondere in den Bereichen Energie (Russland), Sicherheit (USA/NATO) und Technologie (China). Angesichts dieser Herausforderungen sucht die EU nun verstärkt nach Autonomie und versucht, sich als *middle power* in einer zunehmend polarisierten geopolitischen Welt neu zu positionieren. In diesem Kontext rückte Lateinamerika wieder in den Fokus – als rohstoffreicher Subkontinent, der über das Gros der weltweiten Lithiumvorhaben zur Batterieproduktion verfügt und von seltenen Erden bis zu erneuerbarer Energie zur Produktion von grünem Wasserstoff viel zu bieten hat. Selbst kulturelle Wurzeln wurden bei der Fachkräftesuche neu entdeckt, denn Integration ist einfacher, wenn es in puncto Werte und Religion Übereinstimmungen gibt.

Lateinamerika erfuhr so ungewohnte Beachtung und dies nicht nur seitens der EU, sondern auch aus China und den USA. Man gewann neues Selbstbewusstsein, wobei Brasilien – als Filetstück aller Kooperationsbemühungen – seit dem Amtsantritt von Präsident Lula da Silva deutlich den Ton angibt. Ihm ist es nun gelungen, das am längsten verhandelte Abkommen der Welt abzuschließen, womit er seine globale und regionale Führungsrolle unterstreicht. Darüber hinaus kann der Abschluss als ein Mittel gesehen werden, den Zusammenhalt des regionalen Blocks zu sichern, insbesondere angesichts der Rückzugsdrohungen des argentinischen Präsidenten Javier Milei. Und schließlich wurde der Behauptung entgegengetreten, der Mercosur sei unfähig, die Verhandlungen erfolgreich abzuschließen, was seine Glaubwürdigkeit untergrub.

Das Abkommen, das pünktlich zum Nikolaustag unterzeichnet wurde, bleibt jedoch weiterhin in Teilen undurchsichtig. Forderungen nach mehr Transparenz und Partizipation wurden offenbar nicht erfüllt. Nach Angaben der brasilianischen Regierung sind die Inhalte aller Kapitel vollständig ausgehandelt und vereinbart. Der Vertragstext wird derzeit juristisch überarbeitet und übersetzt und geht dann in die Ratifizierung.

» Umweltschutzauflagen des von der EU 2023 vorgelegten Zusatzprotokolls wurden gestrichen.

Bekannt ist, dass das Angebot der Europäischen Union zur Handelsöffnung für Waren im Wesentlichen unverändert gegenüber dem Abkommen von 2019 bleibt. Der Marktzugang für zentrale Mercosur-Exportgüter wurde nicht erweitert. Produkte wie Fleisch, Reis, Zucker, Honig, Ethanol und Orangensaft unterliegen weiterhin Importquoten. Dies kann demnach nicht der ausschlaggebende Grund für die überraschende Einigung gewesen sein. Vereinbarungen über das, was die Lula-Regierung das »Brasilia-Paket« nennt, waren eher der Schlüssel dazu. In diesem Zusammenhang sind drei wesentliche Neuerungen hervorzuheben:

Erstens: Das Handelskapitel »Handel und nachhaltige Entwicklung« wurde geändert. Die Umweltschutzauflagen des von der EU 2023 vorgelegten Zusatzprotokolls wurden gestrichen und auf die Forderung nach Einhaltung bestehender internationaler Verpflichtungen beschränkt, wie des Pariser Abkommens und des Übereinkommens über die biologische Vielfalt. Eingeführt wurde der Begriff der gemeinsamen, aber differenzierten Verantwortung, ebenso wie die Verpflichtung, dass umweltpolitische Maßnahmen keine unnötigen Handelshemmnisse darstellen dürfen. Was Umweltschützer beunruhigt, stellt für Brasilien einen Punktsieg dar. Denn viele Importeinschränkungen des Zusatzprotokolls waren als »grüner Protektionismus« kritisiert worden. Wer Glyphosat exportiere, solle nicht die alleinige Hoheit über Umweltzertifizierungen haben. Die Mercosur-Länder zertifizieren nun souverän und unter Einhaltung von gemeinsamen geltenden Umweltvorschriften in der Produktion. Auch mit der Vereinbarung über »nachhaltige Wertschöpfungsketten für die Energiewende« wurde Neuland betreten. Sie sieht die Möglichkeit vor, den Export kritischer Mineralien für die Energiewende einzuschränken mit dem Ziel, die Wertschöpfung vor Ort zu erhöhen. Damit setzt der Mercosur ein Zeichen, nicht nur Rohstoffexporteur sein zu wollen, sondern das Anrecht auf Entwicklung, Beschäftigung und (Re-)Industrialisierung einzufordern.

Zweitens: Der Schutz des Automobilsektors des Mercosur wurde im Vergleich zu den 2019 ausgehandelten Bestimmungen erhöht. Die Fristen für die Handelsliberalisierung werden von 15 auf 18 bis 30 Jahre verlängert, abhängig vom Innovationsgrad der Fahrzeuge. Zudem erlaubt eine neue Klausel, zollfreie Einfuhren für bis zu fünf Jahre ohne Entschädigung auszusetzen, falls sie den Absatz der lokalen Automobilindustrie beeinträchtigen. Hierbei steht der Schutz von Arbeitsplätzen im Vordergrund. Zudem wurde ein noch nie dagewesenes Kapitel eingeführt, das Regelungen für Kompensationen bei gewährten Zugeständnissen vorsieht. Dies betrifft Fälle, in denen etwa Subventionen den Wettbewerb verzerren und den Gewinn einer Vertragspartei mindern. Ein Schiedsverfahren soll über das Ausmaß der Beeinträchtigung sowie geeignete Maßnahmen zur Abhilfe entscheiden.

Drittens: Eine weitere wesentliche Neuerung betrifft die Lockerung der Anforderungen im öffentlichen Beschaffungswesen. Insbesondere im Falle Brasiliens wird damit die Möglichkeit geschaffen, staatliche Aufträge gezielt zur Förderung der nationalen Industrie, von Klein- und Mittelunternehmen, der kleinbäuerlichen Landwirtschaft sowie für technologische Innovationen einzusetzen. Darüber hinaus ist das öffentliche Beschaffungswesen im Gesundheitssektor besonders geschützt.

Die Bewertung dieser Entwicklungen ist aufgrund der unvollständigen Informationslage schwierig. So ist beispielsweise das ursprüngliche Marktzugangsangebot des Mercosur nicht bekannt und wird vermutlich auch nie offengelegt werden. Auf der anderen Seite blieb die EU strikt bei ihrem Angebot zur Handelsöffnung und wich in dieser Hinsicht keinen Millimeter ab. Gleichzeitig zeigte sie jedoch Bereitschaft, von Umweltauflagen zurückzutreten und den Mercosur-Staaten Spielraum für Industriepolitik im Automobilsektor und im öffentlichen Beschaffungswesen einzuräumen.

» China hat sich in der Region als führender Handelspartner, bedeutender Kreditgeber und Investor etabliert.

Wie sich diese Vorteile für den Mercosur auswirken werden, ist unklar. In der langen Geschichte der Verhandlungen agierte der Mercosur immer auf der Grundlage der Summe nationaler Interessen. Sollte dieses Abkommen tatsächlich einen Wendepunkt markieren, dann möglicherweise in der Hinwendung zu einer stärkeren regionalen Politikgestaltung. Dies könnte die Grundlage schaffen, die Vorteile des Abkommens optimal zu nutzen und die vielfältigen Auswirkungen gemeinsam zu bewältigen.

Sollte jedoch keine Einigung innerhalb des Mercosur erzielt werden, droht ein anderes Szenario. Da es innerhalb des Blocks keine supranationale Entscheidungsstruktur gibt, könnte ein vorläufiges Inkrafttreten des Abkommens – zwischen der EU und einzelnen Mercosur-Staaten, die es ratifizieren – zu einer Spaltung des regionalen Marktes führen. Dieses Risiko unterstreicht die Bedeutung einer geschlossenen und koordinierten Vorgehensweise innerhalb des Mercosur.

Warum war die EU bereit, Zugeständnisse zu machen? Die geopolitischen Rahmenbedingungen lassen immer weniger Spielraum. China hat sich in der Region als führender Handelspartner, bedeutender Kreditgeber und Investor etabliert. Peking lieferte – ebenso wie Russland – Covid-Impfstoffe, als Europa dies nicht tat, und baut seine »Neue Seidenstraße« in Form von Häfen und Bahntrassen weiter aus. Gleichzeitig werfen die möglichen Folgen einer zweiten Amtszeit von Donald Trump, einschließlich eines drohenden Handelskriegs, ihre Schatten voraus. Angesichts dieser Entwicklungen war es für Europa an der Zeit, ein starkes Zeichen zu setzen – auch gegen nationalistischen Widerstand innerhalb der EU.

Mit dem Abkommen eröffnet sich die EU den Zugang zu einem 260 Millionen Einwohner umfassenden Markt. Dass Bolivien – ein Land, das über 21 Prozent der weltweiten Lithiumvorkommen verfügt – dieses Jahr Vollmitglied des Mercosur wurde, dürfte zudem motiviert haben. Das Abkommen kann als erster wichtiger Schritt in Richtung einer echten Partnerschaft mit einer Region gesehen werden, die mit der EU Werte wie Demokratie und Multilateralismus teilt. Es könnte den Beginn einer Neuausrichtung markieren – weg vom rein handelspolitischen Fokus, hin zu einer umfassenderen Assoziierung, die auf den Säulen von Dialog, Kooperation und einer Partnerschaft auf Augenhöhe basiert. Ein Anfang ist gemacht.

DÖRTE WOLLRAD leitet das Büro der Friedrich-Ebert-Stiftung in Uruguay. Zuvor war sie u. a. Leiterin des Büros in Argentinien und Leiterin des Referats Lateinamerika und Karibik der Stiftung in Berlin.

VIVIANA BARRETO ist Projektleiterin bei der Friedrich-Ebert-Stiftung in Uruguay. Sie forscht zur regionalen Integration und MERCOSUR.

AFRIKA

WUT IM BAUCH

In vielen Ländern Afrikas geht die Jugend auf die Straße. Warum von einem Afrikanischen Frühling noch nicht gesprochen werden kann.

Von Henrik Maihack | August 2024

Etwas rumort in Afrika: Im Senegal übernimmt nach Protesten und anschließenden Wahlen ein Präsident im Millennial-Alter die Macht, der wenige Wochen zuvor noch politischer Häftling war. In Kenia führen Straßenproteste, angeführt von *GenZ*-Studierenden, zur Entlassung des Kabinetts und zur Rücknahme von Steuererhöhungen. Während in Nigeria und Uganda unter großem Aufgebot an Sicherheitskräften ebenfalls protestiert wird, sperrt die simbabwische Regierung präventiv prominente Vertreterinnen und Vertreter der Zivilgesellschaft ein. Man macht sich offenbar Sorgen.

Von Sudan bis Südafrika, Proteste gab es in Afrika in den jüngsten Jahren immer wieder. Die Frequenz nimmt nun offenbar zu. Zwar verdeckt eine Einordnung der Proteste als *GenZ*-Phänomen viele Unterschiede, aber auf einem Kontinent, wo das Median-Alter der Regierenden weit über 60 liegt und das der Regierten bei unter 19 Jahren, ist diese Selbstidentifizierung der Protestierenden als *GenZ* auch kein Zufall. Jüngste Umfragen zeigen eine zunehmende Frustration junger Menschen: So sehen zwar zwei Drittel der Menschen in Afrika Demokratie als einzig legitime Regierungsform, Parteienbindung und Wahlbeteiligung nehmen aber unter jungen Menschen ab. Wird demokratische Rechenschaft von Regierenden nicht erbracht, werden radikale Alternativen beliebter. Die Zustimmung zu einem Eingreifen des Militärs bei Machtmissbrauch hat in ganz Afrika zugenommen, auch das besonders unter jungen Menschen. Das heißt: Proteste und eine schwindene Parteibindung werden wahrscheinlicher. Demokratie bleibt das Ziel, Putsche werden von vielen als potenzielle Versuche gesehen, dysfunktionale Demokratien zu retten.

2024 wird aber wohl nicht das Jahr der Putsche in Afrika, verglichen mit dem vorherigen. Es ist bisher das Jahr der Wahlen und Proteste. Das ist eine gute Nachricht. Der Zeitpunkt weiterer Proteste ist kaum vorherzusagen, aber dass die Erfolge in Senegal und Kenia inspirierend auch für Menschen in Nigeria oder Uganda sind, sagen diese selbst, genau wie in Simbabwe die Erfolge der Studierendenproteste in Bangladesch rezipiert werden. Man inspiriert sich gegenseitig, teilweise steht man im Austausch. Von einem *African Spring* zu sprechen, wäre jedoch noch voreilig, auch weil die jüngsten Proteste bisher eher in Ländern mit vergleichsweise freien Wahlen wie Kenia oder Nigeria stattfinden. So bleibt – wie in Senegal – auch der Wandel über die Wahlurne möglich. Eine Ausbreitung ist aber nicht unwahrscheinlich.

» Mehr als 20 Länder des Kontinents befinden sich aktuell in einer Schuldenkrise.

Anlass der Proteste ist in erster Linie verwehrte soziale Teilhabe. Jungen Menschen fehlt das Vertrauen, dass die amtierenden Politikerinnen und Politiker diese herstellen. Jedes Jahr streben bis zu zwölf Millionen neue Arbeitssuchende auf die afrikanischen Arbeitsmärkte, wo es aber nur drei Millionen Arbeitsplätze gibt. Die Mehrheit findet nur im sogenannten informellen Sektor ein klägliches Auskommen. Schuldenkrisen und Inflation im Zuge von Pandemie, russischem Angriffskrieg und westlichen Zinserhöhungen bedeuten eine neue Runde finanzpolitischer Austerität in Afrika, ohne dass von den mit diesen Schulden finanzierten Projekten die Mehrheit profitiert hätte. Mehr als 20 Länder des Kontinents befinden sich aktuell in einer Schuldenkrise. Mehrere Regierungen brauchen daher dringend den Internationalen Währungsfonds, auch weil Chinas Kredite seit 2016 rückläufig und die Zinsen für Staatsanleihen in westlichen Währungen zu teuer sind. Der IWF vergibt Notfallhilfe aber nur gegen Bedingungen. So fordert er traditionell höhere Steuereinnahmen. Weil es aber nicht genug besteuerbare Arbeitsplätze gibt, bleibt den Regierungen für den Schuldendienst nur die Besteuerung der eigenen Privilegien oder aber des täglichen Konsums beziehungsweise das Kappen von Subventionen für Alltagsgüter. Für diese regressiven Maßnahmen, die vor allem untere Einkommensgruppen hart treffen, entschied sich zuletzt die Regierung in Kenia, die inzwischen mehr Geld für den Schuldendienst ausgibt als für Gesundheit oder Bildung. Genau das war ein Auslöser der jüngsten Proteste, die aber auf ein größeres Repertoire von strukturellen Unzufriedenheiten aufbauen.

So ist die öffentliche Daseinsvorsorge in den wachsenden Städten Afrikas heute oft schlechter als vor der Pandemie. Die Inflation war eh schon hoch, in Nigeria liegt sie heute bei knapp 40 Prozent. Jetzt sollen weitere Steuern hinzukommen. Das wird als wirtschaftspolitischer Angriff auf den Alltag und letztlich auf die Perspektiven einer ganzen Generation gesehen. Wegen der rapiden Urbanisierung leben inzwischen viele in den informellen Siedlungen des Kontinents Tür an Tür – beziehungsweise TikTok- an X-Account. Sie sehen, dass es anderen genauso geht. Sie sind zu viele, um sie mit Wahlgeschenken zu beschwichtigen.

» **Die Proteste veranschaulichen aber auch ein grundsätzlicheres Scheitern von 40 Jahren Angebotspolitik.**

Die Proteste veranschaulichen aber auch ein grundsätzlicheres Scheitern von 40 Jahren Angebotspolitik, also des Versuchs, wirtschaftliches Wachstum und Arbeitsplätze durch die Verbesserung der wirtschaftlichen Rahmenbedingungen zu schaffen. Hieran trägt der Westen eine besondere Mitschuld. Nach dem Kalten Krieg hatte die Mehrheit der Länder Afrikas Demokratien eingeführt, tat dies aber in einer Phase der sich seit den 1980er Jahren ausbreitenden Schuldenkrisen. Diese waren damals durch Zinserhöhungen im Westen ausgelöst worden, geantwortet wurde – auf Empfehlung des IWF, in dem westliche Länder besonders mächtig sind – mit Einsparungen. Das »Ende der Geschichte« begann in vielen Teilen Afrikas somit zwar vielerorts demokratisch, aber mit Auflagen, die eine Deregulierung der Wirtschaft, einen Abbau von sozialer Sicherung und weniger Chancen auf einen Arbeitsplatz bedeuteten.

Auch danach wurde vor allem die Angebotsseite für die andauernden wirtschaftlichen Probleme in Afrika verantwortlich gemacht. Vielen »westlichen Geberstaaten«, Weltbank und IWF, galten in den 1990er Jahren Handelsliberalisierung, *Good Governance* und später dann die Berufsausbildung als entscheidende Stellschrauben für wirtschaftlichen Aufschwung. Hierauf wurde die Zusammenarbeit ausgerichtet. Die Idee: Würden afrikanische Länder nur freiere Märkte, *Good Governance* und gut ausgebildete Arbeitskräfte »anbieten«, würde es schon aufwärts gehen. Ausbleibende »Entwicklung« wurde also in erster Linie verstanden und bearbeitet als Mangel eines guten Angebots an Know-how (Stellschraube: Unterstützung der Berufsbildung), an Moral beziehungsweise Ineffizienz der Regierenden (Stellschraube: Beratung für *Good Governance*) und an ausländischem Kapital (Stellschraube: Handelshemmnisse abbauen und Anreize für Direktinvestitionen). Das hat nicht funktioniert. Das Pro-Kopf-Einkommen in ganz Afrika ist seit 1990 nur um ein Prozent gewachsen. Einige der lange gelobten *Good Governance Champions* sind inzwischen Autokratien, die ganze Regionen destabilisieren. Und in der aktuellen Hochzinsphase in den USA und Europa zieht derweil kaum noch Kapital nach Afrika, sondern eher in die andere Richtung.

» **Seit dem Jahr 2000 hat sich der Anteil der Afrikanerinnen und Afrikaner mit einem Hochschulabschluss verdoppelt.**

Zumindest ein positives Ergebnis gibt es: Seit dem Jahr 2000 hat sich der Anteil der Afrikanerinnen und Afrikaner mit einem Hochschulabschluss verdoppelt. Nur finden diese eben keine Jobs und begehren jetzt gegen enge Partnerregierungen des Westens wie in Kenia und Nigeria auf. Für einige Beobachterinnen und Beobachter ist es erstaunlich, dass die Protestierenden in Kenia den IWF angreifen, aber nicht die Verschuldung in China. Nicht erstaunlich ist das angesichts afrikaweiter Umfragedaten: Die Volksrepublik ist beliebter in Afrika als europäische Länder und wird nicht für die Auflagen des IWF verantwortlich gemacht. Stattdessen werden die Erfolge der marktschützenden Wirtschafts- und der nachfragestärkenden Sozialpolitik von China oder Brasilien bewundert, wo man die wirtschaftliche Beratung des Westens eher abgelehnt hatte.

Die gute Nachricht ist: Die Kinder jener Eltern, die die politische Liberalisierung und die gleichzeitigen Entbehrungen der 1980er und 1990er Jahre miterlebt haben, suchen sich demokratische Formen, um ihren Unmut auszudrücken. Explizit berufen sich die Protestierenden dort, wo es sie gibt, auf demokratische Verfassungen beziehungsweise unerfüllte Wahlversprechen. Ein chinesischer Einparteienstaat ist kein Modell für sie. Sie sind auch keine Russland-Fans. Sie haben aber den Glauben verloren, dass die amtierenden Politikerinnen und Politiker, die gemeinsam die mit dem Westen koordinierte Angebotspolitik verantworten, noch einen Wandel vorantreiben und wirtschaftliche und soziale Teilhabe der *GenZ* bewerkstelligen könnten. In vielen politischen Ökonomien des Kontinents würde wirtschaftliche Umverteilung oder die Besteuerung von Finanzabflüssen in Steueroasen, wie sie von Gewerkschaften und der Zivilgesellschaft vorgeschlagen wird, wohl zum Zusammenbruch bestehender Regierungsbündnisse führen. Sie sind der korruptionsanfällige Klebstoff, der diese zusammenhält. Auch daher kommt die maximale Forderung nach Rücktritt à la *#RutoMustGo* in Kenia.

» Was kann man nun tun?

Was kann man nun tun? Auch wenn Europas Interessen mit einigen der unter Druck stehenden Regierungen derzeit eng verknüpft sind, ist ein Dialog mit den Protestierenden schon allein darum vernünftig, weil einige davon absehbar politische Verantwortung übernehmen könnten (siehe Senegal). Genau das forderten Teilnehmerinnen und Teilnehmer afrikanischer Protestbewegungen zuletzt bei einem Besuch in Berlin vehement ein. Deren Vertrauen sollte man nicht noch weiter verspielen. Die noch dringendere Hausaufgabe von G7 und EU ist aber eine grundsätzlichere Antwort auf das Scheitern von 40 Jahren Angebotspolitik in Afrika. Das bedeutet, den bereits in der deutschen Entwicklungspolitik angelegten Pfad hin zu gemeinsamer globaler Strukturpolitik europaweit auszubauen und dem Wunsch nach wirtschaftspolitischer Souveränität entgegenzukommen. Notwendig ist dafür eine schnellere Reform des internationalen Schuldenmanagements. Will man Vertrauen und Partner in Afrika gewinnen, sind weitere Projekte entscheidend, die die wirtschaftliche Nachfrage stimulieren. Es geht hierbei um nicht weniger als einen Paradigmenwechsel in der europäischen (Entwicklungs-)Zusammenarbeit mit Afrika: von der Unterstützung von mehr Weiterverarbeitung und guten Arbeitsplätzen vor Ort, bei einer sozial-gerechten Energiewende, bis zum Aufbau einer marktschützenden afrikanischen Freihandelszone. Will Europa das viel beschworene bessere Angebot in einer multipolaren Welt machen, sollte es vor allem die Nachfrage stärken.

HENRIK MAIHACK leitet das Referat Afrika der Friedrich-Ebert-Stiftung. Zuvor leitete er für die FES Projekte in Kenia, Südsudan, Ruanda und Bangladesch.

WENIGER ZEIGEFINGER, MEHR AUSGESTRECKTE HAND

Terrorismus und russischer Einfluss: Die internationale Gemeinschaft muss sich im Sahel weiter engagieren – und den Menschen Perspektiven bieten.

Von Svenja Schulze | Juli 2024

»Hier wird Menschen Hoffnung gegeben, die gar keine mehr hatten.« Mit diesen Worten beschreibt Mohamed Malha die Unterstützung, die er und andere aus Mali geflüchtete Menschen im westafrikanischen Mauretanien erhalten. Und er bringt damit auf den Punkt, warum sich die internationale Gemeinschaft weiter in der Sahel-Region engagieren muss: Um den Menschen in der krisengeschüttelten Region Zukunftsperspektiven zu bieten. Und um dem Terrorismus den Nährboden zu entziehen.

Mohamed Malha selbst ist – wie viele Tausende andere Menschen auch – vor dem Terrorismus und den gewaltsamen Konflikten aus seinem Heimatland Mali geflohen. In Mauretanien, einem der ärmsten Länder der Welt, erhält er Schutz und Unterstützung. Das Land hat etwa so viele Einwohner wie der Großraum Berlin – und bereits über 100 000 Menschen aus Mali aufgenommen. Damit bietet Mauretanien im Verhältnis mehr Menschen Zuflucht als die meisten anderen Länder der Welt – einschließlich Deutschland. Mohamed Malha und die anderen Flüchtlinge bekommen in Mauretanien die Chance auf eine bessere Zukunft. Zwar haben es die Flüchtlinge auf dem mauretanischen Arbeits- und Wohnungsmarkt nicht leicht, aber sie dürfen arbeiten und erhalten medizinische Versorgung. Der Schulbesuch für die Kinder ist kostenlos.

Die Bundesregierung unterstützt Mauretanien dabei, die Menschen aus Mali zu versorgen. Und sie setzt sich auch in den anderen Ländern der Sahel-Region dafür ein, den Menschen dort Zukunftsperspektiven zu bieten. Um dieses Engagement für die Menschen im Sahel weiter voranzubringen, habe ich letztes Jahr die Präsidentschaft der Sahel-Allianz übernommen. Das internationale Bündnis, bestehend aus zwölf Ländern und sechs internationalen Organisationen, koordiniert die internationale Entwicklungszusammenarbeit in den Sahel-Staaten Burkina Faso, Mali, Mauretanien, Niger und Tschad.

Die international abgestimmte Unterstützung ist dringend nötig, denn im Sahel herrschen vielerorts Armut und Hunger. Gewalt und Konflikte sind an der Tagesordnung. Der Klimawandel trifft die Menschen dort zudem besonders hart, sie haben mit Dürren und Wasserknappheit zu kämpfen, mit Ernteausfällen und vertrockneten Böden. Das alles öffnet die Tür für den sich ausbreitenden Terrorismus. Denn die Menschen, die sich im Sahel Terrorgruppen anschließen, tun das meist nicht aus ideologischen Gründen. Sondern aus Verzweiflung und Perspektivlosigkeit. Weil die Terrorgruppen ihnen eine Einnahmequelle versprechen, die ihnen ansonsten fehlt. Und weil sie darin die einzige Möglichkeit sehen, ihre Familien zu ernähren.

Entwicklungspolitik ist elementarer Bestandteil einer nachhaltigen Sicherheitspolitik.

Dem stellt sich die Sahel-Allianz entgegen, indem sie die strukturellen Ursachen von Konflikten, Hunger und Armut angeht. Natürlich sorgen entwicklungspolitische Maßnahmen nicht allein für Sicherheit. Aber genauso klar ist: Es geht nicht ohne sie. Entwicklungspolitik ist elementarer Bestandteil einer nachhaltigen Sicherheitspolitik. Wenn es nicht gelingt, die Grundversorgung für die Bevölkerung im Sahel sicherzustellen und den Menschen durch Bildung und Jobs Perspektiven zu bieten, dann werden sich Krisen und Terror weiter ausbreiten. Und letztlich noch mehr Menschen in die Flucht getrieben. All das hätte nicht nur gravierende Auswirkungen für die gesamte Region, sondern auch für Deutschland und Europa. Denn wir brauchen eine stabile Nachbarschaft. Als rohstoffarme Exportnation sind verlässliche Partnerschaften und weltweite Handelsbeziehungen zudem essenziell.

Die Menschen im Sahel entwicklungspolitisch zu unterstützen, ist aus deutscher Perspektive deshalb absolut sinnvoll. Zumal wir damit auch dem russischen Einfluss in der Region etwas entgegensetzen. Russland hat seine Aktivitäten in der Region in den letzten Jahren erheblich ausgebaut und setzt dabei unter anderem auf gezielte Desinformation. Dem dürfen wir Europäerinnen und Europäer nicht tatenlos zuschauen. Wir dürfen Russland aus geopolitischen Gründen nicht das Feld überlassen, denn die Region ist Drehkreuz für Migrantinnen und Migranten und zudem energiepolitisch enorm wichtig. Es gilt zu verhindern, dass Russland Europa durch seinen Einfluss im Sahel unter Druck setzen kann – zum Beispiel, indem es Migration zur Destabilisierung einsetzt oder zukünftige Energielieferungen aus Afrika kontrolliert.

Am 15. und 16. Juli richtet das Bundesentwicklungsministerium in Berlin die Generalversammlung der Sahel-Allianz aus. Bei dem Treffen wird es darum gehen, wie die internationale Gemeinschaft den vielschichtigen Herausforderungen im Sahel am besten begegnen kann. Mein Präsidentschaftsprogramm sieht dafür drei zentrale Ansatzpunkte vor:

Erstens geht es darum, in den Ländern der Sahel-Region Bildung, Ausbildung und Beschäftigung zu fördern – und den Menschen damit ein verlässliches Einkommen und Chancen auf eine bessere berufliche Zukunft zu bieten. Zweitens sollen die Gesellschaften widerstandsfähiger gegenüber Krisen und klimabedingten Schocks – wie Dürren und Überschwemmungen – werden. Dazu gehören soziale Sicherungsnetze, die den Menschen in Krisensituationen schnelle finanzielle Hilfe bieten. Und dazu gehört auch, die Bäuerinnen und Bauern in der Region darin zu unterstützen, mit den immer schwierigeren klimatischen Bedingungen umzugehen. Denn mit angepassten Anbaumethoden können sie auch in trockenen Gebieten eine bessere Ernte einfahren. Und drittens sollen kommunale Strukturen gestärkt werden, damit sie den Menschen eine verlässliche Grundversorgung bieten. Dabei geht es um das Nötigste zum Leben, wie etwa Wasser, Energie, Gesundheitsversorgung, Schulen und Marktplätze.

Der aktuelle Fünf-Jahres-Bericht der Sahel-Allianz zeigt, dass diese Ansätze erfolgreich sind. Durch die Initiativen der Mitglieder haben bereits über acht Millionen Menschen besseren Zugang zu Trinkwasser erhalten – in der heißen und von Dürren geprägten Sahel-Region von essenzieller Bedeutung.

Mehr als 2,3 Millionen Menschen verfügen nun über eine bessere Stromversorgung, um ihre Häuser zu beleuchten, Felder zu bewässern und Maschinen zu betreiben. Und mehr als 160 000 kleine und mittlere Unternehmen wurden dabei unterstützt, vor Ort Arbeitsplätze zu schaffen und die lokale Wirtschaft anzukurbeln.

» **Unsere Partnerinnen und Partner haben das besserwisserische, koloniale Gehabe westlicher Staaten satt.**

Bei der Generalversammlung der Sahel-Allianz in Berlin wird es auch darum gehen, den Dialog mit unseren Partnerinnen und Partnern in der Region weiterzuführen. Das wird nicht einfach, denn nach den Militärputschen in Mali, in Burkina Faso und im Niger in den letzten Jahren steht die Sahel-Allianz vor der Herausforderung, ihre Beziehungen zu den Sahel-Ländern neu zu definieren. Gemeinsam gilt es auszuloten, wie die Allianz die Menschen in der Region – trotz der schwierigen politischen Situation – bestmöglich dabei unterstützen kann, die Herausforderungen wie Armut, Hunger und Dürren zu bewältigen. Und wie es gelingen kann, eine weitere Ausbreitung von Gewalt und Terrorismus in der Region zu verhindern.

Damit Deutschland und die EU angesichts der geopolitischen Herausforderungen mitgestalten können, müssen wir die besseren Partnerinnen und Partner sein. Wir müssen Angebote machen, von denen beide Seiten langfristig profitieren und die keine neuen Abhängigkeiten schaffen. Hier kommt es auch auf unsere Haltung an, denn unsere Partnerinnen und Partner haben das besserwisserische, koloniale Gehabe westlicher Staaten satt. Gefragt ist weniger Zeigefinger und mehr ausgestreckte Hand. Das ist im Interesse der Menschen im Sahel – und im Interesse Deutschlands.

SVENJA SCHULZE ist seit Dezember 2021 Bundesministerin für wirtschaftliche Zusammenarbeit und Entwicklung. Zuvor war sie Bundesministerin für Umwelt. Schulze ist zudem Präsidentin der Sahel-Allianz.

AUF EIGENEM WEG

Ob bei G20 oder BRICS: Südafrika will eine ausgewogenere Weltordnung – und nicht in den Konflikt der Supermächte hineingezogen werden.

Von Fébé Potgieter-Gqubule | November 2024

Die Welt erlebt turbulente Veränderungen – und diese Veränderungen betreffen alle Regionen und Länder. Extreme Wetterbedingungen sind zu einer alltäglichen Tatsache geworden. Nördlich von Südafrika hat der Kariba-Damm, der größte von Menschenhand geschaffene Stausee der Welt, der Simbabwe und Sambia mit Wasserkraft versorgt, aufgrund der anhaltenden Dürre einen historischen Tiefststand erreicht. Kürzlich mussten Hauptverkehrsstraßen ins südafrikanische Durban wegen starken Schneefalls gesperrt werden – ja, tatsächlich: Schnee in Afrika!

Nicht zuletzt haben politische Entwicklungen große Tragweite: Im Mai dieses Jahres verlor die Partei der südafrikanischen Befreiungsbewegung, der Afrikanische Nationalkongress (ANC), zum ersten Mal in 30 Jahren Demokratie die absolute Mehrheit. Der ANC erhielt nur 40 Prozent der Stimmen und entschied sich daher, eine sogenannte »Regierung der nationalen Einheit« mit neun anderen Parteien zu bilden. Im Nachbarstaat wurde die *Botswana Democratic Party*, die das Land seit der Unabhängigkeit von Großbritannien 1966 regiert hatte, bei den Wahlen vernichtend geschlagen und hat jetzt nur noch vier Sitze im Parlament.

Im Bereich Gesundheit hat Afrika die Coronavirus-Pandemie trotz der Apartheid bei Impfstoffen und Hilfsgütern relativ gut überstanden. Hauptgrund dafür sind die sogenannten Zentren für die Eindämmung von Krankheiten (*African Centers of Disease Control*), die nach der Ebola-Pandemie 2014/15 in Teilen Westafrikas eingerichtet wurden. Allerdings sind die sozialen und wirtschaftlichen Auswirkungen der Pandemie nach wie vor spürbar. So gab es 2020 große Rückschläge bei den bisherigen Fortschritten des Kontinents mit Blick auf die Ziele in der Agenda 2023 der Afrikanischen Union sowie bei den Zielen der Vereinten Nationen für nachhaltige Entwicklung, unter anderem in Bezug auf Armut, Zugang zu Wasser und sanitären Einrichtungen sowie Hunger. Das afrikanische Bemühen, die Entwicklungsziele zu erreichen, wird darüber hinaus durch den Klimawandel, Instabilität und anhaltende globale Lieferengpässe infolge der Kriege in der Ukraine und gegen Palästina beeinträchtigt.

Angesichts der historischen Beziehungen zwischen Afrika und Europa beobachten wir die Entwicklungen bei unseren Nachbarn im Norden mit großem Interesse. Dazu gehören die Anzeichen für ein willkommenes, aber auch fragiles Wachstum, der Aufstieg rechtsradikaler Parteien, Veränderungen in der Migrationspolitik und natürlich der Krieg in der Ukraine. Europa gehört nach wie vor zu den größten Handelspartnern Afrikas, obwohl Letzteres seinen Handel diversifiziert und insbesondere mit Asien und Südamerika engere Beziehungen aufbaut. In den vergangenen zwei Jahrzehnten hat der Kontinent mithilfe der Afrikanischen Union Partnerschaften auf der ganzen Welt aufgebaut. Dies spiegelt sich nun allmählich in diversifiziertem Handel und Investitionen wider.

Das Inkrafttreten der afrikanischen Freihandelszone AfCFTA ist eine weitere richtungsweisende Entwicklung. Obwohl sie noch in den Kinderschuhen steckt, sehen wir bereits erste Auswirkungen dieser Initiative hin zu einem gemeinsamen Markt in unserem Teil der Welt.

» Die westliche Dominanz der Welt ist zum ersten Mal seit dem 15. Jahrhundert nicht mehr selbstverständlich.

Angesichts der Entwicklungen in den USA war die erneute Wahl von Donald Trump zum Präsidenten für die meisten Afrikanerinnen und Afrikaner keine Überraschung. Zu den Herausforderungen für die USA gehören nicht nur innenpolitische Probleme wie ein unruhiges und stark polarisiertes politisches

Umfeld (obwohl man angesichts der Geschichte der USA seit der Sklaverei argumentieren könnte, dass dies schon immer der Fall war), eine marode Infrastruktur und die Tatsache, dass die USA nach wie vor eines der ungleichsten Länder in der OECD sind. Noch wichtiger ist, dass die westliche Dominanz der Welt zum ersten Mal seit dem 15. Jahrhundert nicht mehr selbstverständlich ist. Wir bewegen uns auf eine multipolare Welt zu.

Es ist noch nicht klar, was eine zweite Amtszeit von Präsident Trump als Anführer des Westens für uns alle bedeuten wird. Seine Wahl und seine bisherigen Minister-Ernennungen zementieren aber einen allgemeinen Trend nach rechts. Trumps erste Äußerungen als designierter Präsident reichten von der (erneuten) Forderung nach Massenabschiebung von Immigranten, über die (erneute) Weigerung, den eigenen Verpflichtungen zum globalen Klimaschutz nachzukommen, sowie über die (erneute) Verschärfung des Handelskrieges mit China in Form höherer Einfuhrzölle, bis hin zur Festlegung, welche Kriege schnellstmöglich beendet (Ukraine) und welche fortgesetzt (Palästina) werden sollen. Seine Innenpolitik könnte derweil auf eine Umgestaltung der US-Regierungsführung hindeuten, wie es sie seit Roosevelt oder Reagan nicht mehr zu beobachten gab.

Die USA sind nach wie vor die größte wirtschaftliche, militärische und politische Macht der Welt. Wenn es Amerika schlecht geht, spürt das die ganze Welt. Zunächst einmal wird dies erhebliche Auswirkungen auf die Klimaverhandlungen haben, wie sie derzeit in Baku auf der COP29 stattfinden. Das diesjährige Treffen wurde als »Finanz-COP« bezeichnet – dies ist ein aktuelles und besonders kritisches Thema für Afrika. Wir müssen die Welt immer wieder daran erinnern: Afrika trägt weniger als vier Prozent zu den globalen Emissionen bei, ist aber überproportional vom Klimawandel betroffen. Der Kontinent erlebt Ernährungsunsicherheit, Flucht und schwindende Wasservorräte. Mehr als 90 Prozent der afrikanischen Länder haben das Pariser Abkommen daher ratifiziert, und die meisten Staaten haben Klimaschutz und Klimaanpassung in ihre nationalen Entwicklungspläne aufgenommen. Eine Weigerung der USA, ihren finanziellen Verpflichtungen nachzukommen – in Kombination mit einem zaudernden und zögernden Europa –, wird für unseren Kontinent verheerende Folgen haben. Für afrikanische Staaten sind die Beziehungen zu den USA in dieser Angelegenheit deshalb weiterhin von entscheidender Bedeutung.

Vermutlich noch besorgniserregender sind die eskalierenden Konflikte mit

China, sei es im Bereich Handel und geistiges Eigentum oder bei sicherheitspolitischen Fragen in der indopazifischen Region, im Südchinesischen Meer und beim Thema Taiwan. Jedes Einzelne dieser Probleme hat das Potenzial, zu noch mehr globalen Konflikten und Instabilität zu führen – und im Zuge dessen die Aussicht, dass sich jedes Land dann für eine Seite entscheiden muss.

» **Südafrika setzt sich seit Beginn seiner Demokratie im Jahr 1994 unermüdlich für den Multilateralismus ein.**

Südafrika setzt sich seit Beginn seiner Demokratie im Jahr 1994 unermüdlich für den Multilateralismus ein. Dies geschieht unter anderem durch Kooperation mit den Ländern des Nordens – in den Vereinten Nationen und ihren Organisationen, in Institutionen wie der G20 und durch bilaterale Beziehungen. Südafrika ist auch eine führende Stimme der Länder des sogenannten Globalen Südens, in der Afrikanischen Union, den G77 und BRICS+. Es versucht, eine gerechtere und ausgewogenere Weltordnung zu schaffen. Aufgrund seiner eigenen Erfahrung mit der friedlichen Beilegung jahrhundertelanger Konflikte setzt sich Südafrika weiterhin für friedliche und gerechte Konfliktlösungen ein; daher auch seine Position zur Beendigung des Völkermords in Palästina und für eine friedliche Lösung des Konflikts in der Ukraine. Im November hat Südafrika den G20-Vorsitz von Brasilien übernommen und wird in den kommenden zwei Jahren mit der G20-Troika zusammenarbeiten, zu der auch die US-Regierung gehört, welche den Vorsitz im Jahr 2026 innehaben wird. Dies wird in der Tat eine Gelegenheit für ein enges Engagement mit der Trump-Administration bei wichtigen globalen Themen sein.

Die Großmächte dieser Welt – neue wie alte – sollten daran erinnert werden, dass im kommenden Jahr 70 Jahre seit der Bandung-Konferenz von 1955 vergangen sein werden. Diese Konferenz war ein wichtiger Schritt zur Bildung der späteren Bewegung der Blockfreien Staaten. Da viele Länder zu dieser Zeit noch nicht frei waren, waren »politische Selbstbestimmung, gegenseitige Achtung der Souveränität, Gewaltverzicht, Nichteinmischung in innere Angelegenheiten und Gleichheit« die Leitprinzipien, die die Teilnehmer einten. Sie waren entschlossen, sich nicht in eine Situation drängen zu lassen, in der sie sich zwischen der einen oder der anderen Supermacht entscheiden müssten. Der internationale Kontext mag sich geändert haben, und wir sprechen heute vor allem auch über wirtschaftliche Selbstbestimmung. Aber der Wunsch, nicht in die Konflikte der Großmächte hineingezogen zu werden, bleibt bestehen.

Im Jahr 2025 feiert Südafrika darüber hinaus das 70-jährige Jubiläum eines historischen Dokuments, seiner *Freedom Charter*, die unsere Maxime für internationale Beziehungen festlegt, nämlich: »Es soll Frieden und Freundschaft herrschen.« Das ist ein klares Bekenntnis zur internationalen Zusammenarbeit. Für uns bleibt dieses Bestreben das maßgebliche Leitprinzip – ganz gleich, wer im Weißen Haus sitzt.

Aus dem Englischen von **TIM STEINS**

FÉBÉ POTGIETER-GQUBULE ist Leiterin der Abteilung Politik und Forschung im Afrikanischen Nationalkongress (ANC) sowie Mitglied des Parteivorstandes.

ASIEN

BEREIT FÜR DEALS

Asien sieht Trumps Rückkehr ins Weiße Haus deutlich gelassener als Europa. Selbst Peking wittert Chancen.

Von Marc Saxer und Mirco Günther | November 2024

In Asien wird die Rückkehr Donald Trumps ins Weiße Haus gelassener betrachtet als in Europa. Verbündete und Gegner machen sich keine Illusionen darüber, was auf sie zukommt: Ein erratischer Präsident, der bei den großen Linien seiner Politik gegenüber der Region dort wieder aufnimmt, wo er 2020 aufgehört hat. Mit Sorge wird daher ein neuerliches Aufflammen der Handelskriege betrachtet, die sich negativ auf die eigenen Entwicklungschancen auswirken würden. Im Gegensatz zu den Konfliktherden in Europa und dem Nahen Osten, für die eine *America First*-Präsidentschaft höchst disruptiv zu werden droht, hoffen asiatische Akteure eher auf eine Fortsetzung des Status quo – möglicherweise sogar auf den einen oder anderen pragmatischen Deal.

Aus chinesischer Sicht macht es kaum einen Unterschied, wer ins Weiße Haus einzieht. Peking hat betont gelassen auf den Wahlausgang reagiert. Denn auch in China ist bekannt, dass in Washington parteiübergreifende Einigkeit besteht, den Hegemoniekonflikt mit China weiterzuführen – auch wenn ein heißer Krieg als kaum gewinnbar gilt und daher vermieden werden soll. So, wie die Biden-Administration die China-Politik ihres Vorgängers weitergeführt und verschärft hat, wenngleich mit dem sichtbaren Bemühen um pragmatischen Austausch und offene Kommunikationskanäle, dürfte auch Trump die Konfrontation mit dem großen Rivalen fortsetzen.

Uneinigkeit besteht allerdings darüber, wie diese Auseinandersetzung geführt werden soll. Das hängt davon ab, welche Denkschule in der zweiten Trump-Regierung den Ton angeben wird. Die *Primacists* um den ehemaligen stellvertretenden Nationalen Sicherheitsberater Matthew Pottinger wollen die globale Dominanz der USA sichern, indem sie im Wettbewerb mit China wie seinerzeit mit der Sowjetunion auf Sieg setzen. Die *Priorisierer* um den designierten Vizepräsidenten J.D. Vance wollen sich aus Europa und dem Mittleren Osten eher zurückziehen, um die amerikanischen Ressourcen ganz auf China konzentrieren zu können. Trumps eigener Instinkt ist eher der eines *Isolationisten*, der sich gänzlich aus den *Forever Wars* und den Verpflichtungen des Hegemons zurückziehen möchte – allerdings bereit ist, amerikanische Interessen mit harten Bandagen durchzusetzen. Mit Blick auf die Auseinandersetzung mit China deuten die Nominierungen – Marco Rubio als designierter Außenminister, Pete Hegseth als Verteidigungsminister und Mike Waltz als Nationaler Sicherheitsberater sind ausgewiesene China--Falken – allerdings eine weitere und möglicherweise sogar deutliche Verschärfung an.

Aus chinesischer Sicht macht es kaum einen Unterschied, wer ins Weiße Haus einzieht.

Peking stellt sich nach der vorsichtigen Entspannung des letzten Jahres auf eine weitere disruptive Phase ein, in der ein schwelender Handelskonflikt wieder zu einem Handelskrieg aufflammen könnte. Auf der anderen Seite hat Trump, bekannt als *Dealmaker-in-Chief*, wiederholt seine Bereitschaft zu Kompromissen signalisiert, sofern diese den Interessen der USA dienen. Der 2020 abgeschlossene *Phase-One-Deal* zur Beilegung der Handelsstreitigkeiten mit China zeigt, dass seinen Worten auch Taten folgen können. Auch strategisch sieht Peking in einer Trump-Administration Chancen: Sollten sich die USA wie erwartet wieder aus multilateralen Foren zurückziehen und sich bei globalen Herausforderungen wie dem Kampf gegen den Klimawandel ihrer Verantwortung entziehen, ist China bereit, dieses politische Vakuum auf der Weltbühne zu füllen und den Globalen Süden stärker hinter sich zu versammeln.

Die Charmeoffensive Chinas gegenüber Europa – für Peking der entscheidende *swing state* der internationalen Politik – würde entsprechend verstärkt werden.

» In den kommenden vier Jahren wird es für Indien entscheidend sein, die strategisch wichtigen Beziehungen zu Washington weiter auszubauen.

Im Gegensatz zu China – und auch zu vielen anderen US-Verbündeten – hat Indien stark von positiven Beziehungen zu den letzten beiden US-Regierungen profitiert. Dennoch wird die erneute Wahl Donald Trumps Auswirkungen auf das indisch-amerikanische Verhältnis haben und Neu-Delhi dazu zwingen, seine Prioritäten in den bilateralen Beziehungen neu zu justieren. Die Bedeutung dieser Beziehungen hat in den letzten zehn Jahren erheblich zugenommen, getragen von einer zunehmenden Übereinstimmung in geopolitischen Zielen, wichtigen wirtschafts- und handelspolitischen Interessen, einer großen indischen Diaspora, bestehendem Vertrauen sowie einer aktiven Zusammenarbeit in internationalen Institutionen. Indiens Positionierung beruht auf Pragmatismus, Transaktionsbereitschaft und günstigen Voraussetzungen – möglicherweise verstärkt durch die persönliche Nähe zwischen Premierminister Modi und Präsident Trump. In den kommenden vier Jahren wird es für Indien entscheidend sein, die strategisch wichtigen Beziehungen zu Washington weiter auszubauen, die nächste US-Regierung in allen relevanten Politikfeldern für indische Interessen zu gewinnen und sich nicht vom erwarteten Protektionismus der Trump-Administration überraschen zu lassen. Letzteres stellt eine echte Bedrohung für das indische Wachstumsmodell und damit für die Kerninteressen des Landes dar.

Um das Potenzial der bilateralen Beziehungen effektiv und strategisch auszuschöpfen, bieten sich insbesondere die Bereiche Technologie-, Handels- und Wirtschaftspolitik sowie die strategische Ausrichtung auf den Indo-Pazifik und die Rolle Chinas als gemeinsamen geopolitischen Hauptgegner an. Abzuwarten bleibt, wie sich die jüngste chinesisch-indische Annäherung auf dem BRICS-Gipfel im russischen Kasan weiter ausgestaltet. Neu-Delhi kann Washington am erfolgreichsten einbinden, wenn die indische transaktionale Herangehensweise mit Pragmatismus und Interessenspolitik reflektiert wird – Eigenschaften, für die *Dealmaker* Donald Trump bekannt ist. Für Indiens strategische Ausrichtung sind weiterhin diplomatisches Geschick und eine tiefgehende Analyse der US-amerikanischen strategischen Rationalitäten und Interessen erforderlich. Diese dürften sich weniger stark ändern, als in Europa vermutet wird, wenngleich Ton und Durchsetzungsart variieren könnten. Neu-Delhi scheint dennoch gut auf »Trump II« vorbereitet zu sein.

Trumps Ansage an die asiatischen Alliierten ist dieselbe wie die gegenüber den Europäern: Nur wer zahlt, wird geschützt.

Für die amerikanischen Verbündeten Japan, Südkorea und die Philippinen hingegen stellt die Trump-Regierung ein ähnliches Sicherheitsrisiko dar wie für die Europäer. Um den chinesischen Provokationen im Ost- und Südchinesischen Meer zu begegnen, sind die Anrainerstaaten auf den Schutz der Vereinigten Staaten angewiesen und haben große Anstrengungen unternommen, ihre bilateralen Bündnisse mit den USA zu vertiefen. Trumps Ansage an die asiatischen Alliierten ist allerdings dieselbe wie die gegenüber den Europäern: Nur wer zahlt, wird geschützt. Um dieser Unsicherheit Herr zu werden, versuchen sich der konservative koreanische Präsident Yoon Suk Yeol, der neugewählte japanische Regierungschef Shigeru Ishiba und der philippinische Präsident Ferdinand Marcos als »Trump-Flüsterer« zu positionieren und schmeicheln ihm mit Lob. Insbesondere in Seoul ist die Sorge um die Belastbarkeit des US-amerikanischen Schutzschirms im Angesicht von immer stärkeren nordkoreanischen Provokationen groß.

Besonders schwierig dürfte die Lage für Taiwans Präsidenten werden, da er stets das Fernziel der Unabhängigkeit von China verfolgt hat. Im Stile eines Schutzgelderpressers forderte Trump Taipeh im Wahlkampf auf, für seine Verteidigung zu zahlen, denn die amerikanische Versicherungspolice sei nicht umsonst zu haben. Umgekehrt will der designierte Vizepräsident Vance die US-Unterstützung der Ukraine nach Taiwan umleiten. In der angespannten Lage um

Taiwan birgt ein derart erratischer Kurs große Gefahren, da er zu strategischen Fehlkalkulationen auf allen Seiten führen kann. Unterstützer von Trump würden dem entgegenhalten, dass gerade diese Unberechenbarkeit die strategische Ambiguität – ab welcher Schwelle und in welcher Form die Supermacht dem Inselstaat beistehen würde – wiederherstellen könnte. Damit, so ihre Argumentation, könnte die amerikanische Abschreckungsfähigkeit, die zuletzt stark gelitten hat, gestärkt werden.

» **Die meisten südostasiatischen Staaten wollen unbedingt vermeiden, sich für eine Seite entscheiden zu müssen.**

Und Südostasien? Wie bereits in seiner ersten Amtszeit, dürfte die Region weit unten auf Trumps Agenda stehen. Dem Republikaner nimmt man weiterhin übel, dass er sich bei ASEAN-Gipfeln dreimal in Folge hat vertreten lassen. Dabei könnte er sich unter den semi-autoritären Herrschern der Region durchaus in seinem Element fühlen. Mit Spannung wird die außenpolitische Ausrichtung des neuen indonesischen Präsidenten Prabowo Subianto beobachtet, der seinen Unmut über die US-amerikanische Gaza-Politik offen zeigt und bei seiner ersten Auslandsreise die Nähe zu Chinas Staatschef Xi Jinping suchte. Ähnliche Ansichten teilt der malaysische Premierminister Anwar Ibrahim. Jenseits solcher ans heimische Publikum gerichteter Signale wollen die meisten südostasiatischen Staaten jedoch unbedingt vermeiden, sich für eine Seite entscheiden zu müssen, und werden auch weiterhin sicherheitspolitisch mit den USA zusammenarbeiten. In vielen Hauptstädten macht man sich Hoffnungen, von der westlichen Diversifizierungsstrategie profitieren zu können. Startet Trump einen neuen Handelskrieg, dürften wie beim letzten Mal viele Güter über Südostasien den Weg auf den amerikanischen Markt finden.

In Asien kursiert das Bonmot, dass auf die regelbasierte nun eine Deal-basierte Ordnung folgt. Unter den pragmatischen Realisten der Region wird dies durchaus wohlwollend aufgenommen. Besonders begrüßt wird die Aussicht auf eine Reduzierung der als hochmütig und einmischend empfundenen Rhetorik zu Demokratie und Menschenrechten. Nicht zufällig basieren die Grundwerte der »westfälischen Region« Asien, wie sie in der ASEAN-Charta verankert sind, auf Souveränität, territorialer Integrität, Nichteinmischung und ziviler Konfliktbeilegung. Gleichzeitig haben kleinere und mittlere Mächte ein starkes Interesse am Fortbestand völkerrechtlicher Regeln, um dem chinesischen Expansionstrieb, beispielsweise im Südchinesischen Meer, entgegenzuwirken.

Das größte Risiko einer Trump-Präsidentschaft liegt vermutlich in seinem erratischen Verhalten, das die Glaubwürdigkeit der USA als verlässlicher Sicherheitspartner in der Region untergräbt. Falls sich die amerikanischen Verbündeten für eine *Hedging*-Strategie entscheiden – also zweigleisig fahren, dabei ihre Abhängigkeit von den USA reduzieren und sich Alternativen offenhalten –, könnte dies China ermutigen, seine Einflusssphäre weiter auszudehnen. Ob sich Peking dabei für ein aggressiveres Auftreten oder eine Charme-Offensive entscheidet, ist offen.

MARC SAXER ist Büroleiter der Friedrich-Ebert-Stiftung für Regionale Zusammenarbeit in Asien. Zuvor leitete er das Asien-und-Pazifik-Referat der Stiftung sowie die FES-Büros in Indien und Thailand. 2021 erschien sein Buch *Transformativer Realismus. Zur Überwindung der Systemkrise.*

MIRCO GÜNTHER ist Leiter des Asien-Pazifik-Referats der Friedrich-Ebert-Stiftung. Zuvor war er FES-Landesvertreter in Afghanistan und Leiter des FES-Regionalbüros in Asien. 2014 baute er die OSZE-Beobachtungsmission in der Ostukraine mit auf und war für die Organisation auch in Kasachstan und Tadschikistan tätig.

UNGENUTZTES POTENZIAL

Das Verhältnis der Europäischen Union zum südostasiatischen Staatenverbund ASEAN bleibt halbherzig. Wie es besser geht, zeigt Australien.

Von Pia Dannhauer | März 2024

Es ist ein goldenes Jubiläum: Anfang März feierten Australien und der Verbund Südostasiatischer Nationen (ASEAN) mit einem Sondergipfel das 50-jährige Bestehen ihrer diplomatischen Beziehungen. Auch wenn Australien der älteste Partner des ASEAN ist, war und ist die Partnerschaft zwischen ihnen nicht immer problemlos. Australiens Beteiligung am Quadrilateralen Sicherheitsdialog (Quad) mit Indien, Japan und den USA sowie seine Ankündigung des AUKUS-Sicherheitspakts mit den USA und Großbritannien stießen in der Region auf gemischte Reaktionen. Auch Menschenrechtsfragen wurden zu einer Belastung in der Beziehung, wie in der umstrittenen Rede des philippinischen Präsidenten Marcos Jr. vor dem australischen Parlament deutlich wurde. Nichtsdestotrotz scheinen die Beziehungen zwischen den beiden immer enger zu werden – durch eine Reihe neuer Vereinbarungen über eine Vertiefung der Zusammenarbeit in den Bereichen Handel, erneuerbare Energie und maritime Sicherheit.

Die Verbindungen der Europäischen Union zum ASEAN sind fast so alt wie die Australiens – ihre diplomatischen Beziehungen wurden 1977 aufgenommen. Und doch wirkt die Partnerschaft zwischen den beiden Staatengemeinschaften nach wie vor halbherzig – das Potenzial dieser Partnerschaft kommt nicht voll zur Geltung.

Angesichts der zunehmenden wirtschaftlichen und geopolitischen Bedeutung von Südostasien ist dieses ungenutzte Potenzial ein Problem. Beide regionalen Organisationen haben wichtige gemeinsame strategische Interessen, da sie sich beide für eine inklusive multilaterale Ordnung einsetzen und nicht in die Rivalitäten zwischen den USA und China verstrickt werden wollen. Diese Beziehung hat auch ein beträchtliches wirtschaftliches Potenzial, da Südostasien (als Block) Prognosen zufolge bis 2040 zur viertgrößten Volkswirtschaft der Welt aufsteigen wird. Aber andere an einer Zusammenarbeit mit ASEAN interessierte Länder wie China, Japan und Indien wetteifern um Einfluss in Südostasien und untergraben dabei langsam, aber sicher den Vorteil Europas als einem der ersten Investoren des ASEAN.

» **Andere an einer Zusammenarbeit mit ASEAN interessierte Länder wie China, Japan und Indien wetteifern um Einfluss in Südostasien.**

Die politisch Verantwortlichen der EU sollten daher vom australischen Ansatz lernen. Der Schlüssel zu einer stärkeren Zusammenarbeit mit dem ASEAN liegt darin, die Organisation – und ihre Einschränkungen – besser zu verstehen. Canberra hat ein deutliches Zeichen für sein Engagement in der regionalen Beziehung gesetzt, gemeinsame Ziele in die Tat umgesetzt und die Einschränkungen des ASEAN erfolgreich umschifft.

» **Der diplomatische Ansatz des ASEAN stützt sich sehr auf Dialog und persönliche Beziehungen.**

Der diplomatische Ansatz des ASEAN stützt sich sehr auf Dialog und persönliche Beziehungen. Australiens kontinuierliches Engagement auf höchster Ebene war deshalb ein entscheidender Schritt für die Vertrauensbildung in der Partnerschaft. Die Regierung von Premierminister Anthony Albanese war mit dem Wahlversprechen angetreten, die Zusammenarbeit mit Südostasien zu intensivieren. Das ist zwar keine neue Priorität in der australischen Außenpolitik, aber die Regierung hat der Beziehung mittels konzertierter diplomatischer Bemühungen eine neue Dringlichkeit verliehen.

Die Ernennung der malaiisch sprechenden Penny Wong zur Außenministerin sowie ausgedehnte Reisen von politisch Verantwortlichen auf Regierungs- und Ministerebene durch die gesamte Region unterstrichen Canberras politischen Willen. Albaneses Reise auf die Philippinen im vergangenen Jahr war der erste Besuch eines australischen Premierministers in dem Land seit 20 Jahren. Zu den weiteren bemerkenswerten Erfolgen gehören eine umfangreiche Partnerschaftsvereinbarung mit Laos, ein neues Verteidigungsabkommen mit Osttimor sowie die Verbesserung der diplomatischen Beziehungen zu Vietnam, den Philippinen und Brunei. Die Ausrichtung des ASEAN-Sondergipfels vom 4. bis 6. März in Melbourne markierte den Höhepunkt dieser Bemühungen.

» Europa muss seine Anstrengungen intensivieren und aufrechterhalten.

Das Beispiel Australiens zeigt, dass Europa sein Engagement für eine Zusammenarbeit mit dem ASEAN steigern kann. Eine Zunahme an Aktivitäten wie der Besuch der EU-Kommissionspräsidentin Ursula von der Leyen auf den Philippinen oder die beiden Ministertagungen von EU-ASEAN und EU-Indopazifik im Februar sind ein guter Anfang. Angesichts des großen Stellenwerts, den Dialog und persönliches Engagement für den ASEAN hat, schwächt die Abwesenheit von Schlüsselfiguren wie dem französischen Außenminister und der deutschen Außenministerin bei wichtigen multilateralen Sitzungen allerdings den Versuch, die bilateralen Beziehungen zu stärken. Europa muss seine Anstrengungen intensivieren und aufrechterhalten, um die Beziehungen zwischen den Staatengemeinschaften auszubauen.

Australien konnte zudem seine Beziehungen zu der Region stärken, indem es eine klare Kooperationsagenda aufstellte und dabei seine politischen Maßnahmen sorgfältig den Bedürfnissen der Region anpasste. Letztes Jahr gab das Land eine Wirtschaftsstrategie für die Zusammenarbeit mit Südostasien heraus und kündigte auf dem Sondergipfel die Einrichtung einer Investitionsfazilität mit zwei Milliarden Australischen Dollar an, umgerechnet mehr als 1,2 Milliarden Euro. Das ist nicht nur ein klarer Strategieplan für die Förderung von Handel und Investitionen in beide Richtungen, sondern auch ein wichtiger Schritt für den ASEAN, deren Mitglieder ihre wirtschaftliche Abhängigkeit von China verringern wollen. Gleichzeitig sind diese Maßnahmen eine sofortige Lösung für Finanzierungslücken in Bereichen wie der Energiewende und unterstreichen damit Australiens Engagement, seinen Partnern zuzuhören und gezielt zu helfen.

» In Südostasien herrscht Skepsis darüber, ob die EU in der Lage ist, wichtige und grundsätzliche Zusagen zum Wohl der Region tatsächlich in konkrete Initiativen umzusetzen.

Im Gegensatz dazu herrscht in Südostasien Skepsis darüber, ob die EU in der Lage ist, wichtige und grundsätzliche Zusagen zum Wohl der Region tatsächlich in konkrete Initiativen umzusetzen. Auf dem EU-ASEAN-Jubiläumsgipfel im Jahr 2022 sagte die EU beispielsweise Hilfen in Höhe von zehn Milliarden Euro für Konnektivitätsprojekte in der Region zu. Zwei Jahre später muss immer noch über die Hälfte des Betrags mobilisiert werden. Streitigkeiten mit Malaysia und Indonesien über die EU-Verordnungen zu Biodiesel und Drohungen, anderen ASEAN-Mitgliedstaaten wegen Menschenrechtsverletzungen Handelsprivilegien zu entziehen, haben die ambivalente Haltung mancher ASEAN-Staaten gegenüber Brüssel noch intensiviert.

Die EU wird derzeit in erster Linie als normativer Akteur und Kooperationspartner bei den neueren Sicherheitsbedrohungen wie Klimawandel angesehen und weniger als »dritter Weg« inmitten der Rivalität zwischen den USA und China im indopazifischen Raum. Der Krieg in der Ukraine hat die Wahrnehmung verstärkt, dass Europa gerade durch seine unmittelbare Nachbarschaft abgelenkt ist und der EU die enge Zusammenarbeit mit den USA wichtiger ist als eine strategische Autonomie im Indopazifik. Um seine Glaubwürdigkeit als Partner für den ASEAN zu erhöhen, muss Europa daher seinen Grundsätzen unbedingt auch substanzielle Taten folgen lassen.

Sowohl Canberras als auch Brüssels diplomatischer Ansatz mit dem

ASEAN ist durch die Verpflichtung des Staatenbunds zu Nichteinmischung und zum Konsensprinzip geprägt. Die auf dem Sondergipfel in Melbourne verabschiedete Erklärung veranschaulicht die Einschränkungen. Einem Vorentwurf war zu entnehmen, dass Australien eine starke Haltung der Regierungen gegen das Eindringen Chinas in umstrittene Teile des Südchinesischen Meers anstrebte, einschließlich Hinweisen auf den Schiedsspruch von 2016, der Chinas Ansprüche auf Seegebiete zurückgewiesen hatte. Ein zu starkes Drängen hätte jedoch das Ziel der Vertrauensbildung in der Partnerschaft untergraben. Aufgrund der verschiedenen geopolitischen Ausrichtungen innerhalb des ASEAN fiel die Abschlusserklärung dann sehr viel moderater aus – selbst als während des Gipfeltreffens ein chinesisches Schiff am Second Thomas Shoal mit einem philippinischen Versorgungsschiff zusammenstieß.

Genau wie Australien muss auch die EU geopolitische Divergenzen mit dem ASEAN umschiffen. Die politisch Verantwortlichen der EU würden es begrüßen, wenn der ASEAN den russischen Überfall auf die Ukraine schärfer verurteilen würde, aber die ASEAN-Mitgliedstaaten sind in ihren Haltungen zum Krieg nach wie vor gespalten. Einige ASEAN-Regierungen haben dagegen von den politisch Verantwortlichen der EU gefordert, konsequenter für die Einhaltung des Völkerrechts und der Menschenrechte in Palästina einzutreten. Für die Beziehung zwischen den Staatengemeinschaften wird es eine entscheidende Rolle spielen, wie diese Differenzen überwunden werden können. Die EU und der ASEAN funktionieren unterschiedlich, wobei der ASEAN in seinen Handlungsmöglichkeiten eingeschränkter ist. Deshalb ist es unabdingbar, eine gemeinsame Basis zu finden und sich auf das zu konzentrieren, was möglich ist, um die gemeinsamen Grundsätze wie Multilateralismus und die auf festen Regeln beruhende Weltordnung zu schützen.

PIA DANNHAUER ist Forschungs- und Programmmitarbeiterin (Südostasien) am *Perth USAsia Centre*. Zuvor war sie für das *Asia Pacific Research and Advice Network* tätig – eine interne Denkfabrik, die EU-Entscheidungsträger unterstützt.

EUROPA

AN DER GRENZE

Der hohe Zustrom an Migranten überfordert die Wohlfahrtsstaaten. Deutschland und Europa müssen dringend verlorene Kontrolle zurückerlangen.

Von Réne Cuperus | Oktober 2024

Die Kritik an der verschärften Grenzkontrollpolitik der deutschen Regierung ist sehr vorhersehbar und oberflächlich. Viele konzentrieren sich auf die Art der Durchführung und den sogenannten europäischen Alleingang Deutschlands, ohne die zugrunde liegende Migrations- und Integrationsfrage ausreichend ernst zu nehmen. Die Ampel-Regierung beruft sich zu Recht auf eine »ernsthafte Störung der öffentlichen Ordnung«. Diese ist aufgrund wiederholter terroristischer Messerattacken – ein Symbol für ein dysfunktionales Asylsystem – und des Aufstiegs der rechtsextremen AfD in Gefahr. Für Europa ist es wichtig, dass Deutschland sich erholt und politisch-soziale Stabilität zurückgewinnt.

Groß war die Entgeisterung in den übrigen Ländern Europas, als Deutschland einseitig die Kontrollen an seinen Grenzen ausweitete, um illegale Migration und grenzüberschreitende Kriminalität wirksamer zu bekämpfen. Ausgerechnet Deutschland? Das Land, das sonst immer besonders große Stücke auf Europa hält? Deutschland intensiviert also jetzt – wohlgemerkt: unter einer Mitte-links-Regierung – die Personenkontrollen an seinen Grenzen und geht damit weiter als Länder wie Schweden, die Niederlande oder Italien, in denen radikal rechte Parteien an der Regierung beteiligt sind.

Augenscheinlich steht der deutsche Grenzkontrollplan eindeutig im Widerspruch zu den europäischen Freiheiten und vor allem zum freien Personenverkehr innerhalb des Schengen-Raums. Die Entscheidung wurde ohne große Ankündigungen und ohne nennenswerte Rücksprache mit den europäischen Partnern umgesetzt. Hält jetzt etwa Donald Trumps *America First*-Mentalität in Deutschland Einzug?

Zynische Beobachter vermuten hinter der Entscheidung ein rein wahltaktisches Motiv als Reaktion auf den Aufstieg der AfD. In der Tat trat der umstrittene Beschluss zu einem Zeitpunkt in Kraft, der nicht ganz zufällig wirkt: genau zwischen den dramatischen Landtagswahlen in Thüringen und Sachsen, bei denen die AfD und das Bündnis Sarah Wagenknecht den traditionellen Regierungsparteien einen schweren Schlag versetzten, und der Wahl in Brandenburg, die am Ende mit sehr knappem Vorsprung die SPD für sich entscheiden konnte. Mit Blick auf das Kopf-an-Kopf-Rennen in Brandenburg machte die Ankündigung, dass an den Grenzen wieder strenger kontrolliert wird, vielleicht den entscheidenden Unterschied und brachte womöglich ein paar Prozentpunkte ein.

» **Das europäische Asyl- und Migrationssystem ist dysfunktional und versagt auf der ganzen Linie.**

Das Thema Grenzkontrollen ist vielschichtig. Es ist umstritten, ob innerhalb der EU Kontrollen an den Grenzen überhaupt haltbar und juristisch vertretbar sind. Grenzkontrollen sind nur vorübergehend und unter ganz speziellen Voraussetzungen zulässig. Zudem gibt es – unter anderem in der Deutschen Polizeigewerkschaft – Zweifel an der Wirksamkeit der Kontrollen. Lässt sich illegale Migration durch solche Kontrolle überhaupt verhindern? Interessanterweise geht in der allgemeinen Aufregung unter, dass derartige Grenzkontrollen keineswegs neu sind. Bereits im vergangenen Herbst beschloss Deutschland, zur Eindämmung der illegalen Zuwanderung an den Grenzen zu Polen, der Tschechischen Republik und der Schweiz Kontrollen durchzuführen. An der Grenze zu Österreich gibt es sie schon seit Jahren.

Deutschlands Verschärfung der Grenzkontrollen dürfte vor allem ein Versuch sein, wieder die Kontrolle darüber zu bekommen, wer oder was in die Bundesrepublik gelangt. Trotz dieses Versuchs wird eine gewisse Ohnmacht bleiben, weil die tieferen Ursachen für das allgemeine Missmanagement in der Migrationspolitik woanders liegen. Das europäische Asyl- und Migrationssystem ist dysfunktional und versagt auf der ganzen Linie. Mindestens genauso sehr fällt ins Gewicht, dass die Aufnahme- und Integrationsfähigkeit der demokratischen Wohlfahrtsstaaten in Europa vollkommen überstrapaziert ist.

Das Resultat: An Europas Außengrenzen bestimmen Schlepper und Schleuser das Geschehen. Der Preis dafür ist hoch; viele Menschen bezahlen mit ihrem Leben. Und wer es einmal nach Europa geschafft hat, wird kaum wieder ausreisen – das gilt für echte Flüchtlinge ebenso wie für Wirtschaftsmigranten oder Terroristen.

Durch die Migration geraten die sozialstaatlichen Einrichtungen und ihr Leistungsangebot und besonders auch der Wohnungsmarkt unter Druck. Die Folge sind harte Konflikte in den unteren Bevölkerungsschichten, welche zu Spaltung führen, die soziale und wirtschaftliche Ungleichheit verschärfen sowie gesellschaftlich und psychologisch für noch mehr Ressentiments sorgen. Bei alledem darf man die Migration und die Migranten trotzdem nicht über einen Kamm scheren. Menschen migrieren, weil sie Asyl suchen, aber zum Beispiel auch aus Liebe und aus Studiengründen. Viele Migranten sind sehr gut in den Arbeitsmarkt und die Gesellschaft integriert und leisten einen unverzichtbaren Beitrag zu unserer Volkswirtschaft.

» **Generell scheinen zu viele Migranten nicht willens oder in der Lage, sich an die elementaren Grundregeln des Miteinanders im Westen zu halten.**

Es gibt aber zu viele negative Vorfälle, die den Rückhalt der Allgemeinheit für Migration massiv schwächen und das existenzielle Grundgefühl von öffentlicher Sicherheit gefährden. Im Extremfall ist dabei Terrorismus – speziell dschihadistischer oder islamistischer Terrorismus – im Spiel, der nach Einschätzung der Nachrichtendienste vermehrt mit der Zuwanderung aus dem Nahen Osten hierhergelangt. So erschütterten die jüngsten Messerangriffe in Solingen, Mannheim und Essen (oft ausgelöst durch eine Kombination aus terroristischen Motiven und wahnhaften psychischen Störungen) den gesellschaftlichen Frieden in Deutschland.

Generell scheinen zu viele Migranten nicht willens oder in der Lage, sich an die elementaren Grundregeln des Miteinanders im Westen zu halten (also den demokratischen Rechtsstaat, die Menschenwürde und die wohlfahrtsstaatlichen Rechte und Pflichten zu respektieren, keine Straftaten zu begehen, den eigenen Lebensunterhalt durch Arbeit zu verdienen und zuverlässig für eine angemessene Kindererziehung zu sorgen). So gesehen, können zu viele Migranten dem zugeordnet werden, was ich »negative Integration« nenne. Dies belastet in Ländern wie Deutschland und den Niederlanden die Gesellschaft so stark, dass dort inzwischen mehr als 80 Prozent der Bevölkerung dafür sind, die Zuwanderung zu begrenzen.

In seinem Buch *Politik der Würde* lobt der israelische Philosoph Avishai Margalit den Wohlfahrtsstaat, gibt aber zu bedenken, dass er nur dann eine Zukunft habe, wenn er unnachgiebig und nicht naiv sei. Besonders gründlich haben das die Sozialdemokraten in Dänemark verstanden (wofür sie jedoch von anderen Sozialdemokraten in Europa verachtet werden).

Dänemarks sozialdemokratischer Minister für Zuwanderung und Integration, Kaare Dybvad Bek, erklärt: »Wir beobachten, dass die Menschen mit den niedrigsten Einkommen, also die Arbeiterschicht, von Belastungen durch Asylsuchende am stärksten betroffen sind. Sie konkurrieren mit Migranten um Arbeitsplätze und Wohnraum und manchmal um die soziale Absicherung. Diese Gruppe ist unsere Wählerschaft, für die wir uns verantwortlich fühlen. Darum meinen wir: Wenn der Politik die Arbeiterschicht am Herzen liegt, muss sie unter anderem sicherstellen, dass der Zustrom von Asylsuchenden kontrolliert wird. Deshalb wollen wir nicht mehr Menschen aufnehmen, als wir in unsere Gesellschaft integrieren können, indem wir ihnen ein Dach über dem Kopf und Arbeit geben.«

Die etablierten Parteien halten schon zu lange krampfhaft an der Political Correctness fest – mit der Folge, dass die radikale Rechte in ganz Europa auf dem Vormarsch ist, von Italien bis Schweden, von den Niederlanden bis nach Deutschland. Dazu hätte es nie kommen dürfen. Die Regierungsparteien der politischen Mitte hätten von sich aus anbieten müssen, das schlechte Management der Migrations- und Integrationspolitik der vergangenen Jahrzehnte zu korrigieren. Hier versagen sie aber bislang. Und diejenigen, die es zumindest versucht haben, wurden von links-progressiven, großstädtischen und akademischen Kräften, die die Deutungshoheit haben, als Brandstifter diffamiert und in die rechtsextreme und fremdenfeindliche Ecke gestellt.

Jetzt ist der Schaden da. Wie ein Tsunami macht sich in Europa der Populismus breit und wirbelt überall die Parteienlandschaft der Nachkriegsordnung durcheinander. Das passiert in Skandinavien, den Niederlanden, Italien und neuerdings in Deutschland.

» **Wie ein Tsunami macht sich in Europa der Populismus breit.**

Die Bundesrepublik ist in Bezug auf die Herausforderung durch den Populismus vielleicht ein Nachzügler, aber jetzt kommt alles auf einmal zusammen und summiert sich zu einer Gesamtkrise. Das gesamte nachkriegsdeutsche Fundament steht unter Druck: Das »Nie wieder Krieg« wird durch die Kriege in der Ukraine und in Israel infrage gestellt, das »Nie wieder« nach Deutschlands brauner Vergangenheit durch das massive Erstarken der AfD und das »Nie wieder Antisemitismus« durch den Zustrom von Menschen aus der arabischen Welt nach Deutschland getreu der Maxime »Wir schaffen das«. Es findet eine Erosion und Zersplitterung der Volksparteien aus der Nachkriegsära statt, und damit löst sich eine Schutzwand auf, die für die Stabilisierung der Demokratie wichtig ist. Die deutsche Automobilindustrie, die wirtschaftliche Basis des Landes, steckt in der Krise. Wegen Putin (Invasion der Ukraine) und der Grünen (Atomausstieg) ist die Industrie mit Energieunsicherheit konfrontiert. Und nicht zuletzt gibt es verteidigungspolitisch eine Verunsicherung, was den militärischen Schutz durch die USA und die NATO betrifft (der »Trump-Faktor«).

Wenn in einer solchen Situation, die von existenzieller Verunsicherung mit Blick in die Zukunft bestimmt ist, eine große Mehrheit der Bevölkerung eine Begrenzung der Zuwanderung fordert, sind Grenzkontrollen – die auch ein eindringliches Signal an die EU-Kommission und die europäischen Partner sind, die Gemeinsame Asylpolitik jetzt wirklich ernsthaft umzusetzen – sehr wohl vertretbar.

Vor allem muss Deutschland wie andere europäische Staaten eine nationale

Antwort auf die Fragmentierung und die Polarisierung finden, die unsere demokratischen Gesellschaften unter Druck setzen und aushöhlen. Dazu gehört, dass besser regiert wird und die verloren gegangenen Bindekräfte in der Gesellschaft wiederhergestellt werden – zwischen Menschen mit hohem und niedrigem Bildungsstand, zwischen den Großstädten und dem ländlichen Raum, zwischen denen, die schon lange hier leben, und den Migranten, zwischen Establishment und Anti-Establishment.

Für Europa ist es wichtig, dass gerade Deutschland wieder auf die Beine kommt und politisch und gesellschaftlich seine Stabilität zurückgewinnt. Das Credo muss sein: Nehmt nicht mehr Menschen auf, als unter zivilisierten Bedingungen aufgenommen werden können. Nehmt nicht mehr Menschen auf, als ihr integrieren könnt.

Aus dem Englischen von **ANDREAS BREDENFELD**

DR. RÉNE CUPERUS ist ein niederländischer Politikhistoriker und Publizist. Er ist ehemaliger Direktor für Internationale Beziehungen der Wiardi-Beckman-Stiftung, eines Thinktanks der niederländischen Arbeitspartei (PvdA).

HÖHEPUNKT DER REPRESSION

Nawalnys Tod ist ein tiefer Schlag für die russische Opposition. Doch noch ist nicht alles verloren. Kann seine Frau in seine Fußstapfen treten?

Von Alexey Yusupov | Februar 2024

Der Tod von Alexej Nawalny im Strafgefangenlager IK-3, im Permafrostgebiet, hinter dem Polarkreis ist ein dramatisches, finsteres Ereignis. Kaum überraschend, und dennoch kaum zu glauben. Wenige Tage vor dem ukrainischen Rückzug aus Awdijiwka und kurz vor dem Jahrestag der Ermordung von Boris Nemzow liest sich die Meldung über Nawalnys Ableben wie ein schlechter Scherz.

Der Tod von Alexej Nawalny ist die dritte Erschütterung des spätputinschen Systems in kurzer Zeit. Fast zwei Jahre nach dem Überfall auf die Ukraine und acht Monate nach der Wagner-Revolte wird in diesen Tagen ein abermaliger Beweis dafür erbracht, wie sehr das öffentliche Geschehen in Russland durch plötzliche, schockierende, klandestin zustande kommende Ereignisse dominiert wird. Gewalt scheint der letzte verbleibende Modus der Politik zu sein. Der russischen Gesellschaft bleibt nichts anderes übrig, als Putin, Prigoschin und Nawalny bei ihren Triumphen wie Tragödien zuzuschauen.

Seit einem Vierteljahrhundert arbeitet der Kreml daran, tatsächliche Mechanismen der Macht hinter einer dichten Nebelwand von Inszenierungen und Manipulationen zu verbergen, zuvorderst vor den eigenen Bürgerinnen und Bürgern. Politik ist Theater in Russland. Eine erprobte Strategie, die Zynismus nährt und Apathie fördert. Allerdings sind die besagten, sich häufenden Erschütterungen zu wuchtig, um ihre Auswirkungen durch Zensur und Propaganda sauber unter Kontrolle halten zu können. Jedes Mal offenbart sich nolens volens eine bis dato unterschätzte Schwäche des Systems.

So glaubte man lange an den kollektiven Charakter der Entscheidungsfindung in der russischen Führung. Eine populäre These lautete, Putin wäre vor allem deswegen so langlebig und unangefochten akzeptiert, weil er gekonnt als Schiedsrichter zwischen unterschiedlichen Gruppierungen in der Elite manövrieren und vermitteln konnte. Nach dem 24. Februar 2022 haben Russland und die Welt jedoch gelernt, dass richtungsweisende Entscheidungen in einem sehr viel engeren Kreis als gemeinhin angenommen getroffen werden, womöglich gar in Gänze selbstherrlich. Ein System, das von einem Mann derartig dominiert wird, ist fatal eng an seinen Lebenszyklus gebunden.

» Gewalt scheint der letzte verbleibende Modus der Politik zu sein.

Auch der Aufstand der Wagneristen rüttelte an einem alten russischen Machtaxiom: Russland ist ein starker Staat, weil sein Gewaltmonopol so kostenintensiv und exzessiv organisiert ist. Über ein Dutzend zuständiger Dienste, Behörden und zuarbeitende private Sicherheitsfirmen, mehrere Millionen Männer unter Waffen, stetig steigende Sicherheitsetats – und trotzdem stellt sich nicht ein einziger Uniformierter aus freien Stücken und genuinem Pflichtbewusstsein der Prigoschin-Kolonne in den Weg, solange aus Moskau keine unmissverständlichen Anweisungen kommen. Dauerte es womöglich so lange, eben weil der Kreis der finalen Entscheider so klein geworden ist? Und sind nicht auch Angehörige der Polizei und Armee alles andere als immun gegen den lähmenden Einfluss der allgegenwärtigen Politikinszenierung?

Der Tod von Alexej Nawalny entgleitet aber der Deutungshoheit des Kremls. Von weiten Teilen der russischen Gesellschaft wird er als Mord verstanden, nicht verwunderlich angesichts des unwürdigen Versteckspiels um seinen Leichnam und der eindeutigen Inkaufnahme eines tödlichen Ausgangs durch die kontinuierlich verschärften Haftbedingungen. Auch ein tatsächlicher, wiederholter Anschlag auf sein Leben ist denkbar, gleichwohl man die Wahrheit vermutlich nie erfahren wird. Dies ist jedoch nicht mehr wichtig, genauso wenig wie die Frage, ob Prigoschins Flugzeug wirklich ganz von allein vom Himmel gefallen ist. Die Leute glauben das unwiderlegbar Intuitive. In einem System der inszenierten, unechten Politik ist nur noch wichtig, was die Leute glauben. Und für die allermeisten lief es folgendermaßen ab: Wladimir Putin, der Alleinherrscher Russlands, hat seinen wichtigsten Widersacher Nawalny erst so weit weg wie nur möglich versteckt und dann hinrichten lassen. Wirkt das als Zeichen der Stärke und Souveränität, vor allem in den Augen der herrschenden politischen Elite?

Die Antwort lautet: Ja. Der Tod von Alexej Nawalny ist eine tiefe Entmutigung für russische Dissidentinnen und Dissidenten, die im Exil wie in Russland selbst an seiner Person Halt und Orientierung gefunden haben. Nawalny hatte wie kein anderer erspürt, wie viel Dynamik und Protestpotential in der nur vermeintlich apathischen russischen Gesellschaft stecken. Er hat eine erfolgreiche Allianzbildung der zersplitterten Opposition praktiziert, öffentliche Politik durch Straßenwahlkampf und Debattenformate wiederbelebt, Massendemonstrationen mitinspiriert und immer wieder Innovationen erfunden, die junge, nicht-zynische Unterstützer angesprochen haben – mal auf YouTube, mal durch ein Netzwerk aktivistischer Stäbe.

» **Der Tod von Alexej Nawalny ist eine tiefe Entmutigung für russische Dissidentinnen und Dissidenten.**

Er hat sich nicht dazu verleiten lassen, ein hauptstädtischer, Moskauer Politiker zu werden, sondern stets Kontakte in unterschiedlichste Teile des Landes mit viel Zeit- und Krafteinsatz gepflegt. Am wichtigsten, er hat dem Fatalismus der Enttäuschten und der Älteren immer wieder funktionierende Strategien entgegengesetzt, sich fast zum Bürgermeister von Moskau wählen lassen und damit anschaulich gezeigt, warum Handeln nicht sinnlos ist. Kurzum – er hat einer ganzen Generation seiner Landsleute genau das aufgezeigt, was der Kreml zu verstecken versuchte, nämlich wie eine zukunftsorientierte, republikanische, hoffnungsfähige, dialogbereite Politik aussehen könnte.

Nawalny hat auch Lernfähigkeit hinsichtlich seiner frühen, nationalistischen Geschmacklosigkeiten gezeigt, während einer Inhaftierung von kirgisischen Mitinsassen ein paar Brocken ihrer Landessprache gelernt und sich zuletzt für Rechte von diskriminierten muslimischen Strafgefangenen eingesetzt. Sein Wirken und sein Leben sind fortan eine öffentlich zugängliche didaktische Ansammlung von konkreten Beispielen dafür, dass Russland keinem unausweichlichen, kulturellen Fluch von Autokratieanfälligkeit unterworfen ist und keine demokratieunfähige Untertanengesellschaft bleiben muss.

Der Kreml hat diese Fähigkeiten und Strategien erkannt – und diese als Gefahren richtig eingeschätzt. Die Organisation von Nawalny ist brutal zerschlagen worden. Weitere Ermittlungen und Verfahren gegen ihre Angehörige sind zu erwarten. Der Tod von Alexej Nawalny ist in dieser Hinsicht ein folgerichtiger Höhepunkt der Repression, eine finale Absage an Duldung von potenziell wirkmächtigen Alternativen.

In einem Monat ereignet sich die planmäßige plebiszitäre Amtsbestätigung Putins als Präsident der Russländischen Föderation. Laut der durch ihn selbst modifizierten Verfassung wird er noch bis 2036 Zeit haben, um alles zu verwirklichen, was er noch vorhaben könnte. Seine öffentlichen, mit Elan vorgetragenen, historisierenden Ausführungen sind ein deutlicher Hinweis darauf, dass selbst ein Ende des russisch-ukrainischen Krieges mitnichten auch die Befriedigung der geopolitischen Neuordnungsambitionen Putins bedeuten muss.

»» **Die Organisation von Nawalny ist brutal zerschlagen worden.**

Womit er sich offensichtlich nicht mehr viel beschäftigen wollte, ist die Feinsteuerung des innenpolitischen Machtapparats: Die Wahlkampagne wird recht behäbig von seiner Präsidialadministration geführt, der Wahlzettel ist so kurz wie noch nie und selbst das Experimentieren mit einem quasi-alternativen Kandidaten wie Boris Nadeschdin wurde schnell wieder ad acta gelegt.

Und jetzt das: Ein Schattenspiel von Gerüchten und Mutmaßungen, die nicht mehr aufzuklären und einzufangen sind, ein neuer Zweifel an der Qualität der Entscheidungen von ganz oben (in der UdSSR hätte man Vorkehrungen getroffen, um so einen VIP-Häftling nicht »aus Versehen« zu verlieren), ein

len? Der Strom von Anzeigen an die Strafverfolgungsbehörden ist jedenfalls inzwischen so groß, dass die Duma-Abgeordneten der Partei »Neue Leute« einen Gesetzentwurf zur Bestrafung von Serien-Denunziationen eingebracht haben. Der Vorsitzende der Partei, Wladislaw Dawankow, schlug vor, das Gesetz »Mizulina-Gesetz« zu nennen. Sie habe bewiesen, dass es Zeit sei, den Anzeigenwellen ein Ende zu setzen, schrieb er in seinem Telegram-Kanal. Der Gesetzestext wurde bereits im Februar der Regierung vorgelegt. Seitdem hat man jedoch nichts mehr davon gehört.

» **In stalinistischen Zeiten wurde Denunziation regelrecht gefördert.**

Laut einer im April dieses Jahres von der *Nowaja Gaseta* durchgeführten Umfrage stehen 38 Prozent der Russen dem Denunziantentum sehr negativ gegenüber, 17 Prozent sind gleichgültig und nur fünf Prozent befürworten es. Die Zahlen scheinen eher zu beruhigen als zu alarmieren. Jedoch machen die Autoren der Studie darauf aufmerksam, dass unter den Studenten nur 24 Prozent eine stark ablehnende Haltung gegenüber Denunziationen haben und 41 Prozent ihnen gleichgültig gegenüberstehen. Hierfür gibt es mehrere Erklärungen. Zum Beispiel, dass die junge Generation, die es gewohnt ist, ständig Online-Bewertungen über verschiedene Produkte und Dienstleistungen zu verfassen, eher nicht darüber nachdenkt, welche Konsequenzen das Anschwärzen hat.

Die *Nowaja Gaseta* hebt jedoch noch einen anderen Aspekt hervor: »Fast alle Befragten neigen dazu, die Anpassung an die Erfordernisse der Zeit für eine durchaus akzeptable Verhaltensnorm zu halten.« In der russischen Gesellschaft, die bereits vor dem Krieg stark zersplittert war, entsteht zunehmend eine Atmosphäre von Argwohn und Angst. Wie zu Sowjetzeiten überlegen die Menschen genau, wem sie wo was sagen können. Viele wählen den Weg der Anpassung.

Eins steht fest: Der Staat trägt maßgeblich zu der neuen Ära der Denunziation bei. Durch die Verabschiedung immer neuer Gesetze, die die Meinungsfreiheit einschränken und die Strafverfolgung von vermeintlichen Fake News über die Armee ermöglichen, entsteht ein Klima der Angst und des Misstrauens in der Gesellschaft. Wie vor fast 90 Jahren ist die Suche nach »inneren Feinden«

eröffnet, und die Machthaber erheben das Denunziantentum zu einer gesellschaftlichen Norm. Und genau wie damals ist das Anschwärzen ein Werkzeug der politischen Repression. Dowlatow beantwortete seine Frage nach den Urhebern der Millionen von Denunziationen selbst: »Sie wurden von einfachen sowjetischen Menschen geschrieben. Bedeutet das, dass die Russen eine Nation von Denunzianten und Spitzeln sind? Ganz und gar nicht. Es waren bloß Tendenzen des historischen Moments.« Sein trauriges Fazit scheint sich heute wieder zu bestätigen.

DARIA BOLL-PALIEVSKAYA ist freie Journalistin und Autorin. Sie ist Redakteurin der unabhängigen Online-Zeitung *russland. NEWS* und schreibt u. a. für *Zeit Online* und den *MDR*.

KOALITION DER VERLIERER

Trotz wachsendem Widerstand im Land geht Präsident Macron eine faktische Allianz mit Le Pens rechter Partei ein. Was erhofft er sich davon?

Von Gregor Fitzi | Oktober 2024

Kaum im Amt musste die neue französische Regierung unter Premierminister Michel Barnier am 8. Oktober schon ihr erstes Misstrauensvotum überstehen. Beantragt hatte dieses die *Parti Socialiste*, federführend für das linke Bündnis des *Nouveau Front Populaire*. Damit endet die turbulente politische Phase, die mit den vorgezogenen Wahlen am 30. Juni und 7. Juli angefangen hatte Gegen alle Vorhersagen der Meinungsforscher, die die rechtsextreme Partei *Rassemblement National* als Wahlsieger auserkoren hatten, hatte das Linksbündnis die Wahl überraschend gewonnen und stellt die relative Mehrheit der Abgeordneten. In jeder parlamentarischen Demokratie hätte der Staatspräsident die Kandidatin des *Nouveau Front Populaire* für den Posten des Premierministers, Lucie Castets, mit der Bildung einer neuen Regierung. Wäre sie an einem Misstrauensvotum gescheitert, hätte man nach anderen Lösungen suchen können. Nicht so in Frankreich, dessen Präsidialsystem dem Präsidenten weitgehende Vorrechte zur Verfügung stellt und der so die Regierung faktisch bestellen kann.

Präsident Emmanuel Macron ließ sich zunächst Zeit, bis die Olympischen Spiele zu Ende waren. Dann stellte er im Laufe langwieriger Konsultationen fest, dass der *Rassemblement National* nicht abgeneigt war, eine Minderheitsregierung aus Macrons Partei *Ensemble pour la République* und den Resten der gaullistischen Partei *Les Républicains* zu dulden. Natürlich unter der Bedingung, dass die Regierungspolitik auch eine dezidiert rechte Handschrift bekommt. Das Ergebnis der Wahl wurde somit auf den Kopf gestellt: Es entstand eine Koalition der Verlierer. Sie wird durch die rechtsextreme Partei gestützt, gegen deren Machtergreifung die Französinnen und Franzosen bei den Wahlen im Sommer erfolgreich einen *Front Républicain* gebildet hatten. Die Empörung in den Reihen des Linksbündnisses war riesig. Olivier Faure, der Vorsitzende der Sozialisten, nannte die Regierungsbildung einen Überfall.

» Das Ergebnis der Wahl wurde somit auf den Kopf gestellt: Es entstand eine Koalition der Verlierer.

Es fehlte nur noch der richtige Mann, um die neue Regierung zu führen. Die Wahl fiel auf Michel Barnier – einen langjährigen und erfahrenen Diplomaten, der mit dem Vereinigten Königreich die Rahmenbedingungen des Brexits verhandelt hatte. Aber auch ein Politiker, dessen Positionen ausreichend rechtsgerichtet sind, um Marine Le Pen zu gefallen. Dass Barnier ihren Erwartungen genügen kann, hat er bereits am Vorabend der Regierungsbildung bewiesen. So hat er den frisch ernannten Finanz- und Wirtschaftsminister Antoine Armand streng zurechtgewiesen, nachdem dieser im Radio gesagt hatte, dass der rechte *Rassemblement* nicht zu den verfassungskonformen demokratischen Kräften gehört. Kurz darauf hat Barnier zum Telefon gegriffen und sich stellvertretend für den Minister bei Marine Le Pen entschuldigt.

Die Anbiederung bei der extremen Rechten rief selbst innerhalb von Macrons Partei eine Welle der Entrüstung hervor, vier Abgeordnete traten deswegen aus. Nun aber steht die Regierung Barnier, hat dank des *Rassemblement* bereits ihr erstes Misstrauensvotum überstanden und bereitet sich darauf vor, in dieser Konstellation das Finanzgesetz 2025 durch das Parlament zu bringen. Um die Linke daran zu hindern, auch nur zu versuchen, eine Mehrheit im Parlament zu finden, ist Macron eine faktische Allianz mit Le Pen eingegangen. Es stellen sich die Fragen, welche Gründe beide haben, um dieses Experiment zu wagen, und welche Risiken sie – aber auch Frankreichs politisches System insgesamt – damit eingehen.

Unter Macrons Präsidentschaft ist Frankreichs Staatsverschuldung explodiert. Dies geht in bedeutendem Maße auf die Steuerbegünstigungen für Großunternehmen und Besserverdiener zurück, die Macron seit 2017 eingeführt hat. Da sie den gewünschten Wirtschaftsaufschwung nicht gebracht haben, wollte der Wahlgewinner *Nouveau Front Populaire* sie in Regierungsverantwortung zurücknehmen und eine antizyklische keynesianische Politik initiieren. Macron, der sich Frankreichs Arbeitgebervereinigung MEDEF verpflichtet fühlt, will dies um jeden Preis unterbinden. Und mit Le Pen – die im Juli, als ihre Partei die Macht zu ergreifen schien, ebenfalls die Nähe zum Arbeitgeberverband gefunden hat – kann er dies auch. Für Macron ist die faktische Allianz mit dem *Rassemblement National* somit die Möglichkeit, seine Wirtschafts- und Rentenpolitik trotz wachsendem Widerstand in der französischen Gesellschaft fortzusetzen – Le Pen hingegen wittert darin die Chance, sich fest im Salon der französischen Großbourgeoisie zu etablieren.

» **Unter Macrons Präsidentschaft ist Frankreichs Staatsverschuldung explodiert.**

Macrons *liaison dangereuse* hat aber auch einen machtpolitischen Grund. Was mal die Präsidentenmehrheit war, ist nun zu einer tief zerstrittenen Minderheit zusammengeschrumpft. Der Kampf um Macrons Nachfolge ist bereits in vollem Gange. Seine Truppen unter Kontrolle zu halten, wird somit immer schwieriger. Die Suche des Linksbündnisses nach einer Parlamentsmehrheit hätte den Prozess zur Bildung neuer Mitte-Links-Gruppierungen mit sozialdemokratischer Färbung aus Macrons zentristischem Bündnis beschleunigt. Auch diese Entwicklung sollte um jeden Preis verzögert werden.

Mit seiner jüngsten Politik geht Macron jedoch das Risiko ein, dass seine politische Familie, die radikal neoliberale Mitte, vollständig delegitimiert wird. Nicht nur war er zweimal zur Präsidentschaftswahl als Alternative zum Rechtsradikalismus von Marine Le Pen angetreten – trotz aller Zweifel an seinen politischen Programmen haben ihn viele deswegen gewählt. Hinzu kommt, dass gut 80 der insgesamt 163 Abgeordneten des Präsidentenlagers nur aufgrund des Kandidaturverzichts der linken Kandidatinnen und Kandidaten im zweiten Wahlgang im Rahmen der *Republikanischen Front* ins Parlament gekommen sind. Mit der aktuellen Politik ihrer Partei verraten sie somit das Vertrauen eines bedeutenden Teils ihrer Wählerinnen und Wähler. Macrons faktische Allianz mit Le Pen wird dazu führen, dass sich in der Zukunft niemand aus seinem Lager mehr als Alternative zur extremen Rechten hochstilisieren kann. Diejenigen, die diesem Omen entkommen wollen, werden sich früher oder später von Macrons neoliberaler Mitte verabschieden müssen. Bislang sind es vier Abgeordnete, der Damm ist aber bereits gebrochen.

» **Marine Le Pen kann sich freuen, dass ihre Partei die antifaschistische Brandmauer in Frankreichs Eliten durchbrochen hat.**

Am anderen Ende der faktischen Allianz zur Unterstützung der Barnier-Regierung kann sich Marine Le Pen darüber freuen, dass ihre Partei zu einer bedeutenden Referenz für die Interessen der Arbeitgebervertretung geworden ist und sie somit die antifaschistische Brandmauer unter Frankreichs Eliten durchbrochen hat. Darin wittert sie eine gute Ausgangsposition, um bei den Präsidentschaftswahlen 2027 an die Macht zu kommen. Sie muss nur beim kommenden Votum zum Finanzgesetz 2025 beweisen, dass sie eine überzeugte Vertreterin der Interessen der französischen Industrie ist. Damit geht sie allerdings auch ins Risiko, denn dadurch droht ihr, das populistische Prädikat zu verlieren, die »Schützerin der kleinen Leute« gegen Macrons korruptes Machtsystem zu sein. Ihr Pressesprecher versucht bereits die Mär zu verbreiten, das Linksbündnis *Nouveau Front Populaire* hätte freiwillig darauf verzichtet, eine Regierung zu bilden, damit immer dieselben, also die Macronisten, an der Macht blieben.

Die Hoffnung, dass niemand realisiert, wie tief das rechtsextreme *Rassemblement National* sich der vorherrschenden Elite andient, wird jedoch von kurzer Dauer sein. Denn Barnier hat keine Absicht, die Kaufkraft der Französinnen und Franzosen zu stärken, wie dies selbst die rechtsradikale Partei während der Wahlkampagne versprochen hatte. Vielmehr wird er neue Einschnitte in den Sozialstaat durchsetzen und »vielleicht, aber nur vorübergehend« – wie es in der Regierungserklärung heißt – die Steuern für Superreiche und Großunternehmen teilweise wieder einführen.

Der Machterhalt um jeden Preis für die neoliberale Elite, die den Konsens im Land längst verloren hat, wird somit beiden Vertretern der faktischen Allianz zwischen Macron und Le Pen schaden. Vor allem aber leidet Frankreichs politisches System darunter. Immer mehr Wählerinnen und Wähler sehen den Eindruck bestätigt, dass ihr demokratischer Wille von der Politik schlicht und ergreifend ignoriert wird. So ist die Legitimation des französischen Präsidialsystems auf dem niedrigsten Niveau seit seiner Einführung durch Charles de Gaulle 1958 angelangt. Der Wunsch nach einer Systemreform wird immer lauter.

GREGOR FITZI ist Soziologe und Senior Lecturer an der Europa-Universitä Viadrina in Frankfurt an der Oder. Er forscht über Populismus und die Krise der normativen Integration komplexer Gesellschaften.

DRINGEND NOTWENDIGER WECKRUF

Damit die EU wettbewerbsfähig bleibt, muss es eine völlig neue Form der Zusammenarbeit geben. Kann Draghis Vision die EU aufrütteln?

Von Marie Hasdenteufel, Daniela Iller und Sidonie Wetzig
September 2024

Europa steht vor großen Herausforderungen. Die Fundamente, auf denen die Europäische Union ihren Frieden und ihren Wohlstand aufgebaut hat, sind ins Wanken geraten. Die europäische Wirtschaft ist dem zunehmenden globalen Wettbewerb nicht gewachsen, geopolitische Instabilitäten nehmen zu, und die Abhängigkeiten der EU haben sie anfällig werden lassen. Doch wie soll die EU mit diesen (neuen) Realitäten umgehen? Um auf diese drängende Frage eine Antwort zu finden, hat die Präsidentin der Europäischen Kommission, Ursula von der Leyen, den ehemaligen italienischen Ministerpräsidenten Mario Draghi mit der Aufgabe betraut, Leitlinien für eine nachhaltige und wettbewerbsfähige Europäische Union aufzustellen.

Draghi fand deutliche Worte, als er am Montag seinen Bericht über die Zukunft der europäischen Wettbewerbsfähigkeit vorstellte: Es ist Zeit zu handeln. Entweder machen wir uns an die Arbeit, oder wir geben die EU einer »langsamen Agonie« preis. Als Präsident der Europäischen Zentralbank gelang es Draghi, den Euro zu retten – mit einer klaren Botschaft gegen Finanzmarktspekulationen. Jetzt legt er auf 400 Seiten seine Vision einer nachhaltigen und wettbewerbsfähigen Europäischen Union vor und bezeichnet die darin enthaltenen Maßnahmen als konkret und dringend. Allein schon die Fülle an Vorschlägen macht deutlich, dass es auf Europas vielschichtige Problemlage keine einfache Antwort gibt. Aber die Publikation kann – und sollte – ein Weckruf sein.

»Wir können nicht gleichzeitig führend bei neuen Technologien, ein Leuchtturm der Klimaverantwortung und unabhängiger Akteur auf der Weltbühne sein. Wir werden unser Sozialmodell nicht finanzieren können. Wir werden einige, wenn nicht sogar alle unsere Ambitionen zurückstecken müssen.« Draghi führt eine Reihe von Wirtschaftsindikatoren als Belege für etwas an, das allgemein bekannt ist: Die EU hinkt hinterher und kann sich nicht mehr auf ein günstiges globales Umfeld verlassen. Die niedrige Produktivität hat das Reallohnwachstum schrumpfen lassen und das Gefälle zwischen EU und USA beim BIP-Niveau (zu konstanten Preisen) in der Zeit von 2002 bis 2023 von 17 Prozent auf 30 Prozent vergrößert.

» **Was die EU braucht, sind schließlich keine neuen Belege dafür, dass sie hinterherhinkt, sondern die politische Bereitschaft, Veränderungen durchzusetzen.**

Für das Europäische Parlament und die Kommission kommt der Bericht zu Beginn der neuen Legislaturperiode genau zum richtigen Zeitpunkt, denn er kann den neu gebildeten Institutionen als To-do-Liste dienen. Von der Leyen ist gerade dabei, die Aufgaben der neuen Kommissare zu formulieren, und es steht fest, dass es einen eigenen Kommissar für Wettbewerbsfähigkeit geben wird. Wie – und ob – die konkreten Vorschläge in die Tat umgesetzt werden, bleibt allerdings abzuwarten. Was die EU braucht, sind schließlich keine neuen Belege dafür, dass sie hinterherhinkt, sondern die politische Bereitschaft, Veränderungen durchzusetzen.

Draghis Bericht ist ein Plädoyer für eine echte europäische Industriepolitik, die Wettbewerbs- und Handelspolitik miteinander verzahnt. Die neue industriepolitische Strategie stützt sich auf drei Säulen – Innovation, Dekarbonisierung und Sicherheit – und umfasst ein breites Spektrum von Industriezweigen, von der Automobil- und Computerbranche bis zur Pharma- und Rüstungsindustrie, um nur einige zu nennen. Dabei kommt erschwerend hinzu, dass die Industriepolitik in den Mitgliedstaaten und sogar innerhalb der EU-Institutionen fragmentiert ist und kohärenten Strategien im Wege steht.

Das umfangreiche Maßnahmenpaket betrifft auch den Handel und die wirtschaftliche Sicherheit. Draghi sieht die EU auf dem richtigen Weg, zum Beispiel mit ihrer Strategie für Wirtschaftssicherheit oder ihren Bemühungen, im Interesse der Versorgungssicherheit ihr Netz an bilateralen und Präferenzhandelsabkommen weiter auszubauen – vor allem mit rohstoffreichen Ländern. Darüber hinaus wünscht er sich ein Umdenken: Statt »pauschaler Einstellungen in Handelsfragen« brauche es »sorgfältige Einzelfallanalysen«, um die Handelspolitik der EU voll und ganz mit ihrer Industriepolitik in Einklang zu bringen. Das gilt auch für den Einsatz von Defensivmaßnahmen und den Grad der Offenheit gegenüber Handelspartnern in bestimmten Sektoren. Außerdem sollten solche Maßnahmen mit dem übergeordneten Ziel der Produktivitätssteigerung in der EU Hand in Hand gehen.

» **Wenn die EU in der nächsten Legislaturperiode Handelsabkommen abschließen will, muss sie weniger reden und mehr zuhören.**

Die Abkommen der vergangenen Jahre haben jedoch eines gezeigt: Staaten warten nicht auf die Europäische Union, und die EU ist nicht mehr ihr einziger Handelspartner. Die Lieferketten müssen natürlich gesichert werden, aber das ist nicht möglich ohne ein attraktives Angebot. Dazu gehören auch entsprechende Investitionen in den Partnerländern. Die Sorgen und Anliegen der Partnerländer sind bekannt, angefangen beim besseren Marktzugang bis zur Industrieentwicklung und Wertschöpfung im eigenen Land. Wenn die EU in der nächsten Legislaturperiode Handelsabkommen abschließen will, muss sie weniger reden und mehr zuhören.

Zum Thema Verteidigung enthält Draghis Analyse wenig Neues. Die europäische Rüstungsindustrie ist zu stark fragmentiert, um den durch Russlands Angriff auf die Ukraine entstandenen Kapazitäts- und Innovationsbedarf zu befriedigen. Um diesen kurzfristigen Bedarf zu decken, geben die europäischen Mitgliedstaaten ihre Mittel zunehmend für Auftragsvergaben außerhalb der EU aus, statt in die europäische Verteidigungsindustrie zu investieren. So wird die Chance vertan, Ressourcen zu bündeln und eine technologische und industrielle Basis der europäischen Verteidigung (EDITB) zu konsolidieren.

Um Strukturschwächen abzubauen, plädiert Draghi für die Umsetzung der im März dieses Jahres veröffentlichten Europäischen Industriestrategie für den Verteidigungsbereich (*European Defence Industrial Strategy*, EDIS) und des Programms für die EU-Rüstungsindustrie (*European Defence Industrial Programme*, EDIP). Langfristig spricht er sich – im Interesse der Standardisierung und Interoperabilität und zur Erzielung von Größenvorteilen – für eine grenzüberschreitende Integration im Rüstungssektor aus. Fraglich ist jedoch, ob die Mitgliedstaaten bereit und gewillt sind, ihre nationalen Unternehmen für die Konsolidierung der industriellen Verteidigungsbasis der EU aufzugeben. Um mehr Mittel für den Verteidigungssektor zu generieren, rät Draghi, die von der Europäischen Investitionsbank und der EU-Taxonomie vorgegebenen Beschränkungen aufzuheben – ein Vorschlag, der zeigt, dass dieser Bericht nicht vor provokativen Vorstößen zurückscheut.

» **Es muss eine völlig neue Form der Zusammenarbeit geben.**

Zu den besonders kontroversen Themen des Berichts gehört die Finanzierung: Um die darin genannten Ziele zu erreichen, braucht es zusätzliche Investitionen von mindestens 750 bis 800 Milliarden Euro pro Jahr. Das sind mindestens 4,4 Prozent des BIP der Europäischen Union. Zum Vergleich: Die Investitionen im Rahmen des Marshallplans beliefen sich auf ein bis zwei Prozent des BIP in den Empfängerländern. Dieser Finanzbedarf lässt sich nicht allein mit Privatkapital decken; die Stärkung der Kapitalmarktunion wäre nur ein Tropfen auf den heißen Stein. Laut Draghi muss als nächster Schritt unbedingt die Emission gemeinsamer Schuldtitel folgen – aufbauend auf den Erfahrungen mit dem Wiederaufbaufonds *Next Generation EU*. Dafür müssen die Finanzminister bereit sein, die Integration weiter voranzutreiben und in die Zukunft der Union zu investieren.

Es muss eine völlig neue Form der Zusammenarbeit geben. Kann Draghis Vision ein Weckruf sein? Jubel ist in den Mitgliedstaaten seit der Veröffentlichung des Berichts bislang nicht ausgebrochen. Das mag verständlich sein, denn die politische Koordinierung auf EU-Ebene verlangt von den Mitgliedstaaten, dass sie einen Teil ihrer Macht abtreten. Die Voraussetzungen dafür sind gegeben. Ursula von der Leyen wird ihren Vorschlag für die Ressorts und die Zusammensetzung der neuen Kommission am kommenden Dienstag dem Europäischen Parlament in Straßburg vorstellen. Draghis Bericht ist eine Einladung an die Regierenden. Am Ende bleibt es jedoch den Mitgliedstaaten überlassen, welchen Weg sie einschlagen wollen: Reformen und weitere Integration – oder der langsame und stetige Niedergang Europas.

Aus dem Englischen von **CHRISTINE HARDUNG**

MARIE HASDENTEUFEL ist Referentin bei der Friedrich-Ebert-Stiftung in Brüssel. Ihre Arbeitsschwerpunkte sind europäische Wirtschafts- und Sozialpolitik, sowie Digitales.

DANIELA ILLER ist im EU-Büro der Friedrich-Ebert-Stiftung für den Bereich Handels- und Entwicklungspolitik zuständig. Sie studierte Politikwissenschaften an der Universität Leipzig, der *Sciences Po* in Lyon und der Freien Universität Berlin.

SIDONIE WETZIG ist politische Referentin bei der Friedrich-Ebert-Stiftung in Brüssel. Ihre Arbeitsschwerpunkte sind Auswärtige Angelegenheiten, Sicherheit und Verteidigung.

GLOBAL

KRISE DER LIBERALEN ORDNUNG

Globale Institutionen wie der Internationale Strafgerichtshof stehen in der Kritik. Dabei braucht es diese in Zeiten der Großmachtrivalität besonders.

Von Rolf Mützenich | Juli 2024

Vor 26 Jahren verabschiedeten 120 Staaten das Statut von Rom, welches die Rechtsgrundlage für den Internationalen Strafgerichtshof (IStGH) schuf, der vier Jahre später seine Tätigkeit aufnahm. Die Errichtung des ersten universalen und permanenten internationalen Strafgerichtshofs war ein historischer Meilenstein in der Entwicklung des internationalen Völkerstrafrechts. Seit 2002 befasst sich der IStGH mit den schwersten Verbrechen, »welche die internationale Gemeinschaft als Ganze berühren«, wie es in Artikel 5 des Römer Statuts heißt. Zu diesen Verbrechen gehören Völkermord, Verbrechen gegen die Menschlichkeit, Kriegsverbrechen und das Verbrechen der Aggression. Bisher wurden 32 Gerichtsfälle vor dem Internationalen Strafgerichtshof verhandelt. Insgesamt 124 Staaten sind mittlerweile Vertragsstaaten des IStGH, darunter alle Mitgliedstaaten der Europäischen Union sowie zahlreiche Staaten aus Afrika, Asien und Lateinamerika.

Doch trotz der bedeutenden Rolle des IStGH bei der Entwicklung und Stärkung internationaler Rechtsnormen ist die Euphorie der 1990er Jahre inzwischen einer deutlichen Ernüchterung gewichen. Eine wesentliche Kritik ist, dass der IStGH selbst über keine Zwangsmittel verfügt, um Staaten zur Umsetzung seiner Urteile zu zwingen. Die Funktionsfähigkeit des Strafgerichtshofs hängt folglich stark von der Kooperation der Mitgliedstaaten ab. Zudem wird dem IStGH vorgeworfen, politisch voreingenommen zu sein und sich fast ausschließlich auf Fälle auf dem afrikanischen Kontinent zu konzentrieren. Tatsächlich betraf ein Großteil der bisher behandelten Fälle vor allem afrikanische Staaten, obwohl schwere Verbrechen auch in anderen Teilen der Welt begangen wurden. Besonders im Globalen Süden hat diese Wahrnehmung zu einer wachsenden Skepsis gegenüber dem Internationalen Strafgerichtshof geführt. Hinzu kommt, dass einige der mächtigsten Staaten der Welt, wie die USA, Russland oder China, das Römische Statut nach wie vor nicht ratifiziert haben. Dies untergräbt nicht nur die universelle Gültigkeit und Akzeptanz des Gerichts, sondern verstärkt auch den Eindruck, dass der IStGH lediglich ein Instrument der Großmächte zur Durchsetzung ihrer machtpolitischen Interessen ist.

» Ein zentraler Kritikpunkt des Globalen Südens lautet, dass internationale Institutionen nach wie vor von westlichen Ländern dominiert werden.

Dieser Vorwurf an den IStGH wiegt umso schwerer, da er sich nicht allein an den Internationalen Strafgerichtshof richtet, sondern an die asymmetrischen Machtverhältnisse der liberalen Ordnung im Ganzen. Ein zentraler Kritikpunkt des Globalen Südens lautet, dass internationale Institutionen wie die Vereinten Nationen, die Weltbank und der Internationale Währungsfonds nach wie vor die Machtverhältnisse nach dem Ende des Zweiten Weltkriegs widerspiegeln und von westlichen Ländern dominiert werden. So ist beispielsweise weder Indien als bevölkerungsreichstes Land der Erde noch ein einziger Staat aus Afrika und Lateinamerika als ständiges Mitglied im UN-Sicherheitsrat vertreten. Erschwerend kommt hinzu, dass die Funktionsfähigkeit und Akzeptanz internationaler Institutionen bereits seit Jahren abnehmen, so dass man inzwischen durchaus von einer existentiellen Krise der liberalen Ordnung sprechen kann. Dies gilt nicht nur für den IStGH, sondern auch für die Vereinten Nationen, die Welthandelsorganisation, die OSZE oder die Weltklimakonferenzen.

Doch gerade in einer Zeit, in der internationale Institutionen immer häufiger blockiert sind oder infrage gestellt werden, hat sich der IStGH als einer der wenigen Hoffnungsschimmer und als wichtiger Eckpfeiler der liberalen Ordnung erwiesen. So hat der IStGH am 17. März 2023 wegen möglicher Kriegsverbrechen in der Ukraine einen Haftbefehl gegen den russischen Präsidenten Putin erlassen. Vor nur wenigen Wochen folgten Haftbefehle gegen den ehemaligen Verteidigungsminister Schoigu und Generalstabschef Gerassimow. Dies verdeutlicht: Selbst eine Atommacht und ein Mitglied des UN-Sicherheitsrats muss sich letztlich vor dem Völkerrecht verantworten. Die Entscheidung des Internationalen Strafgerichtshofs war nicht nur von hoher symbolischer Tragweite, sondern hatte auch direkte praktische Konsequenzen: So konnte Präsident Putin beispielsweise aufgrund dieser Entscheidung nicht persönlich zum 15. Gipfeltreffen der BRICS in Johannesburg am 9. September 2023 reisen, da ihm sonst eine Verhaftung durch die südafrikanischen Behörden gedroht hätte.

» Besonders Deutschland war stets ein starker Verfechter des Internationalen Strafgerichtshofs.

Am 20. Mai 2024 beantragte der Chefankläger des IStGH Khan zudem im Zusammenhang mit dem Krieg in Gaza einen Haftbefehl gegen drei hochrangige Mitglieder der Hamas sowie gegen den israelischen Premierminister Benjamin Netanjahu und Verteidigungsminister Yoav Gallant. Die Haftbefehle gegen Premierminister Netanjahu und Verteidigungsminister Gallant haben in einigen westlichen Ländern zum Teil heftige Kritik hervorgerufen. Es war natürlich bedauerlich und unangemessen, dass die Anträge auf Haftbefehl gegen die Mitglieder der Hamas und der israelischen Regierung gleichzeitig gestellt wurden. Gleichwohl habe ich bereits damals in einem Interview betont, dass es trotzdem klug ist, sich einer voreiligen Kommentierung zu enthalten. Deutschland und die westlichen Länder sollten eine vorurteilsfreie und unabhängige Prüfung der Vorwürfe abwarten. Sollten westliche Staaten versuchen, Einfluss auf die Gerichtsentscheidung auszuüben, würde dies sowohl unsere eigene als auch die Legitimität des Internationalen Strafgerichtshofs in künftigen Fällen erheblich untergraben.

Der Chefankläger hat zudem durch seine Anträge auf Haftbefehl gegen israelische Regierungsmitglieder deutlich gemacht, dass sich auch westliche Demokratien der Gerichtsbarkeit des Internationalen Strafgerichtshofs nicht entziehen können – entgegen dem Vorwurf vieler Länder des Globalen Südens. Ob es letzten Endes tatsächlich zu einem Haftbefehl kommt, muss nun durch ein unabhängiges Richterkollegium am Strafgerichtshof vorurteilsfrei entschieden werden. Doch das übergeordnete Interesse an der Integrität und Legitimität des Internationalen Strafgerichtshofs wiegt letztlich schwerer als eine nachvollziehbare politische Kritik am Vorgehen des Chefanklägers des IStGH.

Gerade in Zeiten, in denen internationale Institutionen und Regelwerke sowohl von autoritären Mächten von außen als auch anti-demokratischen Kräften im Inneren bedroht werden, sollte die demokratische Welt alles in ihrer Macht Stehende tun, um die Institutionen der liberalen Ordnung zu schützen und zu reformieren. Besonders Deutschland war stets ein starker Verfechter des Internationalen Strafgerichtshofs und ist nach Japan der zweitgrößte Beitragszahler. Die Bundesregierung sollte daher aktiv auf eine Ausweitung und Weiterentwicklung des Statuts hinarbeiten. Erst am 6. Juni dieses Jahres hat der Deutsche Bundestag einen wegweisenden Gesetzesentwurf der Bundesregierung zur Fortentwicklung des Völkerstrafrechts angenommen. Das Gesetz, das am 5. Juli auch vom Bundesrat beschlossen wurde, zielt darauf ab, das Völkerstrafgesetzbuch zu verschärfen und an das inzwischen veränderte Römische Statut anzugleichen. Ziel ist es, bestehende Straflücken im Völkerstrafgesetzbuch zu schließen und die Rechte der Opfer zu stärken, insbesondere von Frauen und queeren Menschen, sowie die internationale Zugänglichkeit von Völkerstrafverfahren zu verbessern.

» **Es ist nicht zu erwarten, dass die Großmächte angesichts der gegenwärtigen Entwicklungen in absehbarer Zeit dem Römischen Statut beitreten werden.**

Besonders die SPD-Bundestagsfraktion hat im parlamentarischen Verfahren erfolgreich durchgesetzt, dass die sogenannte »funktionelle Immunität« einer Verfolgung von Verbrechen nach dem Völkerstrafgesetzbuch nicht im Wege steht. Das ist nun gesetzlich abgesichert. Dadurch wird sichergestellt, dass auch Amts- und Hoheitsträger für die Begehung von Völkerstraftaten letztlich zur Rechenschaft gezogen werden. Noch im November vergangenen Jahres hatte das Auswärtige Amt gegenüber der *International Law Commission* zur Frage der Immunitätsausnahme bei Völkerstraftaten Stellung genommen und lediglich auf eine sich entwickelnde Regel des Völkergewohnheitsrechts verwiesen. Mit der Änderung im Ausschuss hat der Deutsche Bundestag nun ein bedeutendes Zeichen für die Stärkung der regelbasierten Ordnung und Weiterentwicklung des internationalen Völkerrechts gesetzt. Die Überprüfungskonferenz des Römischen Statuts im kommenden Jahr bietet eine weitere Möglichkeit, die Zuständigkeit des IStGH insbesondere im Hinblick auf das Verbrechen der Aggression zu überprüfen und zu erweitern.

» **Wir befinden uns auf dem Weg hin zu einer multipolaren Welt mit mehreren Machtzentren.**

Gleichwohl sollte man auch in dieser Frage Realist bleiben: Die Welt hat sich seit der Hochphase des »Liberalismus« und dem »unipolaren Moment«, in denen die USA als weitgehend alleinige Ordnungsmacht agieren konnte, fundamental gewandelt. Wir befinden uns auf dem Weg hin zu einer multipolaren Welt mit mehreren Machtzentren. Gleichzeitig nimmt die strategische Rivalität zwischen China und Russland einerseits und dem Westen andererseits stetig zu. Der Wettbewerb zwischen den Großmächten und die wachsenden geopolitischen Spannungen werden – ähnlich wie im Kalten Krieg – die Funktionsfähigkeit und die Entwicklung internationaler Organisationen maßgeblich prägen. Wir sollten daher keine Illusionen hegen. Es ist nicht zu erwarten, dass die Großmächte angesichts der gegenwärtigen Entwicklungen in absehbarer Zeit dem Römischen Statut beitreten werden. Ebenso ist nicht auszuschließen, dass Staaten immer wieder versuchen werden, den Internationalen Strafgerichtshof zu ihrem eigenen machtpolitischen Vorteil zu missbrauchen.

Doch gerade eine multipolare Welt des Wettbewerbs der Großmächte braucht dringend ein verbindliches und gerechtes Regelwerk, in dem nicht das »Recht des Stärkeren«, sondern die »Stärke des Rechts« gilt. Wir müssen deshalb eine multipolare Ordnung schaffen, die auf dem Völkerrecht und auf regelbasierten Institutionen basiert. Dazu gehören eine ständige Verrechtlichung der internationalen Politik, internationale Schieds- und Strafgerichtsbarkeit sowie vertragsbasierte Abrüstung und Rüstungskontrolle. Wir brauchen wieder wirksame und verbindliche Regeln und Mechanismen der Schieds- und Strafgerichtsbarkeit und der Konfliktregelung. Der IStGH, aber auch andere internationale Gerichtshöfe wie beispielsweise der Internationale Gerichtshof (IGH), der Internationale Schiedsgerichtshof, der Internationale Seegerichtshof (ISGH) oder der Europäische Gerichtshof für Menschenrechte haben hierfür in den vergangenen Jahrzehnten Unverzichtbares geleistet. Besonders in Zeiten des Großmächtewettbewerbs und geopolitischer Spannungen dürfen wir die Verrechtlichung internationaler Politik nicht vernachlässigen. Auf dem Spiel steht letztlich nicht weniger als die Zukunft der liberalen Ordnung.

DR. ROLF MÜTZENICH ist seit 2019 Vorsitzender der SPD-Bundestagsfraktion. Er gehört seit 2002 dem Bundestag an.

MEHR ALS NUR KAMPFARENA

Die Großmächte nehmen den »Rest der Welt« nur bedingt ernst. Der Globale Süden bleibt ihnen ein Rätsel.

Von Sarang Shidore | August 2024

Der Begriff »Globaler Süden« löst viele Vorstellungen und ebenso viele Reaktionen aus. Für die einen steht er für ein im Werden begriffenes Projekt, das von den armen und ehemals kolonialisierten Nationen initiiert wurde und sich auf die Forderung nach globaler Gerechtigkeit, Solidarität und Gleichheit gründet. Andere sehen wegen der großen Diversität und divergierenden Interessen in der »sich entwickelnden Welt« das Potenzial zum kollektiven Handeln eher kritisch. Für wieder andere ist der »Globale Süden« ein problematisches staatszentriertes Konstrukt, das die transnationale Solidarität ethnischer Minderheiten weltweit – auch in den Wohlstandsgesellschaften – außer Acht lässt.

Das Konstrukt Globaler Süden ist trotzdem wichtig und hilfreich – nur eben nicht in der Weise, in der Kritiker und Anhänger den Globalen Süden sehen. Wer nach einem umfassenden Solidaritätsprojekt oder einer einzelnen Führungsfigur Ausschau hält, geht den falschen Fragen nach. Der heutige Globale Süden lässt sich am besten nicht als geordnetes Kollektiv beschreiben, sondern als Analyserahmen, der vor allem auf geopolitischen Überlegungen basiert.

Damit soll nicht in Abrede gestellt werden, dass auch andere Sichtweisen wichtige Wahrheiten zutage fördern. Der lange Schatten des Kolonialismus ist die Ursache für viele aktuelle Bruchlinien und Konflikte. Die meisten »Entwicklungsländer«, die ohnehin schon mit den Missständen der neoliberalen Ära und den Nachwirkungen von Covid zu kämpfen haben, leiden unter wirtschaftlicher Marginalisierung und Verschuldung. Auch die großen Unterschiede zwischen diesen Staaten dürfen in keiner Analyse unberücksichtigt bleiben.

Weitaus relevanter und sinnvoller ist es allerdings, den Globalen Süden als »geopolitisches Faktum« zu begreifen. Geopolitisch betrachtet, liegen zahlreiche Staaten in Lateinamerika, Afrika, Südasien, Südostasien und im Pazifik außerhalb des Kernbereichs der Großmachtordnung, der die drei Großmächte – USA, China und Russland – und ihre wichtigsten Verbündeten angehören Die Staaten im Zentrum dieses Großmachtgefüges – insbesondere diejenigen mit nuklearem Schutzschirm – genießen ein hohes Maß an Sicherheit, Status und wirtschaftlichen Möglichkeiten. Der Globale Süden hingegen muss sich in einem internationalen System behaupten, in dem er keine beherrschende Rolle spielt und dessen Regeln er in den meisten Fällen nicht selbst aufgestellt hat.

Wenn wir den Globalen Süden als »geopolitisches Faktum« begreifen, können wir besser verstehen, was diese Staaten wollen. Natürlich hat jeder Staat spezifische Bedürfnisse, die auf seine heimischen Gegebenheiten zugeschnitten sind. Dennoch lassen sich zwei übergeordnete Interessen ausmachen.

» **Die Staaten des Globalen Südens wollen im internationalen Gefüge nach oben kommen.**

Erstens gibt es den dringlichen Wunsch, mit dem Zentrum gleichzuziehen. Die Staaten des Globalen Südens wollen im internationalen Gefüge nach oben kommen, wobei es nicht nur um wirtschaftlichen Aufstieg geht, sondern auch um Statusaufwertung. So wünschen sich die Staaten mit mittlerem Einkommen, die besser als andere dastehen, entschieden mehr Mitbestimmung. Sie wollen zum Beispiel die Regeln der sich verändernden Weltordnung mitgestalten, sich gegen Wirtschaftssanktionen absichern und ihre Souveränität wahren. Gerade Letzteres ist umso wichtiger, als in vielen postkolonialen Staaten das Projekt der Nationen- und Staatsbildung nicht abgeschlossen ist.

Zweitens beteiligen sich nahezu alle Staaten des Globalen Südens grundsätzlich nicht am »Wettbewerb der Großmächte«. Sie haben kaum eine Rolle dabei gespielt, diesen zu entfachen. Die meisten wollen in diesen Wettbewerb auch nicht hineingezogen werden und sind entschlossen, sich weder für die eine noch für die andere Seite zu entscheiden. Das schließt zwar nicht die Möglichkeit strategischer Bündnisse aus, aber diese bleiben in der Regel auf einen bestimmten Umfang begrenzt, und die Wahrscheinlichkeit, dass sie in formelle Allianzen münden, ist gering. Die gängigste Strategie in unserem Zeitalter der abnehmenden Unipolarität ist Absicherung.

Bedeutet dieses realistischere Verständnis des Globalen Südens, das auf die nationalen Interessen abhebt, dass idealistische Visionen sich erledigt haben? Nicht ganz. Die Zeit der kollektiven Großanstrengungen zur Schaffung einer neuen Welt des Friedens und der Gleichheit ist womöglich vorbei. Koordinierungsbemühungen in kleinerem Maßstab, die auf praktische Ergebnisse abzielen, gibt es jedoch weiterhin.

Ein Beispiel ist das BRICS-Bündnis (Akronym aus den Initialen der ersten fünf Mitgliedstaaten Brasilien, Russland, Indien, China und Südafrika). Auch wenn die BRICS-Gruppe oft als Zusammenschluss des Globalen Südens bezeichnet wird, handelt es sich in Wirklichkeit um eine Koalition aus dem Globalen Süden sowie aus China und Russland, die ich den »Globalen Osten« nenne. Beide Gruppierungen innerhalb des BRICS-Verbunds verfolgen ihre je eigenen Interessen. Dass der Globale Süden im BRICS-Bündnis einen Nutzen für sich sieht, hat mit dem multiplen Versagen der US-geführten Weltordnung zu tun. Weitere Beispiele sind das gemeinsame Vorgehen der G77 beim Klimaschutz im Rahmen der Weltklimakonferenzen und die breite Beteiligung des Globalen Südens an internationalen rechtlichen Schritten mit Blick auf Gaza. In einer von nationalen Interessen bestimmten Welt wird es immer Raum für gemeinsame Bemühungen geben, auch wenn dieser Raum begrenzt ist.

Die meisten Staaten des Globalen Südens sind nicht daran interessiert, die bestehende Ordnung grundsätzlich zu kippen. Auch sehen sie Washington nicht als ihren Gegenspieler. Lieber kämen sie mit den Vereinigten Staaten weiterhin bestens aus – allerdings in einer Welt ohne amerikanische Vorherrschaft. Ihre zunehmende Entfremdung von der US-geführten Ordnung erklärt sich aus den systemischen Zwängen, die sie an ihrem Aufstieg hindern, sowie aus den politischen Verfehlungen und der Doppelmoral Washingtons.

Ein konkretes Beispiel für diese Zwänge ist das internationale Sanktionsregime. Dieses Regime hat sich dermaßen ausgeweitet, dass gegenwärtig mehr als ein Viertel der Länder und fast ein Drittel der Weltwirtschaft von Sanktionen betroffen sind.

Das größte Problem sind hierbei die Sekundärsanktionen – für Washington inzwischen bevorzugtes Instrument im »Wettbewerb der Großmächte«. Die Vereinigten Staaten behaupten zwar immer wieder, diese Sanktionen – die von den meisten Völkerrechtlern als illegal eingestuft werden – seien nicht gegen den Globalen Süden gerichtet, doch die betroffenen Staaten sehen das anders. Das Regime der Sekundärsanktionen basiert seinerseits auf der globalen Hegemonie des US-Dollars. Das macht die Entdollarisierung zu einem wichtigen gemeinsamen Interesse der meisten Länder des Globalen Südens.

» Sich vom Dollar zu lösen, ist leichter gesagt als getan.

Sich vom Dollar zu lösen, ist jedoch leichter gesagt als getan. Das BRICS-Bündnis hat die Entdollarisierung ins Zentrum seiner Rhetorik gerückt. Wenn es dabei Fortschritte geben soll, müssten die Zentralbanken der Mitgliedstaaten ein gewisses Maß an Souveränität aufgeben – ein schwieriges Unterfangen. Da China die weitaus größte Handelsmacht in der BRICS-Gruppe ist, befürchtet Indien, Peking könnte in einer von den BRICS initiierten alternativen Währungsordnung die Vorherrschaft übernehmen.

Auch außerhalb der BRICS-Staaten laufen Bemühungen um die Entdollarisierung, allerdings mit durchwachsenem Erfolg. Der Push-Faktor der einschneidenden westlichen Sanktionen gegen Russland nach der rechtswidrigen Invasion in der Ukraine hat zu einer massiven Annäherung Moskaus an Peking geführt. Dies wiederum hatte zur Folge, dass der Yuan den US-Dollar als Leitwährung im bilateralen Handel abgelöst hat. Die indischen Exporte nach Russland boomen, weil der bilaterale Handel zunehmend in Rupien abgewickelt wird.

Südostasien und die ASEAN-Staaten drängen ebenfalls darauf, bei regionalen Transaktionen lokale Währungen zu stärken. 2023 unterzeichneten fünf ASEAN-Länder, darunter Indonesien und Singapur, ein Abkommen zur Einführung eines regionalen grenzüberschreitenden Zahlungssystems, bei dem die Verbraucher Zahlungen künftig mit einem QR-Code vornehmen und so den

Devisenmarkt umgehen können. Auch mit China, Indien, Japan und Südkorea hat Indonesien Übereinkünfte für den Handel in Landeswährungen erzielt.

Doch nehmen die Großmächte die Forderungen und Strategien des Globalen Südens überhaupt ernst? Leider nur bedingt. Peking, Moskau und Washington betrachten den »Rest« der Welt im Wettbewerb der Supermächtigen tendenziell vor allem als Kampfarenen oder als bloße Opfer. Der Globale Süden dagegen stellt Ansprüche und will vor allem etwas erreichen. Er sucht keine Retter und will auch nicht als Retter auftreten. Er will einfach, dass diejenigen, die seinen Aufstieg blockieren, ihm aus dem Weg gehen.

Hinzu kommt, dass die Weltmächte sich dagegen sträuben, die internationale Ordnung so zu reformieren, dass sie der wachsenden Autonomie und Macht des Globalen Südens stärker Rechnung trägt. Das größte Hindernis für die dringend benötigte Reform des UN-Sicherheitsrats dürfte Peking sein. Die Stimmrechtsanteile im Internationalen Währungsfonds (IWF) und in der Weltbank sind nach wie vor deutlich zugunsten der wohlhabenden westlichen Staaten verschoben. Bei der internationalen Klimafinanzierung lässt es Washington im Wesentlichen bei Lippenbekenntnissen bewenden. Zudem scheint man in Washington, Moskau und Peking nicht gewillt, aus dem stetigen Marsch in Richtung eines militarisierten Großmachtwettlaufs auszusteigen. Die Großmächte sind unfähig, die neuen Realitäten der großen Mitte zu erkennen – und das liegt vor allem daran, dass ihnen der Globale Süden ein Rätsel bleibt und dass sie so konditioniert sind, dass sie dieses Rätsel nicht verstehen können.

Aus dem Englischen von **CHRISTINE HARDUNG**

SARANG SHIDORE ist Direktor des *Global South Program* am *Quincy Institute* und Senior Non-Resident Fellow beim *Council on Strategic Risks.* Er arbeitet hauptsächlich im Bereich Geopolitik und International Beziehungen mit besonderem Schwerpunkt auf dem Globalen Süden und Asien.

»DIE WESTLICHE HEGEMONIE IST LANGE VORBEI«

Der SPD-Vorsitzende Lars Klingbeil über eine neue Nord-Süd-Politik, Kooperation im multipolaren Zeitalter und eine Reform der Vereinten Nationen.

Von Lars Klingbeil | April 2024

Die Bundesregierung verhandelt derzeit ein Versöhnungsabkommen mit Namibia, wo die deutsche Schutztruppe zwischen 1904 und 1908 während der 30-jährigen deutschen Kolonialherrschaft einen Genozid an den Herero und Nama verübte. Der nun stattfindende Versöhnungsprozess wird die Verbrechen nicht ungeschehen machen – und dennoch ist es wichtig, dass wir uns unserer Verantwortung stellen und unsere koloniale Schuld anerkennen. Nur so kann die Grundlage für eine dringend notwendige Neuausrichtung der Nord-Süd-Politik geschaffen werden.

Willy Brandt forderte bereits in den 1970er Jahren einen anderen, respektvollen Umgang mit dem Globalen Süden und verstärkte den Dialog mit Parteien und Regierungen weltweit. Die Beschlüsse, die er mit seiner 18-köpfigen Nord-Süd-Kommission vorgelegt hat, lesen sich auch aus heutiger Sicht visionär. Sie sind eine Handlungsanleitung für das gemeinsame Überleben in einer globalisierten Welt. Der Bericht forderte etwa eine stärkere Integration der ärmeren Länder in die Weltwirtschaft oder auch Reformen der internationalen Organisationen. Er warnte zudem vor den Auswirkungen globaler Herausforderungen wie der Klimakrise, Fluchtbewegungen, Armut, Hunger und Ungleichheit. Viele dieser Krisen haben sich heute verschärft und viele seiner wichtigsten Forderungen warten bis heute auf ihre Umsetzung. Statt Staaten in Afrika, Lateinamerika oder Asien von oben herab zu behandeln, sah er in ihnen wichtige Partner für die Lösung gemeinsamer Herausforderungen.

Moderne Entwicklungspolitik ist auch Friedenspolitik. Nur wenn wir als Partner im Globalen Süden respektiert werden, können wir auch Einfluss auf Krisen und Konflikte nehmen. Allerdings müssen wir konstatieren, dass die politischen und wirtschaftlichen Verheißungen des westlichen Entwicklungsmodells aus heutiger Sicht für viele Staaten des Globalen Südens nicht eingelöst werden konnten. Das, was viele von uns als Zeit des Wohlstands, des Friedens und der Sicherheit erlebt haben, war in großen Teilen des Globalen Südens oftmals eine Fortsetzung von Krisen. Dazu gehörten die wirtschaftlichen Strukturanpassungen genauso wie Militärinterventionen oder auch der Einsatz von Kleinwaffen, die nach dem Ende des Kalten Krieges auf einmal in großen Mengen verfügbar waren.

Eine neue Nord-Süd-Politik muss sich an die veränderten Zeiten anpassen. Wir leben längst nicht mehr in einem bipolaren, sondern in einem multipolaren Zeitalter, in dem sich die Welt in mehrere Zentren organisiert, die Bindungen, Abhängigkeiten und Kooperationen schaffen. Diese Weltordnung hat für viele Staaten große Vorteile, weil sie sich nicht mehr einem Block zuordnen müssen, sondern sich aussuchen können, bei welchen Themen sie mit wem zusammenarbeiten. Dadurch werden Verhandlungen zwischen Staaten noch wichtiger, aber genauso essenziell sind belastbare und vertrauensvolle Beziehungen.

» Eine neue Nord-Süd-Politik muss sich an die veränderten Zeiten anpassen.

Für viele Menschen und Regierungen – vor allem in Ländern des Globalen Südens – ist die multipolare Welt sogar ein emanzipatorisches Versprechen. Initiativen wie die BRICS geben einigen Staaten des Globalen Südens eine Stimme in einer internationalen Ordnung, deren Institutionen weiterhin stark von den westlichen Industriestaaten dominiert werden. Chinesische Investitionen in Infrastruktur sind ein attraktives Angebot, das wir mit unserer Entwicklungszusammenarbeit zu lange nicht gemacht haben.

Wenn wir auf die Fakten schauen, müssen wir feststellen, dass die westliche Hegemonie lange vorbei ist. Zwar werden wir auch weiterhin wirtschaftlich und politisch einflussreich bleiben, aber es gibt keine globale Krise, die wir im Westen alleine lösen könnten. Um unsere Interessen weiterhin wahren zu können, brauchen wir neue Partnerschaften. Das erfordert ein Umdenken auf unserer Seite: Die Krisen, die wir priorisieren, haben nicht zwangsläufig auch Priorität für andere Staaten. Der indische Außenminister Subrahmanyam Jaishankar brachte die Erwartung des Globalen Südens an uns Europäer auf den Punkt: »Europa muss aus dem Denkmuster herauswachsen, dass Europas Probleme die Probleme der Welt sind, aber die Probleme der Welt nicht die Probleme Europas.«

Als Russlands völkerrechtswidriger Angriffskrieg auf die Ukraine losbrach, haben viele westliche Politiker die Länder des Globalen Südens aufgefordert, sich an den Sanktionen zu beteiligen. Die verheerenden wirtschaftlichen und sozialen Auswirkungen für diese Länder wollten sie zunächst nicht sehen. Der moralische Unterton, der dabei häufig mitschwang, hat oft für Verärgerung gesorgt. Die Mehrheit der Staaten im Globalen Süden verurteilt den russischen Angriffskrieg und den Bruch des Völkerrechts, ist aber nicht bereit, die Kosten für einen Krieg in Europa zu tragen.

Die noch kompliziertere Belastungsprobe erleben wir aktuell mit der Eskalation im Nahen Osten. Die brutalen Terrorakte der Hamas auf unschuldige Israelis haben weltweit für großes Entsetzen gesorgt. Nach diesen feigen Attacken haben wir richtigerweise unsere Solidarität mit dem Staat Israel und seinen Menschen zum Ausdruck gebracht. Es gibt keine Rechtfertigung für diese brutalen Morde. Das Vorgehen der israelischen Armee in Gaza hat jedoch gerade im Globalen Süden schnell für Empörung gesorgt und der Vorwurf westlicher Doppelstandards wurde laut. Unsere Partner fragen uns: Warum verurteilt der Westen die Zerstörung ziviler Infrastruktur in der Ukraine, nicht aber in Gaza? Warum rückt Deutschland nicht stärker von Israel ab, bei über 25 000 toten Zivilisten in Gaza, darunter viele Frauen und Kinder?

Für eine Lösung der Konflikte unserer Zeit müssen wir der Perspektive unserer Partner mit Respekt begegnen – nicht mit moralischer Überhöhung. In einer multipolaren Welt ist es wichtig, Unterschiedlichkeit zuzulassen und gleichzeitig in der Lage zu sein, gemeinsame Interessen zu identifizieren. Wir müssen uns folglich für eine Demokratisierung der internationalen Ordnung einsetzen, um eine neue Nord-Süd-Politik auch strukturell zu verankern.

Wir können eine regelbasierte Ordnung nur verteidigen, wenn wir bereit sind, sie zu reformieren.

Dafür brauchen wir einen langen Atem, denn Vertrauen können wir nicht von heute auf morgen aufbauen. Wir sind in der Verantwortung, faire Angebote zu machen, die zum beidseitigen Vorteil sind, denn anders als in der Vergangenheit, haben diese Länder längst Alternativen: Russland und China waren über viele Jahre präsent, als wir uns wenig für den Globalen Süden interessiert haben. Das können wir uns nicht länger leisten, wenn wir unsere Interessen und Werte in einer multipolaren Welt langfristig sichern wollen. Schließlich ist eine neue Nord-Süd-Politik auch für unseren Wohlstand und unsere Sicherheit von zentraler Bedeutung.

» Die Verzichtsdebatte verringert die Akzeptanz für Klimapolitik.

Wie könnte eine solche neue Politik aussehen? Unweigerlich müsste sie sich für eine globale sozial-ökologische Transformation und die Demokratisierung der internationalen Ordnung einsetzen. Für den Kampf gegen die Klimakrise kann es nur eine globale Antwort geben – aber es braucht eine Antwort, die für alle Seiten funktioniert. Viele Staaten des Globalen Südens empfinden die Debatte über Klimaschutz, die wir anstoßen, als Aufforderung, auf Wachstum und Wohlstand zu verzichten. Da weisen sie völlig zu Recht darauf hin, dass wir in Europa unseren Wohlstand mit Kolonialismus, Kohle, Öl und Gas aufgebaut haben, häufig durch Ausbeutung der Ressourcen im Globalen Süden.

Auch die Länder des Globalen Südens haben ein Interesse und auch ein Recht, Wohlstand und Wachstum anzustreben und die Lebensqualität ihrer Bürgerinnen und Bürger zu verbessern. Die Verzichtsdebatte verringert die Akzeptanz für Klimapolitik. Das haben wir auch bei uns in Deutschland erlebt. Wenn wir mit unserer Entwicklungszusammenarbeit also auf Klimaschutz drängen, dann müssen wir auch immer Strukturpolitik und sozialen Ausgleich mitdenken.

Ein weiterer Punkt ist die Wertschöpfung vor Ort. Wenn wir neue Klima- und Ressourcenpartnerschaften mit Staaten des Globalen Südes eingehen, fordern unsere Partner zu Recht, dass es auch Jobs und Wachstum bei ihnen gibt. Unsere Entwicklungszusammenarbeit wird in Zukunft stärker auf soziale und ökologische Entwicklungen vor Ort setzen müssen. Dazu gehört, dass wir beispielsweise nicht nur grünen Wasserstoff aus dem Globalen Süden importieren, sondern auch in die Herstellung der Anlagen vor Ort und damit in neue Jobs investieren. Das sind Ansätze, die wir in unserer bilateralen Zusammenarbeit als Deutschland, als Europäische Union oder mit weiteren Partnern effektiv angehen können. Solche Ansätze tragen auch dazu bei, die Ziele der Nachhaltigkeitsagenda 2030 der Vereinten Nationen zu erreichen, die für uns zentral bleiben.

» Staaten des Globalen Südens haben berechtigterweise das Interesse, die globale Ordnung mitzugestalten.

Der zweite große Bereich, den wir angehen müssen, ist die Demokratisierung der globalen Ordnung. Deutschland profitiert wie kaum ein anderes Land von einer regelbasierten internationalen Ordnung. Jeder vierte Job hängt hierzulande vom Export ab und die Krisen der vergangenen Jahre haben gezeigt, welche Auswirkungen Krisen und Konflikte weltweit auf unser Leben haben. Staaten wie Russland greifen diese Ordnung an oder versuchen sie wie China, nach ihren Interessen auszurichten. Daher muss unser Fokus darauf liegen, die internationale Ordnung zu verteidigen, aber sie auch zu reformieren. Nur so können wir langfristig Frieden, Sicherheit und nachhaltiges Wachstum garantieren.

Ein Fokus liegt dabei auf den Vereinten Nationen. Diese spiegeln die Machtverhältnisse nach dem Zweiten Weltkrieg wider. Die Welt hat sich aber geändert. Staaten des Globalen Südens haben berechtigterweise das Interesse, die globale Ordnung mitzugestalten. Damit die Vereinten Nationen als Hüter einer regelbasierten internationalen Ordnung eine Zukunft haben, braucht es Reformen, welche die Machtverhältnisse einer multipolaren Welt von heute besser abbilden. Ein Fokus liegt hier auf der Reform des Sicherheitsrates. In der sogenannten G4-Initiative haben Deutschland, Brasilien, Indien und Japan bereits vor fast 20 Jahren erklärt, sich gegenseitig im Bemühen, um einen ständigen Sitz im Sicherheitsrat zu unterstützen. Auch sollten wir Initiativen unterstützen, die für eine bessere afrikanische Repräsentation sorgen.

Ein weiterer Fokus muss auf der Reform der internationalen Finanzinstitutionen liegen. So müssen zum Beispiel Investitionen in öffentliche Güter wie Bildung, Gesundheit, Infrastruktur, Klimaschutz oder Biodiversität die Arbeit der Weltbank und regionaler Entwicklungsbanken viel stärker prägen. Die infolge der Pandemie dramatisch gewachsene Staatsverschuldung verhindert in vielen Ländern Investitionen in die Zukunft. Für diese Schuldenkrisen brauchen wir eine nachhaltige Lösung innerhalb der internationalen Gemeinschaft. Dabei müssen wir sicherstellen, dass Programme des Internationalen Währungsfonds in Schuldenkrisen soziale Teilhabe schützen, Ungleichheit vorbeugen und wir Fehler der neoliberalen Strukturanpassungsprogramme der Vergangenheit nicht wiederholen.

Es wird der Moment kommen, in dem sich ein Fenster öffnet, diese Reformen anzugehen. Das eine wird schneller gehen, das andere wird länger dauern. Auch wenn wir unterschiedliche Perspektiven auf Konflikte und Krisen haben, gibt es immer Interessen und Werte, die uns zusammenbringen. Die Grundlage dafür ist eine neue Nord-Süd-Politik, die wir als deutsche Sozialdemokratie in den nächsten Jahren prägen wollen.

Auszüge der Rede Lars Klingbeils im Rahmen der Veranstaltung »Nord-Süd – Neu denken« des Geschichtsforums der SPD in Berlin.

LARS KLINGBEIL ist neben Saskia Esken einer der beiden Vorsitzenden der Sozialdemokratischen Partei Deutschlands. Seit 2009 ist er Mitglied des Deutschen Bundestags. Von 2017 bis 2021 war er Generalsekretär der SPD.

LATEINAMERIKA

IM GRIFF DER LIBERTÄREN KRAKE

Javier Mileis Plan vereint gescheiterte neoliberale Experimente mit Autoritarismus. Wie ein Netzwerk libertärer Institute Lateinamerika umbauen will.

Von Sandra Weiss | Januar 2024

Wo Javier Milei auftritt, sorgt er für Schlagzeilen. Nicht anders war es auf dem Weltwirtschaftsforum in Davos. Dort erklärte er, der Westen sei akut bedroht vom Sozialismus. Dazu zählte er auch den Feminismus, der eine Erfindung der Sozialisten sei, um mehr parasitäre Bürokratie zu schaffen. Soziale Gerechtigkeit sei »von Natur aus ungerecht«, da »der Staat durch Steuern finanziert wird und die Steuern zwangsweise erhoben werden«. Unternehmen seien die wahren Freiheitshelden der Gegenwart. Da dürfte sich selbst der eine oder andere Unternehmer die Augen gerieben haben. Doch der neue argentinische Präsident ist nicht nur ein populistisch begabter Redenschwinger – er meint es ernst. Milei ist ein Libertärer. In Europa hält man diese Ideologie für ein Randphänomen, doch im krisengeschüttelten Lateinamerika ist sie längst salonfähig – und nun auch an der Macht. Doch was und wer stecken dahinter?

Hilfreich ist ein Blick auf Mileis erste Maßnahmen: Derzeit debattiert in Argentinien der Kongress über sein »Dekret der Notwendigkeit und Dringlichkeit« (DNU). Es umfasst 351 Seiten und würde über 300 Gesetze ändern oder aufheben. Es ist das Herzstück der Schocktherapie, mit der Milei Argentinien umkrempeln und ins Spitzenfeld der Industrieländer führen will. Innovativ ist daran recht wenig. Milei schlägt vielmehr in dieselbe Kerbe des argentinischen

Pendel-Dilemmas: Dem Land fehlt ein gesellschaftlicher Grundkonsens; die Argentinier nennen das Phänomen *la grieta,* »die Spalte«. Als der Neoliberalismus der 1990er Jahre in die Krise führte, folgte der gescheiterte Staatskapitalismus – und nun schlägt das Pendel aus in Richtung Neo-Libertarismus, der neoliberale Rezepte mit Autoritarismus vereint.

Ein Vorschlag Mileis aus der neoliberalen Mottenkiste sind Privatisierungen – egal, ob die Konzerne Verlust machen oder profitabel sind. Betroffen wären in Argentinien unter anderem die größte argentinische Fluggesellschaft Aerolíneas Argentinas, Atomkraftwerke, Banken, Häfen, die Nachrichtenagentur Télam, die Wassergesellschaft AYSA und die Eisenbahnen. Exemplarisch ist der Fall der Ölgesellschaft YPF. Die war einst staatlich, wurde unter dem rechtsperonistischen Carlos Menem privatisiert und unter der linksperonistischen Staatschefin Cristina Kirchner 2012 wieder verstaatlicht. Noch immer laufen deshalb Schiedsgerichtsprozesse der internationalen Investoren gegen Argentinien – und nun soll die YPF also wieder privat werden.

Gleichzeitig sieht Mileis Dekret vor, Umweltschutzmaßnahmen zu lockern. Superreiche Steuerhinterzieher werden mit einer Amnestie gelockt, ihre Profite nach Argentinien zurückzutransferieren. Beamte hingegen sollen entlassen und die Macht zentralisiert werden. Künftig soll so beispielsweise der Präsident, nicht mehr der Kongress, über Rentenerhöhungen entscheiden.

» Ein Vorschlag Mileis aus der neoliberalen Mottenkiste sind Privatisierungen.

An diese Rezepte glaubten schon die Neoliberalen der 1980er und 1990er-Jahre: Großbritanniens eiserne Lady Margaret Thatcher, der chilenische Diktator Augusto Pinochet oder auch Argentiniens peronistischer Expräsident Carlos Menem. Sie sahen im Staat ein ineffizientes, korruptionsanfälliges Übel, das es zu minimieren galt, sie glorifizierten die individuelle (Unternehmens-)Freiheit und bekämpften vermeintlich kommunistische alternative Wirtschafts- und Lebensmodelle (unter anderem Genossenschaften und Allmende-Modelle der Indigenen). Alle drei sind tot, aber ihre Ideen erleben derzeit einen zweiten Frühling, zuletzt etwa in Form der glücklosen Liz Truss in Großbritannien, Donald Trump in den USA oder nun eben »Kettensägenmann« Milei.

Neu daran ist die Kombination mit offenem Autoritarismus, der in demokratischen Ländern bislang nicht salonfähig war. Mileis Dekret sieht beispielsweise eine Beschneidung des Streik- und Demonstrationsrechts vor. Sozialhilfeempfängern drohen Kürzungen, wenn sie sich gegen die Regierung auflehnen. Wer Straßen blockiert, muss mit bis zu fünf Jahren Haft rechnen.

Der Neoliberalismus hat seine Wurzeln im 20. Jahrhundert und ist eine Gegenreaktion auf den Zweiten Weltkrieg und die totalitäre Erfahrung in Europa. Ihr bekanntester Theoretiker, der Österreicher Friedrich von Hayek, glaubte, mit der Stärkung des Individuums und der freien Wirtschaft könne man ein Bollwerk schaffen gegen totalitäre Versuchungen. Er gründete 1947 in der Schweiz die Mont-Pelérin-Gesellschaft, der Akademiker, Unternehmer und Journalisten angehörten. Sie beschlossen, zukünftige Generationen von wirtschaftsliberalen Ideen zu überzeugen. Es war die Geburtsstunde der neoliberalen Denkfabriken.

Eine der ersten war das 1955 in Großbritannien entstandene *Institute of Economic Affairs* (IEA). Das Institut dümpelte in seiner Anfangszeit vor sich hin – bis die Erdölmultis Shell und BP in den 1970er Jahren in die Finanzierung einstiegen. Laut dem australischen Klimaforscher Jeremy Walker erlaubte dieses Bündnis »den Ölmultis, ihre Profitinteressen über dritte, vermeintlich unparteiische Akteure in der Welt zu verbreiten«.

» Die Forderungen der libertären Ökonomen mischten fortan Lobbyismus mit vermeintlich wissenschaftlichen Theorien.

Die Forderungen der libertären Ökonomen mischten fortan Lobbyismus mit vermeintlich wissenschaftlichen Theorien: Sie forderten Steuererleichterungen für Konzerne, begründet mit der unter anderem von Thomas Piketty widerlegten Idee vom Trickle-Down-Effekt (wonach die Reichtumsmehrung der obersten Schichten automatisch nach unten durchsickert). Sie übten Kritik am Wohlfahrtsstaat, an indigenen Landrechten sowie an der Umwelt- und Klimaschutzbewegung, weil diese dem Extraktivismus Grenzen auferlegt. Woher das Geld für die Thinktanks kam, wurde vor der Öffentlichkeit verborgen.

In Peru stritt beispielsweise Hernan de Soto vom libertären Institut *Libertad y Democracia* für individuelle Landrechte für die Indigenen. Nur so könnten sie ihr Land veräußern, Hypotheken aufnehmen und sich ins Wirtschaftsleben eingliedern und von ihren Ressourcen profitieren, argumentierte er. Auch Klimaskepsis und die Kriminalisierung von Umweltprotesten gehören zum libertären Gedankengut. Dass der FDP-Abgeordnete Frank Schäffler Klimaaktivisten als Terroristen bezeichnet, ist kein Zufall: Sein Freiheitsinstitut Prometheus ist Teil des libertären Atlas-Netzwerks.

» **Mit dem Atlas-Netzwerk gelang dem libertären Kapitalismus der weltweite Siegeszug.**

Das Atlas-Netzwerk entstand 1981 als Zusammenschluss des IEA mit dem *Institute for Human Studies*, ebenfalls ein Mitglied der Mont-Pelérin-Society. Benannt ist es nach dem libertären Roman *Atlas shrugged* der US-Amerikanerin Ayn Rand. War der libertäre Kapitalismus bis dahin ein vorwiegend angelsächsisches Phänomen, gelang mit dem Atlas-Netzwerk der weltweite Siegeszug. Entscheidend dafür waren Finanzspritzen von US-Milliardären und Firmen, unter anderem der Koch-Brüder, der Tabak- und Bergbauindustrie oder von Pressemagnaten wie Rupert Murdoch. Derzeit gehören dem Netzwerk über 500 Denkfabriken in über 90 verschiedenen Ländern an, darunter das Fraser-Institut in Kanada, die *Heritage Foundation* in den USA und die *UK Independence Party* von Nigel Farage, der ein wichtiger Strippenzieher hinter dem Brexit war.

In Lateinamerika wurde 1991 der Argentinier Alejandro Chafuen der erste Atlas-Netzwerker. In einem Subkontinent, der damals gerade erst Diktaturen hinter sich gelassen hatte, und in dem fast die Hälfte der Bevölkerung in Armut lebte, blieben libertäre Denkfabriken allerdings erst einmal marginal.

Zu ihrem Aufschwung trug kurioserweise die rosarote Welle zu Beginn des 21. Jahrhunderts bei. 1999 gewann im Ölstaat Venezuela ein sozialistisch inspirierter Oberstleutnant namens Hugo Chávez, der mit Petrodollars und kubanischer Beratung Gesinnungsgenossen in der Region finanzierte. Er nutzte verschiedene Plattformen, etwa das linke Netzwerk *Foro de Sao Paulo*, und gründete selbst neue wie das Alba-Regionalbündnis. Ein Jahrzehnt später wurde fast ganz Südamerika von linken Regierungen regiert.

Der Rohstoffboom, getrieben durch Chinas Nachfrage, wurde von den linken Regierungen für Sozialprogramme genutzt. Die Armut sank, doch gleichzeitig blühten Klientelismus, Korruption und Misswirtschaft. Mit dem Nachlassen der chinesischen Nachfrage wurden die Missstände sichtbar. »Es gab eine Krise, eine Nachfrage nach Veränderungen, und wir hatten Leute, die bereit waren, bestimmte politische Maßnahmen voranzutreiben«, sagte Chafuen 2017 bei einer libertären Tagung in Buenos Aires.

» Zu ihrem Aufschwung trug kurioserweise die rosarote Welle zu Beginn des 21. Jahrhunderts bei.

Die Anhängerschaft war mittlerweile gewachsen: Auf der Tagung tummelten sich Minister des damaligen argentinischen Präsidenten Mauricio Macri – jetzt einer der Unterstützer Mileis –, konservative bolivianische Oppositionspolitiker und Mitglieder der Bewegung Freies Brasilien, die die Protestwelle gegen die linke Präsidentin Dilma Rousseff initiierte.

Zum libertären Netzwerk gehören in Lateinamerika auch die Stiftung *Eléutera* in Honduras, *Cedice* in Venezuela, das *Centro Ricardo Salinas Pliego* in Mexiko, geleitet von einem der reichsten Unternehmer des Landes, oder die Universität *Francisco Marroquín* in Guatemala. Milei wurde in der Stichwahl von zahlreichen Expräsidenten des Kontinents unterstützt, darunter Vicente Fox und Felipe Calderón (Mexiko), Ivan Duque und Andrés Pastrana (Kolumbien) und Jorge Quiroga (Bolivien). Auch Literaturnobelpreisträger Mario Vargas Llosa, einst ein liberaler Leuchtturm, war darunter. Dies zeigt, wie weit der Neo-Libertarismus inzwischen in die politische Mitte gerückt ist.

In Brasilien gab es vor zehn Jahren höchstens drei libertäre Thinktanks, jetzt sind es laut Helio Beltrão über 30. Der ehemalige Investmentfondsmanager leitet einen davon, das Mises-Institut. »Es ist wie eine Fußballmannschaft. Die Verteidiger sind die Akademiker, die Stürmer sind die Politiker«, so Beltrão. Das Mittelfeld, fügt er hinzu, sind die »Jungen der Kultur«, die die öffentliche Meinung bilden und dazu besonders aktiv und aggressiv soziale Medien nutzen.

In Lateinamerika waren neoliberale Ideen schon immer eng vermischt mit autoritären – etwa im Chile Pinochets. Derzeit erlebt diese Kombination zahlreiche, an den jeweiligen Kontext des Landes angepasste Neuauflagen. In Chile kombiniert Ex-Präsidentschaftskandidat José Antonio Kast von der Republikanischen Partei rechtsextremes und libertäres Gedankengut. In Argentinien mischt sich der Libertarismus Mileis mit der negationistisch-militaristischen Position seiner Vizepräsidentin Victoria Villaruel. Expräsident Jair Bolsonaro kombinierte in Brasilien die libertäre Verherrlichung des privaten Unternehmertums und des Extraktivismus mit einer Militarisierung des Staatsapparats und mit populistischen Manipulationsstrategien. Sein geistiger Mentor war der esoterische Faschismus-Sympathisant und Impfgegner Olavo de Carvalho.

In Lateinamerika geriet der Libertarismus rasch ins Fahrwasser illegaler Interessen.

In Lateinamerika, wo der Rechtsstaat schwach ist, geriet der Libertarismus rasch ins Fahrwasser illegaler Interessen. Ein Beispiel dafür sind die privaten Modellstädte in Honduras. Die Idee, gescheiterte Staaten von innen heraus zu reformieren durch die Schaffung von Enklaven nach dem Modell Singapurs, wurde vom Weltbankökonomen Paul Romer erfunden und bald von Libertären wie dem Cato- und dem Hayek-Institute aufgegriffen. Einer der ersten Staatschefs, den sie davon überzeugen konnten, war der konservative honduranische Präsident Juan Orlando Hernández. Der setzte das Projekt mit autoritären Mitteln gegen Widerstände des Verfassungsgerichts durch. Auf der Karibikinsel Roatán errichteten internationale Finanzinvestoren – darunter der in Monaco lebende deutsche Manager Titus Gebel – ein paar Holzbaracken und nannten sie die freie Enklave Próspera. Diese kam in die Schlagzeilen durch Menschenrechtsverletzungen und wirkte eher wie ein Briefkasten für Steuerhinterzieher. Hernández steht inzwischen wegen Drogenhandels in den USA vor Gericht.

Friedrich Hayek würde sich im Grabe umdrehen, mutmaßt der *Guardian*-Kolumnist Georges Monbiot: »Als er und andere die Grundsätze des Neoliberalismus formulierten, glaubten sie, damit die Welt vor Tyrannei zu schützen. Doch dann kam das große Geld, und aus der befreienden Idee wurde eine neue Quelle der Unterdrückung.«

Ob Mileis libertäres Experiment erfolgreicher endet als das von Truss, ist offen. Zahlreiche Gerichte haben bereits Klagen gegen seine Reformen angenommen. Im Kongress stellt seine Partei zusammen mit Macris bürgerlicher PRO-Partei nur 79 von 257 Sitzen, und für den 24. Januar haben die Gewerkschaften zu einem Generalstreik und zu Demonstrationen aufgerufen.

SANDRA WEISS ist Politologin und ehemalige Diplomatin. Als freie Lateinamerika-Korrespondentin schreibt sie unter anderem für *Die Zeit* und *Die Welt*.

FRIEDENSSTIFTER AUS DEM GLOBALEN SÜDEN

Brasilien will sich als Mediator bei globalen Konflikten profilieren – kann Präsident Lula auch im Ukraine-Krieg vermitteln?

Von Mariano Aguirre Ernst und Mabel González Bustelo
Oktober 2024

Der sogenannte Globale Süden ist eine überaus heterogene Gruppe von Staaten, verbunden durch ihre postkoloniale Identität und ihre unterschiedlichen Grade an institutioneller Schwäche, Abhängigkeiten und Entwicklungsproblemen. Er umfasst neue, aufstrebende Mächte und kleinere Länder, die vom Klimawandel bedroht sind – mit ganz verschiedenen Regierungsformen. Die Staaten dieser Gruppe sind weder eine Neuauflage der »Blockfreien« noch eine antikapitalistische Front, doch sie streben eine Reform des internationalen Systems an. Ihre größten Mitglieder kooperieren und konkurrieren gleichermaßen und bilden flexible Allianzen. Sie eint eine kritische Haltung gegenüber der sogenannten regelbasierten Ordnung des Westens. Sie betrachten diese Ordnung als einseitig und glauben, dass sie vor allem den Interessen der Großmächte dient, insbesondere der USA. Der Aufstieg des Globalen Südens und die Forderungen seiner Mitglieder nach einer Reform des internationalen Systems verleihen diesen Staaten ein durchaus bedeutendes Gewicht in Fragen wie Klimawandel, Ernährungssicherheit und Konfliktlösung. Brasilien sticht dabei besonders durch seine zentrale Rolle in der internationalen Konfliktvermittlung hervor.

Angesichts der Kriege in der Ukraine und in Gaza, mit Fronten im Westjordanland und im Libanon, haben sich diverse Regierungen aus Afrika, Asien und Lateinamerika geweigert, sich gemeinsam mit den USA und Europa ausdrücklich gegen Russland beziehungsweise auf die Seite Israels zu stellen. Sie kritisierten, dass die Sanktionen und Vorwürfe im UN-Sicherheitsrat gegen Russland aufgrund seiner Invasion der Ukraine nicht vergleichbar seien mit dem Vorgehen gegen Israel für dessen Zerstörung des Gazastreifens und die Tötung von inzwischen mehr als 40 000 Palästinensern.

Im Globalen Süden hat sich in den vergangenen Jahren vor allem Brasilien mit seinem Engagement in Bezug auf die Ukraine, Palästina sowie im politischen Konflikt in Venezuela nach den dortigen Wahlen im Juli profiliert. Mit Blick auf die Ukraine und Israel zeigten sich die USA meist nicht einverstanden mit Präsident Lula da Silvas Positionen. Doch Washington baute auf Brasilien und Kolumbien, die versuchen sollten, die Maduro-Regierung davon zu überzeugen, politischen Wandel und Machtteilung in Venezuela zuzulassen. Die Initiative scheiterte letztlich und zeigte die Grenzen der amerikanischen Diplomatie sowie die Einsicht Washingtons, dass es in Zukunft mit Partnern im Süden zusammenarbeiten muss.

» **Seit Beginn seiner Präsidentschaft im Januar 2023 verfolgt Lula eine ambitionierte Außenpolitik.**

Seit Beginn seiner Präsidentschaft im Januar 2023 verfolgt Lula eine ambitionierte Außenpolitik, die auf vielschichtigen Beziehungen zu den USA, zu China, zur EU und zu Russland basiert. Darüber hinaus setzt er sich für regionale Einheit und Einigkeit in Lateinamerika ein, stellte die vor allem auf Entwicklungshilfe basierenden Beziehungen zu ehemaligen portugiesischen Kolonien in Afrika wieder her und bietet seine Vermittlungsarbeit auf der Grundlage von Allianzen mit anderen Ländern an. Aus Sicht von Lula und Celso Amorim, seinem außenpolitischen Chefberater, ist Brasilien eine aufstrebende Weltmacht in einer multipolaren Welt, in der die USA an Bedeutung verlieren und China aufsteigt. Daher müsse Brasilien neue und flexible internationale Allianzen anstreben. Folglich ist das Land Mitglied der BRICS und des IBSA-Dialogforums (eines Koordinierungsmechanismus der drei Schwellenländer Indien, Brasilien und Südafrika), hat den Vorsitz der sogenannten Neuen Entwicklungsbank der BRICS inne und ist Teil der Organisation Amerikanischer Staaten sowie der Gemeinschaft der Portugiesischsprachigen Länder.

» **Die brasilianische Führung ist überzeugt, dass Länder, die nicht direkt in Konflikte verwickelt sind, eine konstruktive Rolle bei der Dialogförderung spielen können.**

Die brasilianische Führung ist überzeugt, dass Länder, die nicht direkt in Konflikte verwickelt sind – wie eben Brasilien – eine konstruktive Rolle bei der Dialogförderung spielen können. So setzte sich Lula für die Bildung einer Ländergruppe ein, die Russland und die Ukraine bei ihren Verhandlungen unterstützen sollte. Dabei stellte sich Brasilia auch gegen die Verhängung von Sanktionen und gegen eine Isolation Russlands. Während Brasilia Waffenlieferungen an die Ukraine ablehnte, verurteilte es jedoch Russlands Invasion und territoriale Verletzung eines souveränen Staates und regte Verhandlungen an, um die territoriale Integrität der Ukraine wiederherzustellen, Sicherheitsgarantien für die Ukraine und Russland zu geben und die strategische Stabilität in Europa zu verbessern.

Als die UN-Generalversammlung im Februar 2023 eine Resolution verabschiedete, in der ein sofortiges Ende des Krieges in der Ukraine gefordert wurde, stimmte Brasilien als einziger BRICS-Mitgliedstaat dafür. Nur einen Monat zuvor hatte die brasilianische Regierung Forderungen der USA und Deutschlands abgelehnt, der Ukraine Waffen und Munition zur Verfügung zu stellen. Im Oktober 2023, als der Krieg in Gaza begann, verurteilte Brasilien umgehend den Terrorangriff der Hamas. Doch als Israel seinen Feldzug in Gaza startete, kritisierte Brasilia die Regierung Benjamin Netanjahus scharf. Dies führte zu einer diplomatischen Krise und hatte auch Auswirkungen auf die brasilianische Innenpolitik: Die *Partido dos Trabalhadores* (Arbeiterpartei) und die Linke unterstützen Palästina, während die Rechte, ein Teil des Privatsektors und die rund 30 Millionen brasilianischen Evangelikalen auf der Seite Israels stehen. Zugleich wird in diplomatischen Kreisen Brasiliens darüber diskutiert, ob das Land eine Außenpolitik verfolgen sollte, die den eigenen wirtschaftlichen und politischen Interessen des Staates entspricht, oder eher eine ideologische Linie, die allerdings zu Konfrontationen mit wichtigen Wirtschaftspartnern wie Israel führen könnte.

Angesichts der harschen Kritik an Israels Regierung dürfte Brasilien beim aktuellen Krieg in Nahost wohl keine allzu große Vermittlerrolle spielen. Die Verhandlungen im israelisch-palästinensischen Konflikt weisen jedoch zwei Merkmale auf, die für den Globalen Süden Chancen bieten könnten. Erstens wurden derartige Verhandlungen bisher immer unter der Führung der USA verfolgt. Doch der Gaza-Krieg zeigt die Grenzen der Fähigkeit Washingtons auf, sowohl eine Partei zu sein, die Israel mit Waffen und Diplomatie unterstützt, als auch ein neutraler Vermittler. An Verhandlungen über eine Freilassung der israelischen Geiseln und einen Waffenstillstand waren nun Katar und Ägypten beteiligt. Die Vereinigten Staaten können nicht auf eigene Faust handeln. Zweitens basieren die Verhandlungen in Nahost seit fast 50 Jahren auf der Erreichung einer »Zweistaatenlösung«. Durch die zum Teil weitreichende israelische Kolonisierung des Westjordanlandes sowie die tiefgehende gegenseitige Abneigung von Israelis und Palästinensern ist diese Lösung gegenwärtig aber nicht mehr tragfähig. Daher müssen Alternativen und andere Verhandlungsparadigmen in Betracht gezogen werden.

» Angesichts der harschen Kritik an Israels Regierung dürfte Brasilien beim aktuellen Krieg in Nahost wohl keine allzu große Vermittlerrolle spielen.

Allein oder gemeinsam mit anderen Staaten und nichtstaatlichen Akteuren stehen Brasilien langfristig mehrere Möglichkeiten offen, sich in der Mediation globaler Konflikte zu profilieren. Brasilia kann Track-II-Initiativen für den inner- und zwischenparteilichen Dialog fördern, eine Rolle in Friedens- und Sicherheitsprozessen spielen (wenn es einen nichtständigen Sitz im UN-Sicherheitsrat hat), Süd-Süd-Entwicklungszusammenarbeit (im Dreieck mit Ländern des Nordens) als Anreiz für Verhandlungen mit Friedens- und Staatsaufbauprojekten verknüpfen und humanitäre Hilfe unterstützen.

Aus dem Englischen von **TIM STEINS**

MARIANO AGUIRRE ERNST ist Berater des Lateinamerikanischen Netzwerks für inklusive Sicherheit der Friedrich-Ebert-Stiftung. Er ist außerdem Associate Fellow bei *Chatham House* sowie Ex-Direktor des *Norwegian Center for Conflict Resolution.*

MABEL GONZÁLEZ BUSTELO ist eine internationale Forscherin und Mediationspraktikerin mit Erfahrung unter anderem in Venezuela, Kolumbien und Nicaragua. Sie berät Regierungen und international Institutionen und ist ehemalige leitende Beraterin am Norwegischen Zentrum für Konfliktlösung

IM WÜRGEGRIFF DER BANDEN

Höhere Mordraten als Mexiko und Brasilien: Ecuador erlebt eine beispiellose Gewaltwelle. Die Regierung setzt auf massive Repression – und das Militär.

Von Sara Meyer | Mai 2024

Der ecuadorianische Präsident Daniel Noboa erklärte Anfang des Jahres dem organisierten Verbrechen den Krieg: »Die Zeiten, in denen verurteilte Drogenhändler Killer angeheuert und verurteilte Straftäter aus dem Bereich der organisierten Kriminalität der Regierung vorgeschrieben haben, was sie zu tun hat, sind vorbei.« Wenn dem Militär freie Hand gelassen wurde, ist das allerdings noch nie gut ausgegangen. Anders verhält es sich mit Präventionsprogrammen, Investitionen in Bildung sowie mit der Hinwendung des Staates zu gefährdeten und armen Gruppen der Bevölkerung. Diesen Ansatz sucht man jedoch in der Politik des seit November 2023 amtierenden Mitte-rechts-Politikers und Bananenunternehmers vergeblich. Stattdessen setzt er vor allem auf Repression durch Polizei und Militär.

Von Januar bis April befand sich Ecuador im Ausnahmezustand, den Noboa mit einem »bewaffneten internen Konflikt« begründete. Der Ausnahmezustand ist seit dem 8. April zwar aufgehoben, aber aufgrund eines Präsidialdekrets dürfen uniformierte Sicherheitskräfte auf den Straßen und in den Gefängnissen Ecuadors im großen Stil eingesetzt werden. Aufgrund der dauerhaft verhängten Notstandsmaßnahmen, die der Regierung freie Hand lassen, entsteht der Eindruck, das Land drifte immer weiter in Richtung Autoritarismus ab.

Diese grobschlächtige Politik ist eine Reaktion auf den sich immer weiter ausbreitenden Drogenhandel und den Krieg zwischen den mehr als 22 kriminellen Banden, die von der Regierung in ihrem Dekret als »Terrororganisationen« eingestuft wurden und die um die Kontrolle in Ecuador kämpfen. Insbesondere die Gefängnisse des Landes stehen seit einiger Zeit unter dem Kommando von Bandenchefs und werden von ihnen als Operationsbasis für ihre kriminellen Aktivitäten genutzt. Seit einigen Jahren arbeiten ausländische Drogenhändler aus Mexiko und Kolumbien zunehmend mit ecuadorianischen Banden wie *Los Choneros* zusammen und bauen ein mächtiges Drogenhandels- und Korruptionsnetz auf, das zum Teil bis in den Regierungsapparat hineinreicht. 2023 war mit über 7 000 Morden das blutigste Jahr in der Geschichte des Landes und übertraf sogar die Mordraten von Mexiko und Brasilien. Acht von zehn Tötungsdelikten wurden mit Schusswaffen begangen. Damit ist Ecuador eines der gewalttätigsten Länder nicht nur Lateinamerikas, sondern weltweit.

Noch vor zehn Jahren galt Ecuador als friedliches Land. Die heutige schlechte Sicherheitslage ist auf mehrere Faktoren zurückzuführen: Durch die im Jahr 2000 erfolgte Dollarisierung und die damit verbundene Erleichterung von Transaktionen wurde das Land für kriminelle Gruppierungen zum attraktiven Aktionsfeld für Geldwäsche. Zudem eignet sich Ecuador aufgrund seiner geografischen Lage bestens als Schmuggelroute: Es liegt neben Kolumbien, dem größten Kokainproduzenten der Welt, und hat einen Zugang zum Meer. Begünstigt durch die steigende Nachfrage nach Kokain in Europa und Asien wurde Ecuador schließlich zu einem zentralen Umschlagplatz für die Droge. Nach dem Friedensabkommen in Kolumbien und der anschließenden Demobilisierung der Guerilla ab 2016 bringen Drogenbanden und andere illegale bewaffnete Akteure die früher staatlich überwachte Grenze zwischen Ecuador und Kolumbien nach und nach unter ihre Kontrolle.

Weitere Ursachen für die heutige Situation sind die Corona-Pandemie, die sozioökonomische Krise und die Spar- und Sicherheitspolitik von Noboas Vorgängern Lenín Moreno (2017–2021) und Guillermo Lasso (2021–2023). Moreno wandte sich von der linken Politik ab und führte Reformen ein, von denen US-amerikanische Öl-Konzerne und der Internationale Währungsfonds profitierten. Umfangreiche Sparprogramme, Subventionskürzungen und die völlige Vernachlässigung der Infrastruktur waren die Folge. Das für die Haftanstalten zuständige Justizministerium, das Ministerium für Sicherheitskoordination und der Nationale Rat für Betäubungsmittelkontrolle wurden abgeschafft, um das Haushaltsdefizit abzubauen. Zugleich setzte Moreno in Sicherheitsfragen mehr und mehr auf die Unterstützung durch die USA.

» 2023 war mit über 7 000 Morden das blutigste Jahr in der Geschichte des Landes.

Der ehemalige Banker Guillermo Lasso trieb unterdessen das neoliberale Wirtschaftsmodell seines Vorgängers voran und bewirkte damit eine Verschlechterung der Lebens-, Sozial- und Arbeitsbedingungen für die Mehrheit der ecuadorianischen Bevölkerung. So kam es, dass Noboa bei seinem Amtsantritt ein Land mit einem Haushaltsdefizit von weit über drei Milliarden US-Dollar und einer Auslandsverschuldung in Höhe von über 60 Prozent des ecuadorianischen Bruttoinlandsprodukts übernahm.

Die jüngste Militarisierung Ecuadors gründet auf drei entscheidenden Ereignissen: Erstens wurde im August 2023 der Präsidentschaftskandidat Fernando Villavicencio ermordet, der in seiner Wahlkampagne der Korruption und der Kriminalität den Kampf angesagt hatte. Zweitens nahmen Anfang 2024 Mitglieder der Bande *Los Tiguerones* Journalisten als Geiseln und übertrugen die Entführung live. Drittens entkam Adolfo Macías, einer der gewalttätigsten und mächtigsten Bandenführer des Landes, aus einer Haftanstalt im Süden Ecuadors und führte dem Staat damit vor Augen, dass dieser nicht mehr Herr über die Gefängnisse war.

Daraufhin wählte Präsident Noboa, der bereits im Wahlkampf angekündigt hatte, er werde gegen die Banden vorgehen, eine schnelle Lösung: die l andesweite Mobilisierung der Militärs. Er verhängte den Ausnahmezustand und schränkte unter anderem die Bewegungsfreiheit, die Unverletzlichkeit der Wohnung und die Versammlungsfreiheit massiv ein. Die Justiz arbeitet allem Anschein nach Hand in Hand mit der Regierung, denn das Verfassungsgericht bestätigte einstimmig die Rechtmäßigkeit des Ausnahmezustands als Mittel im Kampf gegen die organisierte Kriminalität. Einen neuen Höhepunkt erreichten die operativen Einsätze des Militärs, als im April staatliche Sicherheitskräfte die mexikanische Botschaft in Ecuador stürmten und den ehemaligen Vizepräsidenten Jorge Glas verhafteten, der vom ecuadorianischen Staat wegen Korruption verurteilt worden war und in der Botschaft Zuflucht gefunden hatte.

Die Regierung behauptet, der Staat habe die Gefängnisse wieder unter seine Kontrolle gebracht und die Operationen hätten dazu beigetragen, die Zahl der Morde pro Tag von 24 auf 12 Tote zu senken. Fast 12 000 Personen wurden verhaftet, 3 300 Waffen und 64,3 Tonnen Drogen beschlagnahmt. Seit die staatlichen Sicherheitskräfte auf den Straßen die Macht übernommen haben, wird allerdings vermehrt über Menschenrechtsverletzungen, Folter in Gefängnissen und Morde an unbeteiligten Zivilisten berichtet. Menschenrechtsorganisationen kritisieren außerdem die Aushöhlung von Rechten und prangern an, dass Bürger ohne rechtliche Grundlage inhaftiert und grausam behandelt würden.

» Die Mehrheit der ecuadorianischen Bevölkerung hat nichts gegen Noboas neuen, kompromisslosen und militärischen Kurs einzuwenden.

Zu den meisten Vorwürfen schweigt die Regierung. Als sich erste Kritiker zu Wort meldeten, erklärte der Präsident öffentlich, man werde »nicht zulassen, dass Vaterlandsfeinde sich hinstellen und uns vorhalten, wir würden die Rechte von irgendjemandem verletzen, während wir in Wahrheit die Rechte der großen Mehrheit verteidigen«. Die Mehrheit der ecuadorianischen Bevölkerung hat nichts gegen Noboas neuen, kompromisslosen und militärischen Kurs einzuwenden und scheint ihn sogar zu unterstützen. Ende April stimmten die Bürgerinnen und Bürger Ecuadors in einem Referendum dafür, dass die harte Gangart beibehalten werden solle und dass der Präsident das Militär auch ohne Ausnahmezustand im eigenen Land einsetzen dürfen solle. Unverhältnismäßig oft werden marginalisierte Gruppen zur Zielscheibe der Militäreinsätze. Denn die organisierte Kriminalität spielt sich häufig im Umfeld von Stadtvierteln ab, die vom Staat ignoriert oder vergessen wurden – oder in Gebieten mit hoher Arbeitslosigkeit.

Ein Blick in die Geschichte zeigt, dass in Lateinamerika eine erhöhte Präsenz der Militärs und die Verhängung von »Ausnahmezuständen« durch die Hintertür häufig dazu führen, dass Macht missbraucht sowie Recht und Demokratie ausgehöhlt werden. Einige Staaten haben sich zu autoritären Regimen gewandelt – und zwar zunächst unter dem Vorwand, für mehr Sicherheit zu sorgen. Dies wurde zum Nährboden für grobe Menschenrechtsverletzungen: Es kam zu außergerichtlichen Tötungen, Menschen verschwanden und wurden gefoltert. Beispiele sind das Verschwinden von 43 Studenten aus dem mexikanischen Ayotzinapa im Jahr 2014 oder der kolumbianische *Falsos Positivos*-Skandal. Dabei hatten staatliche Einsatzkräfte unschuldige junge Studierende zunächst getötet und anschließend als Guerillas eingekleidet, um Militäroperationen zu legitimieren, die Zahl der kämpfenden Rebellen höher erscheinen zu lassen und Kopfgelder für die Tötungen zu kassieren.

Die Präsenz von Militärs mag der Bevölkerung vorübergehend ein Gefühl von Sicherheit vermitteln, ist aber keine wirksame Langzeitstrategie. Besser wäre es, in ein umfassendes Sicherheitsprogramm zu investieren, das die Ursachen der Kriminalität wie Armut, Arbeitslosigkeit, die große soziale Ungleichheit und die Hoffnungslosigkeit der Jugend an der Wurzel packt und den jungen Menschen in Ecuador Chancen und Bildungsmöglichkeiten bietet. Statt die Symptome mit staatlicher Gewalt und militärischer Repression zu bekämpfen, sollte der Staat den Fokus auf nachhaltige Lösungen richten. Das aber scheint der derzeitige ecuadorianische Präsident noch nicht recht verstanden zu haben.

Aus dem Englischen von **CHRISTINE HARDUNG**

SARA MEYER arbeitet als Lateinamerika-Korrespondentin mit Schwerpunkt auf Menschenrechten sowie sozialen und politischen Themen.

ZWEI KETTENSÄGEN UNTER SICH

Systemsprenger Milei sucht die Nähe zu seinem Vorbild Trump. Doch die Gefahr ist groß, dass Argentinien unter die Räder der Realpolitik kommt.

Von Svenja Blanke | November 2024

In diesem Jahr wurde in Lateinamerika bei den US-Wahlen so intensiv mitgefiebert wie schon lange nicht mehr. Die Ergebnisse der Großmacht im Norden sind für die Länder südlich des Rio Grande traditionell von enormer Bedeutung – ganz nach dem Motto: Die USA niest, und Lateinamerika bekommt Fieber. Doch im Zeitalter globaler Umbrüche hat diese Abhängigkeit noch an Brisanz gewonnen, da politische Projekte, die internationale Einbindung und die wirtschaftliche Entwicklung zahlreicher Staaten der Region auf dem Spiel stehen. Besonders in Ländern mit geringem machtpolitischem Einfluss werden die Ereignisse in Washington genau beobachtet.

Während in Lulas Brasilien nach den Wahlen Besorgnis und Ungewissheit überwogen, herrschte in Mileis Argentinien Jubelstimmung. Sowohl Trump als auch Milei gehören zum ultrarechten Atlas-Netzwerk, das sich gegen staatliche Regulierung der Wirtschaft, verpflichtenden Klimaschutz sowie Frauen- und LGBTQ+-Rechte stellt. In Argentiniens Regierungskreisen hofft man nun, dass Milei durch persönliche Verbindungen zu Trump und Unternehmern im Silicon Valley seine politischen und wirtschaftlichen Vorhaben leichter umsetzen kann.

Für Schwellenländer ist Trumps Sieg grundsätzlich eine schlechte Nachricht. Hohe Zölle und Protektionismus – so wie von ihm angekündigt – bedeuten einen stärkeren US-Dollar, Abwertungsdruck auf eigene Währungen und sinkende Rohstoffpreise. Doch werfen wir einen genaueren Blick auf Javier Milei, den Systemsprenger der argentinischen Politik, der seit fast einem Jahr im Amt ist. Als Ultralibertärer äußert er eine ganz eigene Perspektive auf Trumps Triumph und knüpft damit erhebliche Hoffnungen an die neue US-Regierung.

In Mileis Regierung wird Trumps Erfolg gefeiert. Es wird spekuliert, dass die USA unter Trump Einfluss auf das IWF-Exekutivdirektorium nehmen könnten, um potenzielle argentinische Bitten um ein neues Schuldenabkommen zu unterstützen. Ein solches Abkommen könnte dringend benötigte US-Dollar ins Land bringen und die wirtschaftliche Krise entschärfen.

Gleichzeitig wird in Mileis Kabinett offen über eine neue Schuldenaufnahme nachgedacht, trotz der bekannten Risiken. Aufgrund seines hohen Länderrisikos und wiederholter Zahlungsausfälle hat Argentinien keinen Zugang zu externen Kreditmärkten und ist daher auf den Internationalen Währungsfonds (IWF) angewiesen. Mit 44 Milliarden US-Dollar Schulden ist das Land seit 2018 der größte Schuldner des IWF.

» **Trumps Sieg bestätigt Milei in seiner Art und Weise, Politik zu machen.**

Für Mileis Partei *La Libertad Avanza* hat der erneute Sieg des Republikaners in den Vereinigten Staaten jedoch eine weitreichendere Bedeutung. Er bestätigt den eigenen radikal-libertären Anti-Staats-Kurs, das soziale »Kettensägenmassaker« und den Kulturkampf gegen Andersdenkende, Feministinnen, die LGBTQ+-Community sowie gegen Liberale und Progressive. Dabei verkörpert Milei im Wesentlichen die »Atlas-Netzwerk-Ideologie«. Trumps Sieg bestätigt Milei in seiner Art und Weise, Politik zu machen, die auf Radikalisierung und Konfrontation beruht und über soziale Netzwerke kanalisiert wird. Diese Politik des Rabaukentums auf Kosten anderer, stellt sich lautstark gegen das »Establishment« oder »die Kaste«, mobilisiert Emotionen und entfacht Gewalt. Wie Milei in Argentinien wird auch Trump versuchen, so viel Macht wie möglich zu zentralisieren.

Trumps Politik könnte jedoch für Argentinien auch unbeabsichtigte negative Folgen haben. Zwar könnte er dem Land im Hinblick auf den IWF helfen, doch sein Protektionismus ist für Argentinien ein Problem. Trump verspricht, hohe Zölle zu erheben, insbesondere auf Waren aus China (60 Prozent) sowie einen allgemeinen Zollsatz von zehn Prozent auf Waren, die in die USA eingeführt werden. Höhere Zölle dürften mit hoher Wahrscheinlichkeit zu einem Rückgang der argentinischen Exporte in die USA führen – dem drittgrößten Exportmarkt nach China und Brasilien. Sollte Trump den Handelskonflikt mit China weiter eskalieren, könnte Peking als Reaktion den Yuan abwerten, wodurch chinesische Produkte auf dem internationalen Markt billiger werden, mit entsprechenden Konkurrenzen für ähnliche Produkte aus Schwellenländern. Unter Milei fielen in Argentinien alle Schutzmaßnahmen für den internen Markt, sodass Importe aus China sehr leicht eingeführt werden können.

Auch andere finanzpolitische Maßnahmen Trumps wären für Argentinien eher negativ. Trump würde weniger zögern, den Zinssatz der *Federal Reserve* zu erhöhen, was für die argentinische Wirtschaft, die stark auf Spekulationskapital angewiesen ist, katastrophale Folgen haben könnte. Sehr schnell würde eine sehr große Menge an Dollar (die in sehr kurzfristiges Kapital investiert ist) das Land verlassen, mit der Folge einer erneuten Abwertung des Pesos und möglicherweise einem Wechselkursanstieg.

Der Sieg Trumps ist für die kulturelle und politische Agenda von Milei von enormer Bedeutung. Mit Trump hat Milei den stärksten westlichen Verbündeten, um in internationalen Foren den Kulturkampf und die Kritik an der sogenannten Umwelt- und »Gender-Gaga-Agenda« in den Mittelpunkt seiner Außenpolitik zu stellen. Milei beschuldigte im September auf der UN-Generalversammlung die Vereinten Nationen, von »internationalen Bürokraten« geleitet zu werden, die den ärmeren Ländern »eine sozialistische Agenda« aufzwingen wollen. Zudem verweigerte er seine Unterstützung für den Pakt für die Zukunft, eine von den Staats- und Regierungschefs der Welt unterzeichnete Erklärung, die den Fahrplan für die Bewältigung von Herausforderungen wie nachhaltige Entwicklung, Klimawandel und digitale Zusammenarbeit vorgibt. Indem Argentinien den Zukunftspakt der UN ablehnt, befindet es sich auf der Seite von Ländern wie Russland, Venezuela, Iran, Nordkorea, Haiti, Somalia und Usbekistan.

Einen Monat später sorgte Javier Milei erneut für einen Bruch mit den außenpolitischen Traditionen Argentiniens: Bei der UN-Vollversammlung wurde wie jedes Jahr eine Resolution verabschiedet, die das US-Embargo gegen Kuba verurteilt. Diese erhielt die Unterstützung von 187 Ländern, darunter allen Mitgliedstaaten der Europäischen Union – lediglich die USA und Israel stimmten dagegen. Viele hatten erwartet, dass Argentinien unter Milei erstmals mit seinen engsten politischen Partnern, den USA und Israel, stimmen werde. Doch Außenministerin Diana Mondino votierte für die Aufhebung des US-Embargos, was bei Milei Wut und Zorn auslöste. Die Entscheidung führte dazu, dass Mondino ihr Amt einen Tag später verlor. Ihr Nachfolger, Gerardo Werthein, gilt als ein noch loyalerer Vertrauter Mileis.

» Milei scheint eine vollständige Umstrukturierung der argentinischen Außenpolitik anzustreben.

Diese Entwicklungen spiegeln eine Außenpolitik wider, die im Widerspruch zur langen argentinischen Tradition der Verteidigung von Menschenrechts-, Gender- und Umweltfragen steht. Milei scheint eine vollständige Umstrukturierung der argentinischen Außenpolitik anzustreben.

Noch bemerkenswerter ist jedoch Mileis Fokus auf nicht-staatliche Akteure in der Außenpolitik. Anstatt auf Staatsvertreter zuzugehen, sucht er gezielt den Dialog mit einflussreichen Unternehmern und Tech-Giganten. Diese Strategie, die europäische Politiker nicht ignorieren sollten, zeigt sich besonders bei seinen internationalen Reisen: Milei nimmt vor allem an ideologischen oder parteipolitischen Veranstaltungen teil, die wenig mit den unmittelbaren Bedürfnissen Argentiniens zu tun haben.

Bisher hat er bei keiner seiner Reisen etwas für den argentinischen Handel erreicht, sei es in Form von Abkommen oder großen Investitionszusagen. Bemerkenswert ist auch, dass kein anderer argentinischer Präsident allein im ersten Jahr seiner Amtszeit so häufig die USA besucht hat wie Milei. Allerdings fanden seine Treffen meist nicht mit Vertretern der Biden-Regierung statt, sondern mit Tech-Unternehmern und ultrarechten Ideologen.

Die Außenpolitik im neuen politischen Zeitalter ultrarechter Regierungen des Westens zeichnet sich durch eine enge Kooperation mit Tech-Milliardären aus. Beide verfolgen gemeinsame Interessen. In diesem Konzept wird das Wohl der Mehrheit der Bürgerinnen und Bürger nicht von diesen selbst bestimmt, sondern von einer kleinen Elite vorgegeben

» **Die außenpolitischen Prioritäten der USA hingegen liegen woanders.**

Javier Milei bewundert Elon Musk, der ihn mehrfach öffentlich auf X gefeiert hat. Gleichzeitig unterstützt Marcos Galperin, der reichste Mann Argentiniens und Gründer von Mercado Libre, sowohl Musks politische Ambitionen als auch Mileis radikale Reformagenda. Mercado Libre, Lateinamerikas Pendant zu Amazon oder Chinas Alibaba, ist das wertvollste börsennotierte Unternehmen der Region und verfolgt ambitionierte Pläne: die Nutzerbasis verdreifachen, den elektronischen Zahlungsverkehr ausbauen, künstliche Intelligenz involvieren und Drohnen einsetzen, um mehr Kunden zu erreichen. Der kürzlich ernannte argentinische Botschafter in Washington, Alejandro Oxenford, hat ebenfalls bereits zwei Unicorns gegründet. Man kennt sich untereinander

Die außenpolitischen Prioritäten der USA hingegen liegen woanders: im Umgang mit China, dem Krieg in der Ukraine, der Krise im Nahen Osten und der Migrationsproblematik. Argentinien und seine Interessen sind eher zweit- oder drittrangig. Dennoch teilen Donald Trump und Javier Milei nicht nur eine ultrarechte Kulturkampf-Agenda, sondern auch eine Faszination für Big Tech und deren Machtpotenzial.

Für Trumps geopolitische Interessen ist es von Vorteil, mit Argentinien ein G20-Mitglied zu haben, das sich freiwillig und ohne äußeren Druck anti-chinesisch, anti-kommunistisch und anti-sozialistisch positioniert – selbst wenn diese ideologischen Feindbilder längst an Bedeutung verloren haben. Sollte Argentinien unter Milei eine Bewerbung als globaler Partner der NATO anstreben, könnte eine künftige Trump-Regierung diese unterstützen.

Die engen Verbindungen zwischen der argentinischen Ultrarechten und Trump könnten in bestimmten Bereichen zu einer Vorzugsbehandlung führen. Gleichzeitig bleibt Argentinien jedoch ein Land mit begrenztem Einfluss auf die großen ökonomischen und geopolitischen Entwicklungen. In der realpolitischen Perspektive der USA könnte Argentinien auch unter einer ultrarechten Regierung weiterhin vor allem als »Hinterhof« der Vereinigten Staaten fungieren.

DR. SVENJA BLANKE ist Büroleiterin der Friedrich-Ebert-Stiftung in Argentinien. Von 2014 bis 2019 war sie Leiterin des Referats Lateinamerika/Karibik der FES in Berlin.

NAHER OSTEN/ NORDAFRIKA

WELCHE ROTEN LINIEN?

Die Methoden der Huthis erinnern stark an die Taliban. Und der Westen? Lässt sie weiter die Spielregeln definieren.

Von Constantin Grund | August 2024

Im Jemen, genauer gesagt im von den Huthis kontrollierten Nordwesten des Landes, sitzen aktuell etwa 60 lokale Mitarbeiterinnen und Mitarbeiter internationaler und zivilgesellschaftlicher Organisationen in Haft. Sie wurden schlicht entführt. Aufenthaltsorte unbekannt, Angehörige werden nicht informiert, der Zugang für Anwälte oder Medikamente wird verweigert. Experten nennen dies *incommunicado*. Unter den Entführten sind Mitarbeiter der Vereinten Nationen, von Botschaften sowie humanitäre Helfer, die sich seit Jahren für Wasserversorgung, Dezentralisierung oder Energieprojekte im Jemen einsetzen. Zwar wird internationales Personal auch in anderen Ländern der Welt abgehört und mitunter schikaniert, aber die seit Mai lancierte Verhaftungswelle der Huthis in Sana'a ist beispiellos. Internationales Personal ist bisher nicht betroffen. Noch nicht.

Seit Jahren verschieben die Huthis die Linien akzeptierten Verhaltens auf internationaler Bühne. Sie eskalieren, provozieren, greifen an. Das alles folgt einem gut durchdachten Plan. Zehn Jahre ist die erstmalige Besetzung von Sana'a nun her. Zu diesem Zeitpunkt begannen Drangsalierung, Enteignung und Verhaftung innenpolitischer Gegner und die Einrichtung eines regelrechten Terrorregimes gegen die eigene Bevölkerung. So manches erinnert dabei an die Taliban. Vormalige Errungenschaften wie das Parlament, Pressefreiheit oder der Schulbesuch von Jungen und Mädchen wurden seither systematisch zurückgedreht, meist mit Verweis auf vermeintliche Gegner von außerhalb. Anstatt sich auf die wirtschaftliche Entwicklung des zerstörten Landes zu konzentrieren, wurden neue Kriegsabgaben eingeführt; bei Zahlungsverweigerung droht Inhaftierung. Gleichzeitig warten die Angestellten des öffentlichen Dienstes in den von den Huthis besetzten Gebieten seit Jahren auf ihre Gehälter. Der Nordwesten Jemens wird systematisch verarmt, Expertinnen und Experten schätzen die dortige Armutsquote mittlerweile auf etwa 90 Prozent. Weltrekord.

Als Reaktion der »Achse des Widerstands« auf den Einmarsch Israels in Gaza haben die Huthis seit Oktober 2023 den Schiffsverkehr im Roten Meer gezielt gestört. Erst diese Woche attackierten sie mutmaßlich den griechischen Öltanker »Sounion«. Mindestens 30 Schiffe wurden durch Drohnenangriffe beschädigt, zwei Schiffe sanken, der beschlagnahmte Autotransporter Galaxy Leader liegt weiter im Hafen von Hodeidah und kann gegen Gebühr von fünf US-Dollar sogar besichtigt werden. Seither müssen die USA und europäische Partner in die Sicherheit der Seeschifffahrt im Roten Meer investieren. Am 19. Juli dieses Jahres konnten die Huthis dann die nächste Eskalationsstufe zünden: Mit einer modifizierten Samad-3-Drohne iranischer Bauart gelang ein direkter Angriff auf Tel Aviv; ein Mensch starb. Für den Versuch der Huthis, sich als direkte Kriegspartei zu etablieren, revanchierte sich die israelische Luftwaffe tags darauf mit der Zerstörung wichtiger Ölreserven in Hodeidah. Aus innenpolitischen Gründen war der Bezug ihres Kampfes zur Palästinafrage ein geschickter Schachzug der Huthis, denn so konnten sie ihrer schwindenden Unterstützung im Jemen entgegenwirken.

In den letzten Wochen haben die Huthis immer stärker die internationale Gebergemeinschaft ins Visier genommen, insbesondere aber deren zivilgesellschaftliche Partner im Jemen. Bereits seit 2018 beschwert sich das Welternährungsprogramm der Vereinten Nationen (WFP) über den systematischen Missbrauch und die Instrumentalisierung der Nahrungsmittelhilfe durch die Huthis. Der *Supreme Council for the Management and Coordination of Humanitarian Affairs* (SCMCHA), bei dem sich internationale Organisationen registrieren müssen, um arbeitsfähig zu werden, wurde gezielt mit Huthis besetzt und wies zivilgesellschaftliche Partner der UN zuletzt immer vehementer an, nur mit Huthi-freundlichen Organisationen zusammenzuarbeiten oder Huthis gar in ihren Personalbestand zu integrieren. Einige internationale Organisationen gaben dem Druck nach.

Im Juni dann ließen die Huthis verlautbaren, sie hätten ein israelisch-amerikanisches Spionagenetzwerk im Jemen ausgehoben und veröffentlichten Videos vermeintlicher Geständnisse vormaliger Mitarbeiter der US-Botschaft in Sana'a. Sie verstärkten dies mit eindrücklichen *visuals* in sozialen Netzwerken und ihren Fernsehkanälen, in denen die Logos internationaler Partner, auch deutscher, als Teil dieses Spionagerings aufgeführt wurden. Anfang August schließlich stürmten die Huthis das Menschenrechtsbüro der Vereinten Nationen in Sana'a, konfiszierten Fahrzeuge, Mobiliar und Server. Ein selten gesehener Vorgang. Besagte Verhaftungswelle ging voran.

» Kidnappings sind keine neue Strategie der Huthis.

Kidnappings sind keine neue Strategie der Huthis. Bereits in den Jahren 2019 und 2023 hatten die Huthis lokales Personal verschleppt. Aber die nun angezogenen Daumenschrauben wirken innenpolitisch massiv nach. Es geht dabei weniger um 60 Einzelschicksale, die den Huthis momentan als Verhandlungsmasse dienen, sondern vielmehr um das Streuen von Zweifeln an internationalen Partnerschaften insgesamt. Als Jemenit für internationale Organisationen zu arbeiten, wird mit jedem Monat riskanter, und zwar nicht nur im Norden, sondern auch im Süden des Landes, das unter der Kontrolle der sogenannten legitimen Regierung steht.

Jene neue Provokation der Huthis beschäftigt vor allem die westliche Staatengemeinschaft. Sorgen werden zum Ausdruck gebracht, Mahnungen wiederholt oder rhetorisch verschärft. Hans Grundberg, Sondergesandter der Vereinten Nationen, fasste dies vor dem UN-Sicherheitsrat am 23. Juli 2024 in eindringlichen Worten und durchaus glaubwürdig so zusammen: Ein Kipppunkt für die Zukunft des Jemen sei erreicht. Dennoch, trotz aller Emotionen, bleibt die internationale Reaktion auf die Aktionen der Huthis erstaunlich moderat. Vormals rote Linien wurden zunächst rosa, schließlich verblassten sie ganz.

In den vergangenen Jahren hatte die internationale Gemeinschaft sehr wohlwollend auf jede neue Forderung der Huthis reagiert und sah regelmäßig über die Verletzungen individueller Freiheitsrechte oder die Stigmatisierung internationaler Hilfe hinweg. Man könne die Menschen in der desaströsen wirtschaftlichen und sozialen Lage nicht allein lassen und wolle die Huthis in einem laufenden politischen Dialog nicht verprellen. Trotz aller Eskalation war das Verständnis des Westens für die Huthis immens, die indirekte Unterstützung blieb.

» **Selbst kleinste konkrete Vereinbarungen wurden durchweg gebrochen.**

Dieses Appeasement hat die Machtbasis der Huthis gestärkt und ihnen den Eindruck vermittelt, auf dem richtigen Weg zu sein. Sie konnten es sich erlauben, immer wieder Emissäre zu internationalen Foren oder informellem *backchanneling* zu entsenden, um in ihrem Namen an Gesprächen oder auch Verhandlungen teilzunehmen. Ergebnis: Selbst kleinste konkrete Vereinbarungen wurden durchweg gebrochen. Eine Reaktion der internationalen Partner blieb regelmäßig aus.

Dieses Verständnis bringt die Huthis ihrem eigentlichen Ziel näher: der Errichtung eines eigenen Staates unter ihrer Kontrolle. Die Zweiteilung des Jemen schreitet seit nunmehr zehn Jahren voran. Dabei wird dies nicht politisch verhandelt, wie etwa im Falle des Sudan/Südsudan, sondern auf unteren Ebenen Schritt für Schritt bereits heute vollzogen. Kommunikationsnetze werden separiert, staatliche Stellen in Nord und Süd geteilt, Sozialversicherungssysteme getrennt, das einheitliche Banken- und Währungssystem des Landes aufgegeben. Die Vertreter des *Southern Transitional Council* vermeiden gar die Verwendung des Begriffs »Jemen«. Wir sollten nicht überrascht sein, wenn das Land in absehbarer Zeit seine eigene Zwei- oder gar Mehrstaatenlösung bekommt, ganz ohne Beteiligung der UN. Die internationale Gemeinschaft hat dies durch die Beschwichtigungspolitik gegenüber den Huthis jahrelang indirekt mitbefördert.

Beobachter der internationalen Politik haben sich zuletzt an die Zunahme von Unübersichtlichkeit und Chaos gewöhnt. Das Gewöhnen an Außerordentliches oder Sonderbares endet mitunter in Akzeptanz. Im Falle Jemens heißt dies: Ein tribal-religiöser Apparat konsolidiert sich zu einem Staat, und in Zeitlupe verfolgen wir eine nationale Häutung des Jemen ins Ungewisse. Ja, man kann die Veränderung eines Landes in einen anderen Daseinszustand aktiv dulden, sofern man die Konsequenzen nicht aus dem Blickfeld verliert. Andernfalls könnte nur eine massive diplomatische und robuste sicherheitspolitische Mehranstrengung diesen fahrenden Zug noch zum Stillstand bringen. Voraussetzung dafür wäre, seine eigenen roten Linien wieder als das aufzubauen, was sie einst waren: kommunizierte Triggerpunkte für eine echte außenpolitische Reaktion, die einem den Umgang mit der Situation selbst, aber auch mit der eigenen Courage erleichtern. Die 60 Verschleppten würden ein proaktiveres Engagement sicher begrüßen.

CONSTANTIN GRUND leitet die Büros der Friedrich-Ebert-Stiftung im Sudan und Jemen. Zuvor war er Büroleiter der FES in Madagaskar, Benin und Äthiopien.

VERMITTLER MIT EIGENEN INTERESSEN

Hinsichtlich einer diplomatischen Lösung im Nahostkonflikt hoffen viele auf die Golfstaaten. Doch die stecken in der Zwickmühle.

Von Sebastian Sons | Juli 2024

Fast zehn Monate dauert der desaströse Gaza-Krieg nach den terroristischen Anschlägen der Hamas auf Israel am 7. Oktober 2023 bereits an. Darüber hinaus hält die Gewalt im Gaza-Streifen die gesamte Region im Würgegriff und sorgt für die Gefahr einer regionalen Eskalation. Das Risiko eines offenen Krieges zwischen der israelischen Armee und der libanesischen Hisbollah wächst täglich, während die jemenitischen Huthis seit Monaten die internationale Schifffahrt im Roten Meer mit Drohnen- und Raketenangriffen bedrohen. Die Feindschaft zwischen Israel und Iran wird immer offener ausgetragen und schlug sich bereits in direkten Attacken nieder.

Bisher zeigen einige einflussreiche regionale Akteure jedoch kein Interesse daran, den Konflikt außer Kontrolle geraten zu lassen – zu sehr fürchten sie eine Spirale der Gewalt, die sie nicht managen könnten, und in den Sog direkt hineingezogen zu werden. Zu diesen Akteuren gehören insbesondere die arabischen Golfmonarchien. In den letzten Jahren verfolgen sie eine Strategie der regionalen Deeskalation, der Risikominimierung und der taktischen Annäherung. Dies zeigt sich an der Wiederaufnahme der diplomatischen Beziehungen zwischen den Rivalen Iran und Saudi-Arabien im März 2023 sowie dem Besuch des mittlerweile bei einem Hubschrauberabsturz ums Leben gekommenen ehemaligen iranischen Präsidenten Ibrahim Raisi in Riad zu einem Krisengipfel der Organisation islamischer Staaten (OIC) kurz nach Beginn des Gaza-Krieges.

Auch Bahrain sucht die Annäherung an Iran, obwohl die Islamische Republik von den bahrainischen Herrschern als Bedrohung der eigenen Macht wahrgenommen wird. Im Januar 2021 legten die arabischen Golfmonarchien ihren seit 2017 andauernden Konflikt bei, der in der Blockade Katars durch Saudi-Arabien, die Vereinigten Arabischen Emirate (VAE), Bahrain und Ägypten gemündet und zu tiefgreifenden golfinternen Verwerfungen geführt hatte. Und 2020 folgte die historische Entscheidung der VAE und Bahrain, im Rahmen der sogenannten »Abraham-Abkommen« diplomatische Beziehungen zu Israel aufzunehmen.

» Auch in den Golfstaaten hat die Solidarität mit den palästinensischen »Brüdern und Schwestern« rapide zugenommen und kann von den Herrschern nicht ignoriert werden.

Solche Annäherungsprozesse sind kein Zufall: In den letzten Jahren ist den Herrschern am Golf bewusst geworden, dass Animositäten und Abgrenzung der eigenen Reputation und dem eigenen Geschäftsmodell schaden. Länder wie Saudi-Arabien durchlaufen einen komplizierten Transformationsprozess: Die ölabhängige Wirtschaft muss neue Einnahmequellen und Sektoren erschließen, weswegen der mächtige saudische Kronprinz Muhammad bin Salman den Ausbau des Tourismus oder der Sport- und Unterhaltungsindustrie sowie in ambitionierte Megaprojekte wie die Smart City The Line am Roten Meer forciert. Die Ziele sind eindeutig: Nur mit der Diversifizierung der Wirtschaft kann es dem Königshaus gelingen, die Jugendarbeitslosigkeit zu reduzieren und die politische Macht zu bewahren. Ähnlich vielschichtige und komplizierte Prozesse durchlaufen auch die anderen Golfmonarchien. Auch wenn sie in vielerlei Hinsicht um Investoren und Marktzugänge konkurrieren und vor unterschiedlichen Herausforderungen stehen, eint sie doch eine Formel: ohne regionale Stabilität kein nationaler Fortschritt und ohne nationalen Fortschritt kein politisches Überleben.

Vor diesem Hintergrund bedroht der Gaza-Krieg und das damit zusammenhängende Schreckensszenario einer regionalen Eskalation die Geschäftsinteressen und das politische Machtkalkül der arabischen Herrscher. Je mehr die Situation im Roten Meer außer Kontrolle gerät, desto stärker werden geostrategische Konnektivitätsinteressen der VAE, die sich als »neues Venedig« begreifen und längst ein maritimes Netzwerk über die Beteiligung an afrikanischen, arabischen, asiatischen und europäischen Häfen aufgebaut haben, gefährdet. Für Saudi-Arabien ist es unerlässlich, dass ausländische Investitionen ins Land fließen, um die gigantischen Pläne und Projekte auch realisieren zu können. Unruhe in der direkten Nachbarschaft schadet diesem Vorhaben, da auch der Status des Königreichs als sicherer Investitionsstandort leiden könnte.

So kam es bis 2022 immer wieder zu Angriffen der Huthis auf saudische Ziele. Zwar scheint diese Gefahr derzeit gebannt, doch könnten solche Attacken immer wieder aufflammen. Sollte es zu einem offenen Krieg zwischen Israel und der Hisbollah kommen, könnten sich Angriffe aus dem Libanon auch gegen Ziele in Saudi-Arabien – zum Beispiel US-Stellungen – richten. Immerhin verfügt die Hisbollah über ein Arsenal von etwa 130 000 Raketen. Katar ist als wichtiger Exporteur und Produzent von Erdgas ebenfalls auf freie Handelswege angewiesen, teilt sich das größte Gasfeld der Erde mit Iran und zeigt demnach ebenfalls kein Interesse an einer regionalen Dauerkrise.

» **Saudi-Arabien präsentiert sich seit Beginn des Gaza-Kriegs als regionale Führungsmacht.**

Aus diesen Gründen versuchen alle Golfmonarchien auf unterschiedlichem Wege, den Konflikt einzuhegen und zu managen: Saudi-Arabien präsentiert sich seit Beginn des Gaza-Kriegs als regionale Führungsmacht, die sich für die palästinensische Sache einsetzt und Israel hart kritisiert. Vertreter der saudischen Regierung verweisen auf die Arabische Friedensinitiative von 2002, die maßgeblich vom damaligen saudischen König Abdullah initiiert worden war und eine Zwei-Staaten-Lösung als Ziel formuliert. Damit will sich das Königreich als Unterstützer der Palästinenser darstellen, immerhin trägt Saudi-Arabien als »Hüter der beiden Heiligen Stätten« Mekka und Medina auch moralisch-religiöse Verantwortung für Palästina. Erhöhter Druck kommt auch von den jeweiligen Bevölkerungen: Auch in den Golfstaaten hat die Solidarität mit den palästinensischen »Brüdern und Schwestern« rapide zugenommen und kann von den Herrschern nicht ignoriert werden.

Außerdem hält es eine Trumpfkarte in den Händen: Die Verhandlungen mit den USA und Israel über eine mögliche Normalisierung der Beziehungen mit Israel wurden nach dem 7. Oktober zwar ausgesetzt, werden aber von der saudischen Führung strategisch klug instrumentalisiert, um die eigene Verhandlungsposition zu stärken. Immerhin geht es Saudi-Arabien um ein Sicherheitsabkommen mit den USA, das Rüstungszusagen und Schutzgarantien sowie die Erlaubnis, ein nationales ziviles Nuklearprogramm aufbauen zu dürfen, beinhalten soll. Befanden sich diese Gespräche vor dem Beginn des Krieges in einer aussichtsreichen Situation, erscheint es für Saudi-Arabien derzeit aufgrund des brutalen israelischen Vorgehens in Gaza jedoch unmöglich, mit Premierminister Benjamin Netanjahu über die Aufnahme von diplomatischen Beziehungen zu verhandeln; einige saudische Analysten nennen die Regierung von Netanjahu eine »faschistische Koalition«. Deswegen spielt Riad auf Zeit und ist daran interessiert, sich alle Optionen offenzuhalten. Möglicherweise hofft man auf einen Wahlsieg Donald Trumps, um die eigene Verhandlungsposition weiter zu verbessern.

Die VAE haben diese Trumpfkarte mit ihrer Unterzeichnung der sogenannten »Abraham-Abkommen« 2020 aus der Hand gegeben. Damals normalisierten sie gemeinsam mit Bahrain und anderen nicht-golfarabischen Staaten ihre Beziehungen zu Israel. Das Kalkül, auf diplomatischem Wege die israelische Regierung zu einer Zwei-Staaten-Lösung bewegen zu können, entpuppte sich allerdings als illusorisch. Deswegen steckt Abu Dhabi nun in einer Zwickmühle: Einerseits profitiert das emiratische Geschäftsmodell von den erstarkten Handelsbeziehungen zu Israel. Beide Staaten haben Handelsabkommen unterschrieben, und 2023 waren tausend israelische Unternehmen in den VAE aktiv. Andererseits rütteln die Abraham-Abkommen aber auch an der politischen Legitimation der emiratischen Führung: In einer Umfrage aus dem Januar 2024 äußerten sich 67 Prozent der Befragten kritisch zur Rolle der VAE im Gaza-Krieg. Bisher ist es den Emiraten jedenfalls nicht gelungen, ihre diplomatischen Kanäle zu Israel für eine Deeskalation zu nutzen. Eine Aufkündigung der Abraham-Abkommen wird dagegen auch nicht ernsthaft in Betracht gezogen, da sich die Herrscher in Abu Dhabi langfristig strategische Tiefe und wirtschaftliche Rendite von diesem Deal versprechen.

» Seit 2012 unterhält die katarische Führung konziliante Beziehungen zu Teilen der islamistischen Bewegung.

Zuletzt ist das dritte Schwergewicht am Golf, Katar, als Vermittler zwischen der israelischen Regierung und der Hamas in die Weltöffentlichkeit gerückt. Seit 2012 unterhält die katarische Führung konziliante Beziehungen zu Teilen der islamistischen Bewegung und Hamas-Vertreter wie Ismail Haniyya leben in Doha. Bereits 2006, 2009 und 2014 vermittelte Katar im Nahostkonflikt und hat seitdem seinen Einfluss als einflussreicher Netzwerker und Verhandler ausgeweitet. Dies zeigt sich insbesondere in der prominenten Rolle, die Katar bei den Verhandlungen mit Hamas um die Freilassung der israelischen Geiseln einnimmt. Damit gelang es dem kleinen Emirat, seine Relevanz als hyperaktiver Netzwerker auf der Weltbühne zu konsolidieren. Mittlerweile steht Katar aber wegen seiner Nähe zur Hamas in der Kritik und sieht sich verdächtigt, terroristische Strukturen unterstützt zu haben. Immerhin soll Katar seit 2007 etwa zwei Milliarden US-Dollar an finanzieller Unterstützung an die Hamas geleistet haben – was von Israel geduldet und teilweise sogar unterstützt worden war.

Saudi-Arabien, die VAE und Katar suchen also mit eigenen Instrumenten und Strategien, den Gaza-Krieg in ihrem Sinne zu managen und zu deeskalieren. Der Gaza-Krieg verlangt somit von den arabischen Golfmonarchien eine Neu-Definition ihrer politischen Strategien. Bislang versuchten sie, regionale Konflikte mehrheitlich zu managen, um nationale Ziele zu erreichen. Dieser Kurs greift jedoch zu kurz. Stattdessen braucht es einen Ansatz des partnerschaftlichen Miteinanders, um die Krisen in der Nachbarschaft langfristig zu deeskalieren. Bis dato ist es den Golfmonarchien nicht gelungen, ihre Ansätze zu koordinieren und konkrete Strategien für ein Post-Kriegs-Gaza zu entwickeln. So lehnen sie es ab, die gigantischen Kosten von mindestens 20 Milliarden Dollar für den Wiederaufbau mittragen zu wollen. Zwar sagten sie in der Vergangenheit immer wieder umfassende Hilfsmittel für Gaza zu, ein Großteil dieser Versprechungen wurde allerdings nicht eingehalten; momentan wollen sie nicht für die von Israel verursachten Schäden aufkommen und betrachten Hilfsleistungen als ineffizient, sollten zukünftig ähnliche Zerstörungen durch Israel drohen. Ohne politische Sicherheitsgarantien und einen Fahrplan für eine Zwei-Staaten-Lösung scheint golfarabische Unterstützung demnach unrealistisch zu sein.

Dabei verfügen die Golfmonarchien über die notwendigen Netzwerke zu unterschiedlichen Konfliktparteien sowie zu internationalen Akteuren, um Dialog zu initiieren und auf ein Nachkriegsszenario hinzuarbeiten. Im März 2024 hat der Golfkooperationsrat, zu dem die sechs Golfmonarchien gehören, erstmals in seiner 43-jährigen Geschichte eine gemeinsame Vision für die regionale Sicherheit vorgestellt. Darin wird ausdrücklich die Umsetzung einer Zwei-Staaten-Lösung auf Grundlage der Arabischen Friedensinitiative gefordert, um eine gerechte Lösung der palästinensischen Frage zu erreichen. Zwar werden durch eine solche Verlautbarung die nationalen Eigeninteressen, die unterschiedlichen Egos der Herrscher und das gegenseitige Konkurrenzdenken nicht obsolet, sie könnte aber als Ausgangspunkt für eine gemeinsame Strategie dienen, welche die heterogenen Interessen der Einzelstaaten berücksichtigt und gleichzeitig die Gemeinsamkeiten betont. So könnte Saudi-Arabien als wichtigste golfarabische Führungskraft die Maßnahmen koordinieren und legitimieren, während Katar mit seinen Kommunikationskanälen zur Hamas und die VAE zur israelischen Regierung ihr diplomatisches Kapital zielgerichteter als bisher einsetzen könnten.

DR. SEBASTIAN SONS ist promovierter Islamwissenschaftler und arbeitet am Forschungsinstitut CARPO zu den arabischen Golfmonarchien. Zuletzt erschien im Dietz-Verlag sein Buch *Die neuen Herrscher am Golf und ihr Streben nach globalem Einfluss.*

NORDAMERIKA

ALLE MANN AN BORD

Bei seinem famosen Sieg hat Trump auch Wählergruppen gewonnen, die eigentlich unerreichbar schienen. Die Demokraten haben alle Warnungen ignoriert.

Von Marco Bitschnau | November 2024

Vieles erscheint bemerkenswert an Donald Trumps furiosem Wahlsieg. Da ist erstens die Leichtigkeit, mit der er die medial überhypte, in Sachen Kampagneninfrastruktur, Spendenaufkommen und Promi-Unterstützung aber deutlich bevorteilte Kamala Harris abgewatscht hat. Da ist zweitens die beinahe schon ritualisierte Fassungslosigkeit über seinen Sieg, obwohl ihn die (diesmal recht präzisen) Umfragen schon vor Monaten in einer guten Ausgangsposition gesehen hatten. Und da ist drittens die schiere Gewaltigkeit des Comebacks, das diesen Naturcharismatiker aus dem Abseits zurück an die Spitze der US-Politik katapultiert hat: Vom geschassten Buhmann, dem Teile der eigenen Partei zeitweise gerne den Dolch in den Rücken getrieben hätten, zum Triumphator mit dem besten republikanischen Wahlergebnis seit fast 40 Jahren.

Vor allem aber ist da das *Wie*, das dem *Was* des Erfolgs unmittelbar nachgeschaltet ist. Wie konnte Trump nicht nur in jedem einzelnen Bundesstaat Stimmenanteile gegenüber 2020 hinzugewinnen, sondern selbst in demokratischen Hochburgen verblüffend nah an Harris heranrücken? Dass er in seiner Wahlheimat Florida mit 13 Prozentpunkten Vorsprung ins Ziel ging, mögen die Strategen der Gegenseite noch mit Achselzucken zur Kenntnis genommen haben. Der Staat galt ohnehin als *long shot*, in dem man sich nur bei einem Kantersieg

Chancen ausgerechnet hatte. Dass Trump mit dem gleichen Abstand auch Iowa für sich entschied, war da schon um einiges beunruhigender. Im Grunde zwar ebenso wenig überraschend – aber hatte nicht die vielgelobte Ann Selzer hier kurz vor der Wahl noch einen schmalen Harris-Vorsprung vorhergesagt?

Der Republikaner gewann in Distrikten, die er nach Ansicht der meisten Wahlauguren nie hätte gewinnen dürfen.

Wirklich surreal mussten aber die Ergebnisse in Staaten wie Rhode Island anmuten. Dort, im liberalen Neuengland, hatte Biden vor vier Jahren noch mit erklecklichen 21 Prozentpunkten Vorsprung gesiegt. Trump aber konnte diesen Abstand auf gerade einmal 13 Punkte verkürzen. Und auch in New York (wo der Abstand von 23 auf 11,5 Punkte schrumpfte), New Jersey (von 16 auf 5,5) oder Illinois (von 17 auf 9) war dasselbe Muster zu beobachten: Der Republikaner gewann in Distrikten, die er nach Ansicht der meisten Wahlauguren nie hätte gewinnen dürfen. Er war konkurrenzfähig in Regionen, in denen er einst als denkbar ungeeignete Wahl galt. Und er fuhr hervorragende Ergebnisse unter Bevölkerungsgruppen ein, die lange als sichere Stützen der demokratischen Koalition gegolten hatten, bei dieser Wahl aber nun scharf nach rechts ausscherten.

Wohl das aufschlussreichste Beispiel hierfür ist das Abstimmungsverhalten der Latinos respektive Hispanics (der erste Begriff schließt alle Lateinamerikaner ein, der zweite alle Spanischsprachigen), die den Demokraten in besonders großer Zahl den Rücken kehrten: Laut Nachwahlbefragungen entschieden sich nicht weniger als 46 Prozent für Trump. Ein Wert, der nicht nur die Bestmarke von George W. Bush aus dem Jahr 2004 pulverisierte, sondern insbesondere unter hiesigen Beobachtern für einige Verwirrung sorgte. Bush hatte immerhin noch eine mexikanische Schwägerin und konnte selbst etwas Spanisch radebrechen. Trump dagegen ist der Mann, der seine politische Laufbahn auf einer Pressekonferenz aufgebaut hatte, in der er Mexikanern vorwarf, Kriminelle, Drogendealer und Vergewaltiger zu sein. Wie passt das zusammen?

Tatsächlich sind die Gründe für den republikanischen *Latino surge* vielschichtig, dürften zumeist aber mit der als mangelhaft empfundenen Leistung der Demokraten in der Wirtschafts- und Einwanderungspolitik zusammenhängen. Viele Latinos sind Angehörige der Arbeiter- und unteren Mittelschicht und wurden von den Preissteigerungen der letzten Jahre besonders hart getroffen. Und viele sind entweder selbst auf legalem Wege eingewandert oder haben Einwandereltern – und folglich einen (mal heimlichen, mal offenen) Groll gegen illegale Migranten, die das Bild ihrer *Community* schädigen und die Konkurrenzsituation auf dem Wohnungsmarkt weiter verschärfen. Dazu kommt, dass sie bei aller Binnendiversität konservativer ticken als der weiße Standarddemokrat aus dem Szeneviertel von Madison oder Dallas. Viele sind religiös, bevorzugen traditionelle Geschlechterrollen und stehen liberalen Nischenvorhaben skeptisch gegenüber.

All das wusste sich die Trump-Kampagne zunutze zu machen. Einer ihrer markantesten Werbespots zeigt etwa einen mit unheilschwangerer Musik unterlegten Ausschnitt aus einem alten Harris-Interview, in dem diese verspricht, »Transgender-Insassen in Gefängnissen geschlechtsangleichende Operationen« bezahlen zu wollen. Es folgt ein Verweis auf biologische Männer im Frauensport, eine Collage mit dem genderfluiden Aktivisten Sam Brinton (der vor seiner Festnahme wegen Diebstahls für die Biden-Regierung gearbeitet hatte) und schließlich die messerscharfe Gegenüberstellung: »Kamala ist für *They/Them*, Präsident Trump ist für Dich!« Wie die *New York Times* in einer Analyse vermerkt, war das Wahlkampfteam des Ex-Präsidenten selbst überrascht, wie gut der Spot gerade unter männlichen Latinos verfing. Mit ihm ließ sich Harris effektiv als abgehobene Linksradikale darstellen, die Steuermittel für Absurditäten verschleudert und jeden Bezug zu den Problemen des Alltags verloren hat.

Für die Demokraten eigentlich ein Warnsignal, doch wie so häufig versteiften sie sich auf bloße Stilkritik, statt inhaltlich Paroli zu bieten. Auch als der Komiker Tony Hinchcliffe während eines Kampagnenauftritts von Trump im Madison Square Garden das US-Territorium Puerto Rico als »schwimmende Müllinsel« bezeichnete, war das performativ empörte Harris-Lager rasch mit dem Vorwurf der Menschenfeindlichkeit bei der Hand und wirkte auf viele Wechselwähler entsprechend unsouverän. Man konnte (oder wollte) dort nicht begreifen, dass sich der Mexikanischstämmige mit Kleinbetrieb und die Kolumbianischstämmige aus der Vorstadt wenig darum scheren, welche Witze ein zweitrangiger Possenreißer über die Karibikinsel zum Besten gibt. Nicht einmal die puerto-ricanische Diaspora ließ sich von diesen Störgeräuschen verschrecken, sondern lief ebenfalls großflächig zu Trump über.

Allerdings sind es nicht nur die Latinos, unter denen der neue Präsident historisch stark abgeschnitten hat: Ähnliches lässt sich auch über Asiatischstämmige, Wähler ohne Hochschulabschluss und insbesondere junge Männer sagen. Diese gelten in Zeitdiagnosen zur US-Gesellschaft schon seit längerem als Problemfall – als frustrierte Großgruppe, die sich von tradierten Rollenerwartungen und postmodernen Anpassungszwängen gleichermaßen unter Druck gesetzt fühlt. Harris waren sie dennoch keinen nennenswerten Aufwand wert. Vielmehr glaubte die Sechzigjährige offenbar, der Football-Coach-Charme ihres Vize-Kandidaten Tim Walz würde schon ausreichen, das andere Geschlecht für sich einzunehmen. Ganz anders Trump und Verbündete, die von TikTok-Clips bis zu Trend-Podcasts keine Gelegenheit ungenutzt ließen, mit der männlich-jugendlichen Zielgruppe unmittelbar auf Tuchfühlung zu gehen. Noch am Wahltag, als die Nachricht über einen Anstieg der weiblichen Wahlbeteiligung die Schlagzeilen dominierte und die demokratische Funktionärsriege bereits den Sekt kaltgestellt hatte, wandte sich das Lager des Ex-Präsidenten explizit an dessen männliche Unterstützer. »Geht wählen«, forderte der zur festen Größe im Trump-Universum aufgestiegene Elon Musk seine 200 Millionen Follower auf. Und das taten sie auch.

» **Es sind nicht nur die Latinos, unter denen der neue Präsident historisch stark abgeschnitten hat.**

Entscheidend bleibt die Frage, ob die beschriebenen Verschiebungen nun Vorboten einer dauerhaften Entfremdung sind – oder ob es sich dabei nicht doch um ein an die Person Trump gebundenes Phänomen handelt, das nur bedingt darüber hinausgehende Aussagekraft besitzt. Für beides lassen sich gute Argumente ins Feld führen: Dass Trump in vielen Fällen bessere Ergebnisse erzielen konnte als republikanische Senats- und Gouverneurskandidaten, spricht dafür, dass die elektorale Anziehung tatsächlich von ihm ausgeht. Andererseits muss das einen dauerhaften Effekt aber keineswegs ausschließen, denn wer sich einmal ernsthaft auf *Make America Great Again* eingelassen hat, wird nicht so bald in liberale Gefilde zurückkehren. Zumal die Demokraten nach wie vor jede Menge ideologischen Ballast mit sich herumtragen. »Trump hat keinen besseren Freund als die radikale Linke«, schimpfte zuletzt etwa der junge New Yorker Abgeordnete Ritchie Torres in einer schonungslosen Abrechnung mit seiner Partei. Deren identitätspolitische Forderungen und Hamas-Sympathien seien zum Teil »aberwitzig« und Lichtjahre vom Mehrheitswillen entfernt. Worte, die der nächste Kandidat besser ernst nehmen sollte.

MARCO BITSCHNAU ist Postdoktorand am Lehrstuhl für Soziologie (Schwerpunkt Soziale Bewegungen) der Universität Konstanz und dort mit dem Exzellenzcluster *The Politics of Inequality* affiliiert.

»ICH HALTE SIE FÜR VOLLKOMMEN UNGEEIGNET«

Jörg Wimalasena über die Kandidatur von Kamala Harris, den Nominierungsprozess der US-Demokraten und die Chancen, Donald Trump zu schlagen.

Ein Gespräch mit Jörg Wimalasena | Juli 2024

Nach wochenlangen Debatten verzichtet Joe Biden auf die erneute Kandidatur für die US-Präsidentschaft. Eine Entscheidung, die Respekt verdient hat oder eher eine zu späte Einsicht des Präsidenten?

Respekt hätte die Entscheidung verdient gehabt, wenn er sie vor einem Jahr – oder noch besser vor zwei Jahren – getroffen hätte. Dann hätten die Demokraten nämlich noch die Möglichkeit gehabt, sich unter Einbeziehung der eigenen Wähler mit einer richtigen Vorwahl auf einen anderen Kandidaten einigen zu können. Stattdessen hat er mithilfe des *Democratic National Committees* Vorwahlen veranstalten lassen, in denen es im Grunde genommen keinen offenen Wettbewerb gab. Teilweise sind die Delegierten Biden einfach zugeteilt worden, zum Beispiel in Florida, ohne dass es eine tatsächliche Vorwahl gegeben hätte. Es gab keine TV-Debatten. Gegenkandidaten wie Dean Philipps waren kaum im Fernsehen zu sehen. Man hat versucht, Biden irgendwie über die Ziellinie zu schleppen. Auch in dem man den Vorwahl-Kalender so strukturiert hat, dass die Bundesstaaten, in denen er gut dasteht, als Erstes zur Abstimmung standen. Jetzt abzudanken, nachdem die ganze Welt sehen konnte, dass er dem Amt nicht mehr gewachsen ist, hat nicht wirklich Respekt verdient, sondern wirft eher die

Frage auf, warum das nicht viel früher passiert ist. Insbesondere, wenn die Demokratie und der Sieg gegen Donald Trump ihm doch dem eigenen Bekunden nach so wichtig sind.

Joe Biden hat seine Vize-Präsidentin Kamala Harris als Nachfolgerin vorgeschlagen. Wie geeignet ist sie für das mächtigste Amt der Welt und wie hoch stehen ihre Chancen im November Donald Trump zu schlagen?
Ich halte sie für vollkommen ungeeignet. Die Demokraten haben sich jahrelang, vor allem durch die Kampagne von Hillary Clinton 2016, auf reiche Geldgeber und die großstädtische, professionelle Managerklasse gestützt. Das hat dazu geführt, dass Trump mit seinem teils billigen, teils aber auch vollkommen berechtigten Populismus die Arbeiterschaft viel stärker an sich gezogen hat. Joe Biden hat 2020 unter anderem deshalb gewonnen, weil er einige dieser Wähler zurückholen konnte. Auch als Präsident hat er glaubhaft gemacht, dass er sich wirklich Gedanken um die Sorgen der kleinen Leute macht. Er hat während seiner Amtszeit auch Gewerkschaften unterstützt und gestärkt. Diese zarte Wiederannäherung an die Arbeiterschaft könnte jetzt verloren gehen, wenn ihn jemand wie Kamala Harris ersetzt, die gerne blumige Reden schwingt und ihre Identität als schwarze Frau in den Mittelpunkt ihres Auftretens stellt. Das ist habituell genau der falsche Ansatz für einen Wahlkampf, in dem Donald Trump ja als Vizepräsidentschaftskandidaten J. D. Vance ausgewählt hat, der aus einer Arbeiterfamilie in den Appalachen kommt und die Sprache der Arbeiter spricht.

Die Präsidentschaftskampagne von Kamala Harris endete 2019 bereits vor der ersten Vorwahl. Auch als Vize-Präsidentin macht sie keinen glücklichen Eindruck. Ihre Umfragewerte sind schlecht. Warum glaubt das Parteiestablishment der Demokraten mit ihr gewinnen zu können?
Ich bin gar nicht restlos davon überzeugt, dass sie das überhaupt glauben. Vielleicht schiebt man sie auch nur vor, damit nicht andere, geeignetere Kandidaten bei einer Wahl verbraucht werden, in der jeder andere auch schlechte Karten hätte. Aber einen anderen Grund halte ich für wichtiger: Das Parteiestablishment der Demokraten mit den großen Geldgebern und wichtigen Figuren wie zum Beispiel den Clintons hat ein Interesse daran, dass die Partei »zentristisch« ausgerichtet bleibt. Dort herrscht auch eine gewisse Vorliebe für Identitätspoli-

tik, für Symbolpolitik. Allzu harsche Umverteilungsforderungen, wie sie zum Beispiel der sozialistische Senator Bernie Sanders – oder viele Parteilinke – erheben würden, sind da nicht so ganz willkommen. Mit Kamala Harris hat man eine angepasste und berechenbare Kandidatin, bei der man auf jeden Fall nicht befürchten muss, dass sie morgen die sozialistische Revolution ausruft.

Einflussreiche Demokraten wie die ehemalige Sprecherin des Repräsentantenhauses, Nancy Pelosi, sowie Mitglieder des Democratic National Committees, das den Parteitag der Demokraten im August organisiert, sprechen sich reihenweise für Harris aus. Schon jetzt soll sie sich die für die Nominierung notwendigen Delegierten-Stimmen gesichert haben. Haben andere potenzielle Kandidatinnen oder Kandidaten überhaupt noch eine Chance zum jetzigen Zeitpunkt?

Theoretisch ja, praktisch nein. Wer würde sich denn jetzt trauen, Harris herauszufordern, wenn sich bereits große Teile des Parteiestablishments hinter sie gestellt haben? Niemand möchte jetzt der Buhmann sein, der diese schöne neue Harmonie, die man sich jetzt zurechtgebogen hat, stört. Dass Bernie Sanders als einziger populärer Kandidat 2016 Hillary Clinton herausfordern und linke Politikprojekte verfolgen konnte, lag auch daran, dass er kein Mitglied der Demokraten ist und keine Großspenden annimmt. Zudem ist er in seinem Heimatstaat Vermont unumstritten. Eine Unabhängigkeit, die er sich über Jahrzehnte erarbeitet hat – Leute mit derart viel Rückgrat muss man bei den Demokraten mit der Lupe suchen – und findet sie wahrscheinlich dennoch nicht.

» **Die Entscheidung jetzt gegen sie in den Ring zu steigen, würde sich nicht gerade positiv auf die eigene Karriere auswirken.**

Und Rückgrat bräuchte man, um sich Harris in den Weg zu stellen. Schließlich müsste man sie öffentlich kritisieren und die Partei würde so nicht als geschlossen erscheinen. Man würde als Spalter gelten und im Falle einer Wahlniederlage für weitere vier Jahre Trump verantwortlich gemacht werden. Diese Erfahrung hat Bernie Sanders nach 2016 auch schon gemacht. Jeder bei den Demokraten weiß: Die Entscheidung jetzt gegen sie in den Ring zu steigen, würde sich nicht gerade positiv auf die eigene Karriere auswirken.

Die Demokraten treten lautstark dafür ein, die Demokratie zu retten. Widerspricht die Wahl in einem nicht offenen Prozess nicht diesem Anspruch?
Ja, natürlich. Es bräuchte jetzt eine Auseinandersetzung um die personelle und inhaltliche Ausrichtung der Partei. Stattdessen kriegt man mit Kamala Harris eine Kandidatin quasi vorgesetzt und kann mehr oder minder nichts dagegen machen. Wer die Demokratie retten will, sollte erst mal bei sich selbst anfangen und demokratische Standards einhalten. Sonst wirkt die kolportierte Mission: Demokratierettung nicht besonders glaubwürdig.
Das DNC hat sich auch schon bei vergangenen Vorwahlen nicht besonders rühmlich verhalten und unter anderem 2016 Hillary Clinton Vorteile gegenüber Bernie Sanders verschafft. Es gibt einen ganz dringenden Reformbedarf bei den Demokraten. Die Partei ist im Kern vollkommen verrottet und wird den hohen moralischen Ansprüchen, die sie formuliert, nicht ansatzweise gerecht. Der notwendige Reformprozess ist natürlich kurz vor der Wahl kaum anstoßbar, künftig sollte es jedoch eine Parteiführung geben, die nicht hauptsächlich als verlängerter Arm des jeweiligen Präsidenten oder des Parteiestablishments agiert. Es muss einen offenen Wettbewerb geben – um Personalien und Ideen. Und der Demokraten-nahe Medienkosmos – vor allem der »Nachrichten«-Sender MSNBC – sollte sich auch überlegen, ob Journalismus wirklich heißt, weitgehend als Verlautbarungsorgan für den Mainstream der Demokratischen Partei zu agieren.

Was müssten die Demokraten tun, um die Wahl für sich zu entscheiden?
Vielleicht reicht Glück, die letzten Wochen haben gezeigt, dass sich politische Situationen schnell ändern können. Und vielleicht überrascht Harris mit einer guten Kampagne. Aber inhaltlich werden die Weichen schon jetzt falsch gestellt. Die Strategie, die sich jetzt abzeichnet, ist folgende: Harris war früher Justizministerin in Kalifornien und die Botschaft soll sein: Ich bin die Anklägerin und Donald Trump mit seinen zahlreichen Verurteilungen ist der Angeklagte, den ich quasi zur Verantwortung ziehe. Wie in einem schlecht geschriebenen Gerichtsdrama-Drehbuch. Das ist aber der vollkommen falsche Ansatz. Ich glaube nicht, dass es wahlentscheidend sein wird, ob Trump irgendwann

mal Schmiergeldzahlungen an eine Pornodarstellerin geleistet oder seine Geschäftsbilanz kreativ ausgelegt hat, um einen günstigen Kredit zu kriegen. Das wird nicht funktionieren. Die Leute haben mit horrenden Lebenshaltungskosten zu kämpfen. Da funktioniert es nicht, ständig nur darauf hinzuweisen, wie schlimm Trump ist. Andererseits wäre es nicht sehr glaubwürdig, Kamala Harris nun mit einem Schutzhelm auf Gewerkschaftsveranstaltungen zu schicken. Im Wahlkampf muss die Person zum Inhalt passen. Die Demokraten müssten knallhart auf die sogenannten Bread-and-Butter-Themen setzen: Lebenshaltungskosten, Krankenversicherung, gute Löhne, Arbeitsbedingungen. Das mit dieser Kandidatin durchzuziehen, ist allerdings sehr schwer.

Laut Umfragen ist Donald Trump ähnlich unbeliebt wie Kamala Harris. Ist er nicht doch schlagbar?
Ja, natürlich ist er schlagbar. Vieles ist in Bewegung, niemand weiß, was noch alles vor der Wahl passiert. Alleine was in den letzten drei, vier Wochen passiert ist, reicht schon für einen mehrteiligen Kinoblockbuster. Alles ist möglich, aber einfach wird es nicht für die Demokraten.

Das Interview führte NIKOLAOS GAVALAKIS.

JÖRG WIMALASENA ist politischer Korrespondent bei der *WELT*. Zuvor war er Redakteur für Gesundheits- und Sozialpolitik bei der *taz* sowie US-Korrespondent für *Zeit-Online* in New York.